위험한 충성

Loyalty

LOYALTY

이 도서의 국립중앙도서관 출판시도서목록(CIP)은 서지정보유통지원시스템 홈페이지(http://seogi.nl.go.kr)와
국가자료공동목록시스템(http://www.nl.go.kr/kolisnet)에서 이용하실 수 있습니다.
(CIP제어번호: CIP2013014247)

위험한 충성

충성과 배신의 딜레마

에릭 펠턴 지음 | 윤영삼 옮김

문학동네

"충성하라!"

잡지 『에스콰이어』에 실린 「누구나 마스터해야 하는 75가지 기술」이라는 기사에서 열거한, 오늘날 실질적인 도움이 되는 조언 중 하나다. 이 기사에서 다루는 내용은 나비넥타이를 매는 법, 캠프파이어를 할 장작에 불을 붙이는 법, 강한 회전력을 실어 축구공을 차는 법처럼 대부분 가볍고 하찮은 것들이다. 그런 잡지에서, 도덕적인 태도를 선택하라는 조언은 내 눈을 사로잡았다. 이 잡지는 이 조언에 대해 "아무런 기대 없이 주었을 때 가장 눈부신 보상으로 돌아오는 것이 바로 이타성의 원리"라고 설명한다.

충성하라는 교훈이 나비넥타이를 매는 것처럼 고리타분하게 여겨진다 해도 그리 잘못된 것은 아니다. 현대적인 삶에 그런 고색창연한 미덕이 끼어들 자리가 없다고 여기는 건 어제오늘의 일이 아니다. '충성이 밥 먹여주나?' 누구나 이런 생각을 한다. 19세기 말 아일랜드의 소설가이자 국회의원이었던 저스틴 매카시^{Justin McCarthy}는 이렇게 썼다. "헌신적인 개인적 충성이라는 정신은 이제 낡아 무덤 속으로 들어갔다! 그것은 우리 추억 속에 남아 있을 뿐이다! 충성을 그리워하는 마음은 시적인 회한을 노래하는 것에 불과하다. (……) 충성은 절대 되살아나거나 복원되지 않을 것이다."[1] 몇백 년 전 셰익스피어의 작품에도 이러한 충성에 대한 묘사가 등장한다. 마지막 숨이 멎는 순간까지 진심과 충성으로 주인을 따랐던 믿음직한 하인에게 주인이 건네는 말에서, 그를 시대에 뒤떨어진 사람처럼 묘사한다.

> 고대 세계의 불변하는 충성이
> 자네 모습 속에서 다시 살아났구려.
> 시중드는 일이 달콤하기는커녕 고되고 힘들 때조차!
> 그대는 보상을 약속하지 않으면 누구도 땀 흘리지 않는
> 이 시대의 유행을 좇지 않는구려.[2]

그러한 불평은 13세기에도 마찬가지였다. 프랑스 시인 뤼트뵈프^{Rutebeuf}는 「콘스탄티노플의 애도^{La Complainte de Constantinople}」에서 당대의 남자들이 고대 롤랑 시대의 신념이 굳은 영웅을 닮기 위해 노력하지 않는다고 호통을 치면서 "충성은 죽었다. 사라졌다"라고 말한다.[3] 또한 기원전 2세기 로마의 극작가 테렌티우스는 충성스러운 성품을 지닌 사람에 대해 "고대의 덕목을 가지고 있다"라고 묘사한다. 충성은 또한 "어떤 시대에나 이전 시대에만 존재했던 것"이라는 냉

소적인 로마의 격언으로 표현되기도 했다.[4]

그럼에도 오늘날 근본 없는 우리 시대는 충성에 관해서는 더욱 황폐한 환경처럼 보인다. 우리가 쉴 새 없이 움직이듯, 우리 우정도 움직일 수밖에 없다. 우정이 아무런 비용도 지불할 필요 없이 가볍게 주고받을 수 있는 거래가 되어버린 페이스북 세대에게 충성이란 어떤 의미일까? 서로 자신의 친구목록에 넣어주겠다는 친구요청에 불과한 것일까? 이제 친구란 하이퍼링크로 맺어진 관계일 뿐, 영원한 이타적 믿음의 가치를 지니지 못한다.

충성은 신뢰에 관한 것이다. 믿지 못하는 시대에 친구는 담보대출로 맺어진 관계만큼이나 불확실하다. 버나드 메이도프Bernard Madoff는 다단계 금융사기수법으로 얼마나 많은 '친구'들을 등쳐먹었는가? 오늘날 누구도 의지할 수 없는 진정한 혼란 속에서 절망적인 의심은 얼마나 불안하게 느껴지는가?

늘 그래왔던 것처럼 충성이 진부한 것으로 인식된다면, 우리는 왜 충성을 계속 찬미할까? 충성은 우리 삶을 살 만한 것으로 만드는 근본 중에서도 근본이기 때문이다. 충성이 없으면 사랑도 존재할 수 없다. 충성이 없으면 가족도 존재할 수 없다. 충성이 없으면 친구도 존재할 수 없다. 충성이 없으면 공동체나 국가에 헌신할 수도 없다. 충성이 없으면 사회가 유지될 수 없다. 로버트 하인라인Robert Heinlein은 이렇게 말한다. "충성이 불명예로 취급받는 곳에서는 최대한 빨리 빠져나오라! 자기 목숨 하나는 살릴 수 있겠지만, 그런 집단은 살릴 수 없다. 너무 늦었다. 집단의 운명은 이미 결정된 것이다."

이와 반대로 충성에는 힘과 회복성이 있다. 보니 프린스 찰리 Bonnie Prince Charlie는 재커바이트 반란이 실패한 뒤 스코틀랜드를 탈출하여 망명했다. 데이비드 흄David Hume의 『영국사』를 잇는 책에서 토비아스 스몰렛Tobias Smollet은 이렇게 말한다. "그는 50여 명의 충성 덕분에 목숨을 유지할 수 있었다. 그들 중 많은 이들이 비천한 생활을 하고 있었고, 또한 찰리의 목에 현상금 3만 파운드가 걸려 있다는 것을 알았다. 그를 배신하고 고발하기만 하면 막대한 부를 얻을 수 있었다. 하지만 그들은 그렇게 부를 얻는 것을 수치스럽게 생각하고 증오했다. 도리어 자신들이 파멸할 위험이 있었는데도 극도의 열정과 충정으로 찰리를 보필했다." 그렇게 왕자는 결국 탈출에 성공했다.

파멸할 위험을 무릅쓰는 것은 가장 극단적인 충성일 것이다. 정도의 차이는 있지만, 충성은 언제나 자발적으로 위험을 무릅쓰는 것이다. 그래서 충성을 판단하는 기준은 늘 극단을 달렸다. 진실을 배신하지 않고 얼마나 버틸 수 있는지 증명할 것을 요구했다. 구약 성서의 욥기는 충성을 지키고자 하는 한 남자에게 얼마나 많은 불행이 닥칠 수 있는지 보여준다. 욥은 그 모든 시험을 통과하기 위해 꿋꿋이 버티며 파괴되고 절망할 때조차 신을 찬양한다. 욥기의 핵심은, 파멸과 절망 앞에서도 충절을 지키는지 시험하는 것이 유일한 진짜 충성 테스트라는 점이다. 체스터턴G. K. Chesterton은 이렇게 말한다. "충성이란 곧 불행한 상황에서 배신하지 않는 것을 의미한다." 또 철학자 조사이어 로이스Josiah Royce는 이렇게 말한다. "충성은 그런 슬픔 없이 가장 높은 수준까지 올라갈 수 없다. 이것은 인간 본성의 명백한 진실이다."[5]

우리는 친구에게 의지하고 싶어하지만, 모든 일이 제대로 풀릴 때는 어느 친구가 의지할 수 있는 친구인지 알 수 없다. 빌리 홀리데이의 노래처럼, 돈으로 많은 친구를 살 수는 있지만 돈이 떨어지면 그런 친구들은 모두 떨어져나간다. 이것은 그들이 처음부터 진정한 친구가 아니었다는 뜻이다. 가장 잔인한 사실은 무엇보다도, 우리는 그런 진실을 친구가 가장 절실히 필요한 순간에 깨닫는다는 것이다.

운이 따라준다면 아직 우리 곁에는 의지하고 믿을 수 있는 친구, 가족, 연인이 있을 것이다. 이러한 관계는 경계를 풀고 모든 것을 터놓을 수 있는 믿음이 없다면 성립할 수 없다. 물론 경솔한 생각을 공유하는 것이 우정의 정의는 아니겠지만, 우정이 제대로 그 가치를 지니려면 그런 공유는 본질적인 요소라 할 수 있다. 자신을 열어 보여줄 정도로 믿을 수 있는 사람이 아니라면 절대 진실한 친구가 될 수 없다.

그런 종류의 믿음은 함께 사는 사람과 맺는 관계에서 훨씬 중요하다. 토머스 홉스Thomas Hobbes는 자연상태의 삶이 "고독하고 초라하고 더럽고 야만적이며 부족한" 이유를 설명하면서 발전한 사회에서도 우리는 밤에 문을 잠가야 하고, 사무실의 금고는 눈을 뜨고 있을 때에도 잠가둬야 한다고 말한다. 우리는 우리 자신을 보호해야 한다. 하지만 삶을 조금이나마 덜 지저분하고 덜 야만적으로 만드는 관계는 우리의 본모습을 보여줄 수 있는 관계이다. 도둑이라고 의심이 가는 사람 옆에서는 편안하게 잠을 잘 수 없다. 믿음이 핵심이다. 충성이란 믿을 수 있는 상태를 의미하는 미덕이다.

우리는 현실에서 충성을 경험하기 어렵다고 생각하면서도, 충성을 중요한 가치로 여긴다. 아마도 그런 희소성이 충성을 더욱 가치 있게 만들었을지도 모른다. 이와 반대로 배신은 너무나 흔히 볼 수 있다. 작은 배신(둘만의 비밀을 자꾸 누설하는 친구)과 큰 배신(국가에 대한 반역)이 존재하며, 이 둘 사이에 다양한 배신(부부의 공동계좌에서 돈을 모두 빼돌려 정부情婦와 함께 달아나는 남편, 구두口頭로 사업계약을 한 뒤 나중에 강제력을 지닌 계약서를 작성하지 않았다는 이유로 말을 바꾸는 친구 등)이 존재한다. 배신이 그처럼 만연하는 듯 보이는 것은, 부분적으로 충성보다 배신이 쉽게 눈에 띄기 때문이다. 누군가 보니 프린스 찰리를 밀고했다고 가정해보자. 아마도 충성은 우리 눈에 보이지 않았을 것이다. 충성이 전혀 존재하지 않았기 때문이 아니라, 49명의 충성은 한 명의 배신자로 인해 무용지물이 되기 때문이다.

배신이 흔하기는 하지만, 배신을 아무리 자주 경험한다고 해도 우리는 그 쓰라림에 절대 면역되지 않는다.

단테는 배신을 가장 비열한 악덕이라고 생각했다. 『신곡』의 「지옥」편에서는 지옥의 여러 단계를 보여준다. 밑으로 내려갈수록 고문은 더 심해지고 이전 단계보다 훨씬 무시무시하다. 진흙, 수렁, 불바람, 활활 타오르는 지옥불, 피의 강을 거쳐 내려가면, 맨 아래 아홉번째 지옥에 도달한다. 이곳은 가장 악랄한 죄를 저지른 사람들을 위해 준비된 곳으로, 최악의 고문이 자행된다. 이곳에 떨어지는 가장 악랄한 죄는 바로 '불충'이다. (가벼운 죄에서 무거운 죄의 순서로) 가족을 배신한 사람, 국가를 배신한 사람, 손님과 친구를 배신한 사람이 이곳에 온다. 바닥이 차가운 얼음으로 되어 있어, 영원히 추위 속에서 신음해야 한다. 은혜를 베풀어준 사람을 배신한 유다와 같은 사람들이 이곳에서 고통받고 있다. 이 지옥 한가운데에는 사탄이 있는데, 세 개의 머리와 면도날처럼 날카로운 이빨로 배신자의 상징이라 할 브루투스, 카시우스, 유다를 끊임없이 물어뜯는다.

우리가 배신을 싫어하는 만큼, 충실성이 친구나 연인과 맺는 관계의 토대가 되는 만큼, 이 미덕에는 비극적 오점이 있다. 충성은 언제나 절망적으로 얽히고 타락한다. 우리가 진실하게 헌신하려 한다 해도, 다양한 사람과 맺는 헌신은 서로 갈등을 일으킬 수 있다. 상반되는 충성이 빚어내는 갈등에서 우리는 벗어날 수 없다. 가족에 대한 충실은 친구에 대한 충성(의리)과 충돌할 수 있고, 사적인 충성은 국가에 대한 충성과 충돌할 수 있다. 또한 아리스토텔레스가 지적했듯이 친구에 대한 우정과 진리 사이에서 깊은 고뇌를 해야 할 수도 있다.

우리는 친구에게 충실할 수 있다. 가족에게 충실할 수 있다. 국가에 충성할 수 있다. 원칙이나 이상에 충실할 수 있다. 신에게 충성할 수 있다. 하지만 이 모든 것에 동시에 충성할 수 있는가? 한번 해보라.

이처럼 여러 충성이 충돌할 때 어떻게 해야 하는가? 우리는 갈등을 줄이기 위해 최선을 다하겠지만, 거기서 탈출할 수 있는 방법은 없다. 친구에 대해서만 충실하다고 해도 갈등이 생길 수 있다. 친구가 여럿 있다면 그 친구들이 서로 대립하는 상황이 올 수 있고, 따라서 한두 친구를 배신할 수밖에 없는 상황을 경험해보았을 것이다. 한 친구에게만 헌신한다 해도 갈등이 생길 수 있다. 친구에 대한 의리와, 원칙과 진실에 대한 헌신이 충돌할 수 있기 때문이다.

　또한 처음 상대방에게 충실하도록 한 계기가 되었던 자질이 더이상 그렇지 않은 것으로 드러난다면, 우정은 어떻게 될까? 그토록 존경스럽던 친구가 갑자기 존경하던 이상을 위반하는 행동을 한다면 어떻게 할 것인가? 소중하게 여기는 친구가 배우자 몰래 부정을 저지르거나 세금을 탈루하는 장면을 목격했을 때에도 끝까지 그의 곁에 설 것인가? 또, 내가 지키고자 하는 원칙과 확신이 변해 기존의 관계를 더이상 유지하기 어려워졌다면 어떻게 할 것인가? 우리 삶의 복잡한 현실은 언제나 도덕적 판단에 혼란을 선사한다. 이러한 상황은 특히 충성의 문제에서 자주 발생한다.

　가족은 평생 충성을 훈련하는 장소라고 오랫동안 여겨졌다. 우리가 집에서 배우고 익힌 헌신은 도덕적 근육이 되고 친구, 공동체, 국가, 진실에 헌신할 수 있는 토대가 된다. 이러한 생각은 가족에 대한 충성과 다른 의무가 갈등하는 경우, 가족의 유대를 우선해야 한다는 주장을 뒷받침한다. 프랑스의 소설가이자 철학자인 알베르 카뮈는 알제리에서 태어났다. 1957년 프랑스 제국주의에 대항하여 무장독립투쟁을 하던 알제리 독립운동가를 추모해달라는 요청을 받았을 때 카뮈는 거절했다. 무장테러로 '나의 어머니, 나의 가족도 죽을 수 있다'는 이유 때문이었다. 그는 더 나아가 그들을 테러리스트라고 비난했다. 가족에 대한 그의 충직한 헌신은 가족을 보호하지 않는 국가에 충성하지 말 것을 요구했다. 그는 이러한 자신의 생각을 강렬한 도덕성이라 판단하여, 당시 유행하던 무장폭력의 정당성을 뒷받침하던 도덕적 추상성에 동참하지 않았다. 카뮈는 말한다. "나는 정의를 믿는다. 하지만 나는, 정의보다는 어머니를 먼저 지킬 것이다."

바로 이런 이유로, 무자비한 전체주의 이데올로기에서 가족은 장애물로 취급된다. 나치와 소비에트는 시민이 충성할 유일한 대상이 국가가 되도록 하기 위해 가족 간의 유대를 끊으려 노력했다. 이처럼 가족을 감시하고 고발하라고 요구하는 '정의'는 늘 경계해야 한다.

한편 가족에 대한 충성이 다른 헌신을 가로막는 것도 비참한 결과를 낳을 수 있다. 가족에 대한 의리만을 최고로 여기며 정의를 무시하는 사회는 시칠리아에 만연한 마피아 문화처럼 씨족사회의 역효과만 양산할 것이다.

또 가족에 대한 충성은 우리가 지켜야 하는 중대한 의무마저도 배신하도록 이끌 수 있다. 미국 남북전쟁이 발발했을 때 로버트 리 Robert E. Lee 장군은 국가에 대한 헌신과 분리주의가 지배하는 버지니아에 사는 가족 사이에서 고뇌했다. 그는 결국 가족을 선택했다. 그는 여동생에게 쓴 편지에서 이렇게 말한다. "국가에 대한 헌신과 미국 시민으로서 품은 충성심과 의무감만으로, 나는 가족, 아이들, 집을 뿌리칠 수 없었다."

이런 문제를 해결하기 위해 충성에 서열을 매기는 것도 도움이 되지 않는다. 원칙에 대한 충성이 언제나 사람에 대한 충성보다 우선한다고, 또는 사람이 원칙보다 우선한다고 말할 수 있을까? 가족이 항상 국가보다 우선한다거나 국가가 가족보다 우선한다고 말할 수 있을까? 친구에 대한 의무가 모든 것에 우선한다고 말할 수 있을까?

아마도 이러한 문제의 극단적인 해결책은, 우리를 곤란하게 만들고 좌절하게 만드는 관계를 모두 끊어버리는 것이다. 자신에게 무엇인가 기대하고 바라는 사람들이 없다면, 의심할 여지 없이 그러한 충돌이 일어날 확률은 상당히 줄어들 것이다. 영화 〈인디에어Up in the Air〉에서 조지 클루니는 사람들을 자꾸 자신의 등 위에 올려놓지 말라고 주장하며, 홀가분하게 사는 것이 가장 이상적인 삶이라고 말한다.

그럼에도 충성이 소중한 덕목으로 여겨지는 이유는, 충성이 우리에게 안전망이나 구명보트와 같은 역할을 할 수 있기 때문이다. 의리 있는 친구나 가족은 우리가 언젠가 위험에 처할 때 보호해주는 보험 같은 역할을 한다.

하지만 그러한 우정과 사랑에 문을 여는 순간, 가장 심각한 위험도 함께 들어온다. 우정과 사랑은 우리 운명을 다른 사람과 묶어주는 것이기에, 이로써 불행한 운명과 접촉할 확률도 높아진다. 친구에 대한 헌신과 원칙에 대한 헌신 사이에서 어느 한쪽을 선택함으로써 다른 하나는 배신할 수밖에 없는, 도덕적으로 곤란한 상황에 처할 확률도 높아진다.

충성은 이처럼 한편으로 우리를 위험에서 보호해주지만, 다른 한편으로 새로운 위험을 무수히 안겨주는 기묘한 미덕이다. 그래서 토마스 아 켐피스Thomas à Kempis와 마하트마 간디 같은 순수주의자들은 절대로 친구를 사귀어서는 안 된다고 조언한다. 그러면 친구 때문에 잘못된 길로 들어설 필요도 없고, 가짜 우정에 배신당하고 실망할 일도 없다.

충성의 문제를 해결하기 위해 친구를 모두 버려야 한다는 해법에 공감하는 사람은 많지 않을 것이다. 또한 친구를 모두 버린다고 해

서 문제가 해결되지 않는다는 사실도 누구나 쉽게 예측할 수 있을
것이다.

다양한 충성의 유대가 그토록 복잡하게 얽혀 있지 않더라도, 충
성은 여전히 우리를 성가시게 만든다. 우리는 충성을 중시하는 사
람들을 다소 의심하는 경향이 있다. '정치적으로 충성심이 강하다'
는 말을 들으면 우리는 이렇게 의심한다. '진실하게 사람을 대하고
관계를 맺으며 자신이 속한 당과 당의 대선주자에 대해 충성심을
발휘하는 훌륭한 면모를 의미하는 것일까? 아니면, 보스를 위해서
라면 무슨 짓이든 하고, 이기기 위해서 규칙을 어기고 부정을 저지
르며, 거짓말을 밥 먹듯 하고 돈만 받아먹는 조폭 같은 면모를 의미
하는 것일까?'

충성이 강한 관계의 본질이기는 하지만, 그렇다고 해서 충성을
순수한 선이라고 할 수는 없다. 해병대의 탄탄한 집단적 유대는 병
사들의 사기를 높이고 그들이 목숨을 걸고 싸울 수 있게 한다. (미국
해병은 부상자나 전사자를 절대 적진에 남겨두고 철수하지 않는다는 규
율을 지킴으로써 이러한 집단적 유대를 입증한다.) 하지만 이러한 집
단적 유대는 전쟁범죄를 저지르는 동료를 서로 비호하도록 만들 수
있다. 충성은 가장 나약한 미덕일 수 있지만, 동시에 위험할 수도
있다.

냉전시대의 유명한 작가 아서 케스틀러 Arthur Koestler는 이렇게 말
한다. "개인적인 동기에서 비롯된 범죄로 죽은 사람보다 질투하는
신, 왕, 국가, 정치시스템에 대한 충성심에서 비롯된 범죄로 죽은
사람들이 훨씬 많다는 사실을 역사가라면 누구도 부인하지 않을 것

이다.” 이타적이고 ‘자기초월적인 헌신’의 마음가짐은 도덕에서 바람직한 기준일지 모르지만, 그것이 언제나 그렇게 바람직한 것은 아니다. 특히 헌신의 대상이 올바르지 않을 때는 더욱 그렇다. 아아, “인간은 언제나 선과 악, 경솔한 대의를 위해 목숨을 바칠 준비를 해왔다”.[6]

이러한 사실은 많은 사람들에게 충성에 대한 돌이킬 수 없는 실망을 안겨주었다. 충성이 잘못된 대의를 실행하는 밑거름으로 작용한다면 그것을 어떻게 미덕이라고 말할 수 있는가? “어떤 행동이나 태도가 충성이라는 사실만으로는 그것을 바람직하다고 판단할 수 없다.” 충성을 비판하는 철학자 사이먼 켈러Simon Keller는 이렇게 말한다. “충성을 중시하는 것, 또는 충성이라는 이유만으로 귀 기울이는 것은 잘못된 것이다.”[7] 어쨌든 아돌프 히틀러는 충성의 열렬한 옹호자였으며, 모든 사람에게 충성맹세를 요구했다. 그의 친위대 SS의 벨트 버클에는 “나의 명예는 충성”이라는 슬로건이 새겨져 있었다. 하인리히 힘러Heinrich Himmler는 이렇게 말한다. “우리는 SS 요원들이 지구상에서 가장 잔혹한 악행을 저지른다 해도 용서한다. 하지만 단 하나, 절대 용서할 수 없는 것이 있다. 그것은 바로 총통에게 불충하는 것이다.”[8] 충성심이 있는지 없는지 판단하기 위해 힘러가 사용한 유일한 기준은 “사람들이 비도덕적이거나 불쾌하게 여기는 명령을 내렸을 때 기꺼이 실행하는지 보는 것이었다”.[9] 그렇다면 그러한 충성이 타당할 수 있는 조건은 무엇일까? (아니, 이 지점에서 더 고통스러운 질문은 그렇게 타락한 충성을 가능하게 한 것은 무엇일까?) 충성의 가치가 충성하는 대상에 따라 달라진다면, 충성을 어떻게 근본적인 미덕이라 할 수 있는가?

충성의 특성이 충성하는 대상에 따라 결정된다면 우리는 충성을 현명하게 선택해야 할 것이다. 하지만 그렇게 선택한다고 해도 그 러한 충성이 우리를 어디로 이끌지 모르기 때문에, 충성과 헌신은 여전히 우리에게 거대한 좌절을 안겨준다. 어디로 가는 길인지도 모른 채 우리는 길을 선택해야 한다. 헨리 8세를 위해 헌신했던 추 기경 울시Wolsey는 권력의 꼭짓점에 올랐으나, 왕의 혼인을 무효화 하지 못했다는 이유로 모든 것을 잃었다. 결국 반역의 혐의를 뒤집 어쓰고 비참하게 죽음을 맞이하는 상황에서 그는 이렇게 말한다. "내가 왕을 위해 종사했던 것만큼 부지런히 신을 위해 종사했다면, 신은 내가 백발이 되도록 나를 버리지 않았을 것이다."

충성이 도덕적으로 의심스러운 행동을 하도록 이끌 만큼 나쁘지 않다고 해도, 우리는 영리하지 못한 이들을 충성과 연상시키는 경 향이 있다. 조지 오웰의 『동물농장』을 떠올려보자. 여기서 충성의 전형이라 할 수 있는 말, 복서는 돼지들을 학살하는 데 솔선하여 앞 장서지만 그러한 충성에 대한 보상은 결국 도살장으로 끌려가는 것 이다. 복서는 체념한 상태로 힘없이 죽음을 맞는다.

러셀 베이커Russell Baker는 『동물농장』 출간 50주년 기념판 서문에 서 복서를 "충성스럽지만 멍청한"이라고 묘사한다. 아마도 그가 진 정으로 하고 싶었던 말은 "충성스럽고 멍청한"일 것이다. 그의 글 에는 멍청함이 어떤 식으로든 충성과 대비된다는 암시가 없기 때문 에, 이 두 가지 특성을 동반하는 것으로 보았을 것이다. 복서는 충 성스럽고도 멍청하다. 멍청함은 충성심을 뒷받침한다. 복서는 "거 의 질문을 하지 않는다". 농장의 탐욕스러운 새 지배자에게 충성하는 것이 적절한지 의심하는 장면은 거의 나오지 않는다. 또한 역으로 작동한다고 말할 수도 있다. 복서의 고집스러운 충성은 그의 명청함을 더해준다. 올바르지 않아 보이는 일이 발생할 때마다 복서는 충성맹세를 되뇐다. "나폴레옹은 언제나 옳다!" 그는 자신을 고뇌하게 만드는 문제에 대해 깊이 생각하지 않는다. 그렇게 그는 아무 생각 없이 농장의 친구들을 노예로 만드는 일에 상당한 기여를 한다.

하지만 순진한 충성이라는 개념은 매우 영리한 사람에게도 따라다닌다. 영국의 논리학자이자 언어이론가 프레디 에이어^{A. J. "Freddie"} ^{Ayer}는 20세기의 위대한 인물 중 하나로 추앙받지만, 그렇게 명석했던 그도 충성을 매우 소중하게 여겼다. 그의 그런 면모는 친구들에게는 매력적으로 보였을지 모르지만, 지적인 명성에는 아무런 도움이 되지 않았다. 1936년 그의 친구 옥스퍼드 강사 이사야 벌린^{Isaiah} ^{Berlin}은 이렇게 말한다. "친구에 대한 흔들리지 않는 프레디의 충실성은 언제나 나에게 큰 감동을 주는 감상적이며 다정하고 유치한 자질이었다. 세련됨과 단순함이 혼합된 그의 성격은 매우 기묘하면서도 매력적이다." 충성과 의리를 소중하게 여기는 행동은 그가 아무리 논리적 명확성의 거인이라 할지라도 '단순한 사람'에 불과하다는 꼬리표를 달아준다.[10]

그와 반대로 오늘날 우리는 천재라면 당연히 충실성을 던져버릴 것이라 기대한다. 특별한 관계에 얽매이지 않아야 자유로운 생각을 마음껏 펼칠 수 있기 때문이다. 위대한 예술가라면 고갱처럼 결혼과 가족과 친구에 연연하지 않을 것이라고 여겨진다. 사람들이 그들의 작업에 방해가 된다면, 단지 불편을 주거나 예술적인 비전의 충족을 위협하는 것만으로도 가차 없이 배신을 할 것이라 생각한다. 사람들은 재즈 연주자 찰리 파커Charlie Parker가 아버지로서 최악이었다는 사실에 대해 비난하지 않는다. 현대의 예술가들은 예술을 위해서 주변 사람들을 파괴하는 짓을 해도 충분히 용서받는다. (이는 최근에 나온 현대적인 개념이다. 누구도 요한 제바스티안 바흐에게 작곡가로서 잠재성을 발휘하기 위해 자식에 대한 걱정과 우려를 버리라고 이야기하지 않았다.) 오늘날 우리는 진정한 예술가, 음악가, 작가라면 평범한 개인적 충실성은 무시해야 마땅하다고 생각한다. "현관의 유모차보다 좋은 예술을 방해하는 암울한 적은 없다"[11]라는 시릴 코널리Cyril Connolly의 말에 많은 사람들이 공감한다.

충성이 그처럼 멍청하고, 비굴하고, 위대함을 가로막는 초라한 장애물에 불과하다면 왜 우리는 충성을 찬양하는 것일까? 충성은 복서에게 파멸을 가져다주었지만, 그는 오웰의 우화 속에서 우리의 존경심을 자극하는 유일한 등장인물이다. 충성이 초래하는 위험, 다른 사람에게 헌신하는 행동에 내재한 위험이 무섭다고 해도, 충성을 회피한다면 우리에게 남는 것은 황량하고 비인간적인 길밖에 없다. 사람들의 요구와 기대에 방해받지 않는 단순한 삶은 매력적일 수 있다. 또, 그런 삶을 살아가는 수행자들도 실제로 존재한다. 하지만 그렇지 못한 대다수의 삶은 무수한 관계 속에서 이루어진다. 우리는 가족, 친구, 공동체 등 다양한 유대의 네트워크 속에 얽혀 살아간다.

우리가 맺는 인간관계는 절대로 안정적일 수 없다. 그럼에도 그런 관계들은 우리에게 일종의 불변성을 요구한다. 근본적으로 불안할 수밖에 없는 관계와 불변하고 싶은 욕구, 이러한 핵심적 갈등은 슬픔과 좌절의 세계로 우리를 인도한다. 이런 갈등은 해소될 수 있을까? 사랑, 우정, 믿음, 신앙의 토대가 끊임없이 움직이는 와중에도 그것들을 떠받칠 수 있을까? 배신하고 배신당할 수밖에 없는 파괴적인 운명에서 벗어날 수 있는 방법이 있을까?

충성은 많은 문제의 원인이 될 수 있다. 충성을 온전히 구현하는 것은 불가능하다. 하지만 충성이 우리 삶의 본질적인 덕목임은 틀림없다. 우리에게 주어진 도전은 충성이 얼마나 성가신 미덕이든, 충성에 매달리는 것이다. 빠르게 변하는 오늘날, 우정의 가치는 바닥에 떨어지고 충성은 악용되고 남용되고 있다. 그런 충성을 구해내 다시 한번 우리 삶에 제대로 역할을 할 수 있게 만들어야 한다. 충성이 만들어내는 도덕적 갈등을 이해함으로써 우리는 윤리적 파멸을 피하고, 믿음직한 관계를 형성해야 한다.

이런 도전을 통해 먼지가 잔뜩 내려앉은 골동품 창고에서 끄집어낸 충성을 오랜 명성에 걸맞게 실생활에서 의미 있는, 살아 있는 덕목으로 만들 수 있을 것이다. 이 책이 그런 길을 보여주는 데 도움이 되기를 바란다.

목차

충성심의
힘

삶과 죽음을 갈라놓는 충성

무시무시한 지옥에 어쩔 수 없이 들어가야 하는 상황이라면, 함께할 친구를 찾는 게 좋을 것이다. 제2차 세계대전이 한창이었던 1942년, 일본군은 필리핀 바탄반도에서 전쟁포로들을 강제로 이주하는 작전을 펼쳤다. 이 과정에서 미군과 필리핀군 포로 7만 명 중 1만 명 정도가 죽었는데, 이 사건을 '바탄 죽음의 행진'이라고 한다. 이 죽음의 행진에서 삶과 죽음을 갈라놓았던 것은 바로 충성심이다.

필리핀에서 포로로 잡힌 미군들은 일본군의 열악한 포로수용시설에 갇혀 비인간적인 생활을 했다. 포로들은 비좁은 막사에 갇혀 영양가 없는 묵은쌀로 겨우 끼니를 때우며 연명했다. 타는 듯한 더위 속에서 힘든 노역을 했으며 걸핏하면 두들겨맞았다. 조금이라도 거슬리는 행동을 했다가는 바로 교수형에 처해졌다. 이곳에서 생존할 확률은 50퍼센트도 되지 않았다. 이런 곳에서 어떤 이들이 살아남았을까? 바로 의지할 친구가 있는 사람들이었다. 우울한 기분을 풀어줄 수 있는 친구, 등뒤에서 자신을 지켜줄 수 있는 친구가 없는 사람들은 이 상황을 버텨내지 못했다.

하지만 일본군의 대표적인 포로수용소 카바나투안에는 예외적인 경우도 있었다. 수용소에서 가장 인기가 있던 한 육군장교는 모든 사람의 친구이긴 했지만 누구와도 친밀하지 않았다. 브리지 게임을 아주 잘하던 그는 비참한 운명을 잠시나마 잊고 싶어하는 사람들에게 게임을 가르쳐주기도 했다. 또한 샌프란시스코에 있는 레스토랑 이야기를 실감나게 들려주어 동료 수감자들이 맛있는 음식을 상상하며 침을 삼키게 만드는 재주도 있었다. 그와 함께 수용소 생활을 했던 프랭크 그래디 Frank Grady는 이렇게 회상한다. "그는 지독한 낙관주의자였죠. 힘겨운 나날을 좀더 쉽게 견딜 수 있게 만들어주었어요. 그는 바탄에서 살아남았고 죽음의 행진도 견뎌냈죠. 일본군이 짓밟을 수 없는 단 한 사람이었을 겁니다."[1]

그 육군장교를 주목하는 것은 그가 수용소에서 특별히 친한 친구 없이도 살아남았다는 사실 때문이다. 쇠약한 포로들에게 친구가 있느냐 없느냐는 생존의 문제였다. 포로수용소에서 살아남기 위한 투쟁에는 어떠한 규칙도 없었다. 특히 그들은 수감 초창기에 더욱 혼란스러웠다. 『하루만 더 살아남기 Surviving the Day』라는 회고록에서 그래디가 이야기하듯, 일본군 포로수용소에서 살아남기 위해서는 무한경쟁을 해야 했다. "이러한 상황은 동료들의 먹을 것이나 소중한 물건을 훔치는 행동으로 가장 잘 드러났다. 하지만 이는 또한 포로

들끼리 철저하게 서로 충실해지는 연대 형태로 나타나기도 했다." [2] 결국 친구가 있는 사람은 경쟁에서 우위를 차지했다. 둘이서 함께 패를 짜면 보잘것없는 음식이라도 남들이 훔쳐갈 기회가 훨씬 줄어들기 때문이다.

충실한 친구는 한 팀처럼 행동한다. 이러한 파트너십을 구축한 사람들은 단순히 동료들의 약탈에서 보호받는 것 이상으로 소중한 혜택을 누린다. 겁을 먹는 순간 파멸할 수밖에 없는 환경에서, 그들은 반드시 필요한 정서적인 지지를 서로 주고받을 수 있었다. 영양실조로 삐쩍 마른 그들은 늘 아프고 만성 설사에 시달렸으며, 각기병으로 쉽게 지치고 말라리아로 정신착란을 일으키기도 했다. 하지만 이 모든 불행 속에서도 어떻게든 자신의 영혼을 일으켜세울 수 있는 사람들은, 새로운 날을 기약할 수 있었다. "친구는 위험한 정서상태를 헤쳐나갈 수 있도록 서로 도와주는 큰 힘이 되었다"라고 그래디는 말한다. 절망은 곧 죽음이었다. 확신에 찬 사람만이 살아남았고, 충성스런 사람만이 확신에 찼다.

이러한 상황이 새로운 것은 아니다. 남북전쟁 동안 남부군의 무시무시한 앤더슨빌 포로수용소에서 북부군 포로들이 살아남을 수 있었던 가장 확실한 방법은 주변에 충성스런 동료들을 확보하는 것이었다. 전쟁포로였던 북부군 루셔스 바버Lucius Barber는 이렇게 회고한다. "홀로 포로가 되어 낯선 사람들 사이에서 생활해야 한다면 누구도 견디지 못했을 것이다. 아무도 신경쓰지 않는 상황에서 죽어갈 확률은, 열 배는 더 높을 것이다." [3]

하지만 카바나투안에서 홀로 흐트러지지 않는 듯 보였던 장교는 어떻게 그처럼 무너지지 않고 성공적으로 견딜 수 있었을까? 그의 강인함은 "사랑하는 아내와 맺은 관계에서" 나온 것으로 밝혀졌다. '친구'와도 같은 그의 아내는 누구도 대신할 수 없었다.[4] 일본이 공습했을 때 필리핀에 함께 있던 그의 아내는 여자 포로수용소로 끌려갔다. 그러던 어느 날 그는 아내가 심리적 붕괴를 겪어 누구도 돌아오지 못한 정신병동으로 끌려갔다는 소식을 필리핀 지하운동단체를 통해 듣게 되었다. 장교는 무너졌다. 그래디는 이렇게 썼다. "그의 독립적인 태도는 그의 영혼이 평온할 때 훌륭하게 작동했다. 하지만 정서적으로 혼란에 직면했을 때 그를 일으켜줄 동료는 아무도 없었다."[5] 이틀 후 그는 의식이 흐릿해졌고, 죽을 날만 기다리는 사람들을 모아두는 허술한 막사로 옮겨졌다. 그래디는 친구 조와 함께 기분좋은 이야기로 그의 기운을 북돋워주려고 노력했지만 아무 소용이 없었다. 그토록 강건하던 장교는 며칠 뒤 죽고 말았다.

충성은 우리 생명을 지켜주는 본질적인 요소다. 흔히 충성은 자신과 다른 사람을 묶어주는 '밧줄'에 비유할 수 있는데, 이 충성이라는 밧줄은 우리가 스스로 결박하지 않는 한 아무런 도움도 주지 않는다. 우리 삶에서는 무수한 세이렌들이 노래를 부르며 우리를 유혹한다. 오디세우스가 말했듯, 선한 의도만 가지고는 세이렌의 유혹을 이겨낼 수 없다. 그보다 더 단단한 어떤 것에 스스로를 결박하지 않는 한, 삶은 어떠한 달콤한 보상도 주지 않는다.

높은 산을 오르는 등반대원들은 문자 그대로 서로를 밧줄로 묶는다. 이러한 밧줄은 단순한 안전망 이상의 기능을 한다. 이 밧줄 하나가 등산에 대한 태도를 바꿔주기 때문이다. 미끄러져 떨어져도 남들이 잡아준다는 것을 알기에, 더 용기를 내 과감한 시도를 할 수 있다. 또한 다른 사람이 떨어지면 자신도 절벽에서 떨어질 수 있다는 것을 알기에 한 발 한 발 뗄 때마다 동료들을 곤경에 빠뜨리지 않기 위해 더 신경쓰게 된다. 좋은 담장이 좋은 이웃을 만들듯, 튼튼한 밧줄은 등반대원들 사이의 신뢰를 더욱 굳건하게 만든다.

그러한 경험을 실감하기 위해, 1953년 8월 눈보라 속에서 피트 스코닝의 밧줄에 매달린 등반대원들의 이야기로 들어가보자. 히말라야의 악명 높은 K2 봉우리에 오르기 위해 여덟 명의 미국인들이 등반에 나섰다. 하지만 거의 정상에 다다른 지점에서 등반대원 중 한 명인 아트 길키의 다리에 피가 뭉치는 증상이 나타났다. 서둘러 치료하지 않으면 죽을 수 있는 상황이었으므로 그를 하산시키기로 했다. 움직이지 못하는 대원을 구하는 일은 다른 대원들에게 상당한 위험이 된다. 사람은 물론 그 사람의 짐까지 다른 사람이 짊어지고 움직여야 하기 때문에, 아무리 노련한 등반대원이라도 위험한 상황에 처할 수 있다.

아브루치 능선을 내려오는 과정에서 손가락에 동상이 걸린 한 대원이 밧줄을 놓치면서 45도 경사면으로 굴러떨어졌다. 밧줄을 잡기 위해 버둥거리는 그의 손에서 장갑이 벗겨지자 너덜너덜해진 그의 배낭도 그와 함께 굴러떨어졌다. 눈 깜짝할 사이에 한 대원이 절벽 너머로 사라진 것이다. 하지만 그 한 사람의 불행한 최후는 그와 밧줄로 연결되어 있던 사람들을 모두 추락 위험에 빠뜨리고 말았다. 그가 추락하면서 밧줄이 세게 당겨졌고, 그 위에 있던 사람이 절벽으로 이어진 얼음비탈에서 미끄러져 밧줄에 매달렸다. 그 무게로 인해 세번째, 네번째, 다섯번째 사람 모두 밧줄에 매달리고 말았다.

이 밧줄 맨 위에 있던 사람은 길키를 업고 있던 스코닝이었다. 밧줄은 솟아난 바위 뒤편에 단단히 박아넣은 얼음도끼에 묶여 있었다. 아래에 있던 사람들이 미끄러지면서 나일론 밧줄이 팽팽하게 당겨졌다. 밧줄은 단단히 묶여 있었기 때문에 밧줄만 잡고 있어도 그는 무사할 수 있었다. 하지만 그는 팽팽한 밧줄을 팔에 감아 당기기 시작했다. 다리를 단단히 고정하고, 사람들이 더이상 떨어지지 않도록 밧줄을 있는 힘껏 끌어올렸다. 길키를 업은 채 스코닝은 다섯 명의 무게를 혼자서 버텼다. 밧줄 맨 끝에 매달린 사람은 무려 45미터 아래에 있었다. 한 치 앞도 보이지 않는 눈보라 속에서 그는 저 멀리 생사의 기로에 놓인 대원의 감정을 느낄 수 있었고, 그들이 살아남기 위해 밧줄을 타고 올라오고 있다는 사실을 알 수 있었다. 스코닝의 이러한 행동은 암벽등반에서 '빌레이^{belay}'라고 하는데, 빌레이 기술은 충성심이 가장 구체화된 사례라고 할 수 있다.

그로부터 43년이 흘렀을 즈음, 기자 존 크라카우어^{Jon Krakauer}는 돈을 내고 히말라야 에베레스트 등반대에 참여했다. 등반대에 참여한 사람은 수십 명이었지만, 그들은 서로 잘 알지 못했다. 에베레스트 정상에 오르기 위해 6만 5,000달러라는 거금을 지불한 그들은 각자 개인적인 탐험을 하느라 여념이 없었다. 크라카우어는 정상을 눈앞에 둔 마지막 캠프에서 밤을 보내며 이렇게 썼다.

"함께 산에 오르는 사람들과 아무런 유대도 느껴지지 않는다. 정서적으로나 영적으로나 육체적으로나 마찬가지다. 이런 거리감은 지금까지 어떠한 탐사에서도 경험해보지 못한 것이다. 몇 시간만 지나면 다시 함께 등반을 시작하겠지만 여전히 우리는 개인으로서 행동할 것이다. 우리를 이어주는 어떤 밧줄도, 조금이나마 서로에게 충실한 감정도 없이."⁶

다음 날 그들은 모두 정상에 올랐다. 하지만 다시 캠프로 내려오는 길에서 여덟 명이 죽었다. 사고의 원인은 여러 가지로 설명할 수 있다. 갑자기 정상을 덮친 구름 때문에 눈보라가 몰아쳐 몇 발자국 앞도 보이지 않는 상황이 닥쳤고, 변덕스러운 기상변화는 이미 희박한 산소량을 더욱 떨어뜨렸다. 또한 그들은 대부분 아마추어였다. 등반경험이 풍부해 팀에 합류한 것이 아니라, 거액을 지불하고 에베레스트 정상에 오르는 특권을 산 사람들이었다. 하지만 무엇보다도 그들이 한 팀으로 뭉쳤다면, 어떤 상황도 이겨낼 수 있었을 것이다.

충성은 단순히 함께 움직이는 것이 아니다. 여러 사람이 공동으로 노력을 출자하면 더 큰 것을 달성할 수 있다는 뻔한 경험적 지식만을 의미하지도 않는다. 충성은 서로 믿을 수 있는 상태를 의미한다. 그런 믿음은 집단의 노력에 기여할 뿐만 아니라 개개인에게도 더 많은 힘을 부여한다. 물론 우리는 함께 일할 때 더 많은 것을 이뤄낼 수 있다. 하지만 혼자 일할 때에도, 등뒤에서 누군가 나를 응원하고 있다는 사실을 아는 것만으로도 우리는 더 많은 성취를 해낼 수 있다.

높이 걸린 외줄을 타야 하는 상황을 상상해보자. 밑에 안전그물이 쳐 있지 않다면 시도하지 않는 것이 현명하겠지만, 그물이 쳐 있으면 용기를 내어 한번 도전해볼 수도 있을 것이다. 그렇게 도전해서 무사히 반대편으로 건너갔다면, 과연 그것을 그물 때문이라고 할 수 있을까? 적어도, 그물은 줄타기를 하는 데 직접적으로는 아무 도움도 주지 않았다. 하지만 그물을 직접 '사용'하지 않았다고 하더라도, 만약의 경우 그물은 목숨을 살려주었을 것이다. 또한 처음에 도전을 가능하게 한 것 역시 그물이다. 충성은 이런 그물과 같다.

직접 도움을 받지 않는다고 해도, 밑에 그물이 있다는 사실을 아는 것만으로도 우리는 힘을 얻는다.

중요한 것은 위험에 처했을 때 그물이 우리를 붙잡아줄 것이라는 믿음이다. 하지만 그물이 튼튼한지 허술한지 확신할 수 없다면 없느니만 못하다. 그물이 있다고 기대하고 행동한다 하더라도, 정말 그물이 자신을 떠받칠 수 있는지 없는지는 실제로 떨어져봐야 알 수 있다. 결국, 자신을 위해 그물을 잡고 있는 사람들을 믿을 수 있을 때에만 우리는 그물을 확신할 수 있는 것이다. 그것이 바로 믿음직한 사람들을 우리가 그토록 칭송하는 이유다.

피트 스코닝이 힘겹게 끌어올리던 밧줄에 매달려 있던 찰스 휴스턴은 이렇게 말한다. "높은 산을 오를 때 대원들을 이어주는 밧줄은 단순히 물리적인 도움을 넘어 그 이상의 어떤 힘이 되어준다. 밧줄은 여러 사람의 의지와 강인함을 하나로 묶어줄 뿐만 아니라 무기력증, 공포, 탐욕, 무지, 영혼의 온갖 나약함과 같은 진정한 우리의 적을 물리칠 수 있도록 도와주는 상징이다."[7]

동료가 곁에 있어준다는 믿음이 서로를 지킨다

충성은 삶이 불안할 때 사람들을 하나로 묶어준다. 바로 이 때문에 전쟁 상황에서 충성을 더욱 중요하게 여기는 것이다.

탈영하고 싶은 유혹을 뿌리칠 수 있도록 병사들을 훈련해야 하는 군대는 오래전부터 충성이 가장 효과적인 해결책이라는 사실을 알고 있었다. 하지만 어떤 종류의 충성이 필요한 것일까? 일단 왕, 국가, 신념에 대한 충성은 아니다. 그들을 속박할 수 있는 것은 바로 자신과 함께 생활하는 동료들에 대한 충성이다. 거기서 효율적인 전투력이 나온다.

경제학자 도라 코스타Dora Costa와 매슈 칸Matthew Kahn은 남북전쟁에서 성공적으로 전투를 수행한 부대들의 특징을 알아내기 위해 통계적인 분석을 했다. 집단에 대한 충성도, 이데올로기, 리더십의 효과를 비교한 결과 "집단에 대한 충성도가 이데올로기보다 두 배 더 중요하고, 리더십보다 여섯 배 더 중요하다"라는 결론을 이끌어냈다.[8]

리더가 아무리 훌륭해도 부대원들이 서로 헌신하지 않는 부대는 괴멸했다. 시골청년들로 구성된 한 소대는 형편없는 소대장 밑에서도 승승장구했다. 노예해방에 대한 열정은 북군이 탈영하지 못하도록 잡아주고, 미시시피나 버지니아에 대한 사랑은 남군을 영웅으로 만들어주었을지 모른다. 하지만 그러한 거대한 이데올로기에서 기원한 충성심은 곁에 있는 동료들과 함께하면서 얻는 동기에 비하면 덧없는 것이었다.

이는 역사상 가장 큰 이데올로기적 충돌이었었던 제2차 세계대전에서도 마찬가지였다. 기본적으로 제2차 세계대전은 개인의 자유를 억압하려는 파시즘과 이에 맞서 자유를 지키려는 서유럽 동맹의 충돌이었다. 그럼에도 전쟁에서 승리하고자 하는 애국적 열정은 함께 참전해 싸우는 전우들에 대한 충성보다 강렬하지 않은 것으로 판명되었다. 코스타와 칸의 연구에 따르면 제2차 세계대전에서 군인들의 성공, 단결, '전투에 참여하는 동기'의 측면에서 "집단에 대한 충성심은 이데올로기보다 거의 세 배 중요했고 리더십[의 질]보다 열네 배 중요했다.”

고대 그리스와 스파르타의 엘리트 군대는 동료 간의 충성심을 바탕으로 조직되었다. 10대의 어린 병사를 머리가 희끗한 베테랑 병사와 짝지어주었다. 그들이 사용했던 호칭은 그들이 어떤 관계를 맺었는지 알 수 있는 하나의 단서가 된다. 베테랑은 에라스테스^{erastes}, 즉 ‘사랑하는 사람’이라고 했고, 어린 병사는 에로메노스^{eromenos}, 즉 ‘사랑받는 사람’이라고 했다. 일본 사무라이들도 견습생과 애정으로 결속되어 있었다. “묻지도 말고 말하지도 말라”는 현대의 군대 규율은 적용되지 않았다.[9]

오늘날 현대적인 군대는 동료와 오랫동안 맺는 충실성을 평가절하했다. 국가나 왕에 대한 충성심만을 강조하고, 용맹과 명예와 같은 관념적인 가치를 높이 평가했으며, 상사의 명령에 의심하지 않고 주저하지 않고 복종하는 것을 최고의 덕목으로 장려했다. 이러한 덕목은 나폴레옹 시대의 전쟁에서는 제대로 작동했다. 그 당시에는 동료 군인들과 맺는 유대를 의심할 필요가 없었다. 서열에 따라 나란히 줄 맞춰 전선으로 나갔기 때문이다.

하지만 19세기 프랑스군 대령 샤를 아르당 뒤피크^{Charles Ardant du Picq}는 전쟁의 규모가 커지고 훨씬 복잡해지면서 상황이 달라졌다고 지적한다. 병사들은 이제 자욱한 연기와 혼란 속에서 동료들을 직접 볼 수 없게 되었고, 이로써 “서로 관찰하고 경험함으로써 단결이 생겨날 수 있는 환경은 사라졌다”. 각자 자기 자신을 위해서 싸워야 하는 이 당황스러운 상황에서 병사들의 사기를 어떻게 끌어올릴 수 있을까?

아르당 뒤피크는 그 해답이 바로 전우애라는 주장을 설득력 있게 제시한다. 소대의 동료들을 직접 볼 수 없다고 하더라도 그들이 자신을 받쳐주고 있으며, 홀로 쓰러지도록 내버려두지 않는다는 대담한 확신을 갖게 만들어야 한다고 그는 주장한다. 이후 병사들 사이의 전우애는 핵심적인 군대윤리로 부상했다. 현대 군사용어에서 전우애는 전투력을 몇 배로 높여준다고 하여 '전투력 증강자force multiplier'라고 불리기도 한다.

아르당 뒤피크는 충성스러운 사람들이 곁에서 자신을 뒷받침한다는 확신이 없으면 어떠한 용기도 솟아나기 힘들다고 주장한다. "지극히 용맹스러운 사람 네 명이 모여 있다 해도 서로 알지 못한다면 사자 한 마리를 공격할 엄두를 내지 못한다. 하지만 그 네 명이 덜 용맹하더라도 서로 잘 안다면 서로 신뢰하고, 따라서 자신이 위험에 처하면 도와줄 것이라 확신하여 거침없이 공격할 것이다." 동료 병사에 대한 확신은 두려움을 이겨내고 결속을 강화해준다. 아르당 뒤피크는 상호충성에서 우러나는 정신력과 사기는 너무나 강렬하여 더 크고 장비를 더 잘 갖춘 적도 이겨낼 수 있는 원천이 된다고 확신했다. 그는 이렇게 말한다. "전장에서는 두 물리력, 더 나아가 두 정신력이 격돌한다. 더 강한 자가 승리한다."[10]

아르당 뒤피크의 고전 『전투론Battle Studies』은 1870년 그가 죽은 뒤출간되었다. 그는 1870년 프로이센과의 전쟁에서 전사했다. 프로이센 군대의 물리력은 프랑스의 정신력을 압도했다. 제아무리 충성심이 뛰어난 부대라고 해도 정확하고 가차 없는 포격 앞에서는 속수무책이었다. 충성의 힘은 이처럼 한계가 있다는 것을 아르당 뒤피크는 역설적으로, 몸소 보여주었다.

하지만 안타깝게도 프랑스의 고위장교들은 그렇게 생각하지 않았다. 제1차 세계대전에서 그들은 아르당 뒤피크의 철학을 글자 그대로 해석하여 적용했다. 동료 병사에 대한 충성심만 있으면 포탄이 빗발치는 험난한 고지에도 병사들이 기꺼이 총검을 장착하고 뛰어들 것이고, 그렇게 맹렬하게 돌격하는 병사들을 보고 적들은 겁에 질려 도망칠 것이라고 생각했다. 충성은 그런 방식으로 작동하지 않는다. 충성이 사기를 북돋워줄지는 모르지만, 눈앞의 적이 지닌 우월한 화력 앞에서도 우리를 안전하게 지켜주는 보호 망토는 아니다.

미국해병도 무한한 충성을 강조한다. 미국해병의 모토 역시 'Semper Fidelis', 즉 '언제나 충성'이다. 이러한 충성에 대한 맹세는 전쟁터에서 부상을 당하거나 죽은 전우를 절대 그대로 두고 떠나지 않는 전통으로 가장 생생하게 구현된다. 미 해병의 성공적인 부대 운영을 본받아 다른 군대들도 모두 전우애를 기본 신조로 채택했다. 전우애는 이제 '전사정신'의 핵심가치가 되었으며, 군에 입대하면 누구나 외워야 하는 군인 신조의 가장 핵심적인 덕목이 되었다. 그들은 이렇게 맹세한다. "나는 절대 낙오한 전우를 남겨두고 떠나지 않는다."

군대에서 충성을 강조하기 시작한 것은 제1차 세계대전 이후이다. 명령에 복종하는 기풍을 훼손하지 않고도 솔선과 창의적인 사고를 북돋울 수 있는 방법을 찾던 중, 충성이 가장 적절한 해법으로 떠오른 것이다. 이는 명령의 의도를 충성스럽게 받들어야 한다는 것을 잊지 않고 수행하도록 하면서, 병사들에게 약간은 즉흥적으로 판단하고 행동할 수 있는 여유를 제공한다고 여겨졌다.[11] 제2차 세계대전 이후 미군은 병사들이 지치지 않고 싸울 수 있도록 만드는 요인을 찾아내기 위해 심리학자들과 사회학자들을 동원해서 오랫동안 연구했다. 이 역시 동료들 간에 맺는 충성심이 가장 중요하다는 결론으로 이어졌다.

미 육군항공대 정신과 의사였던 로이 그린커Roy Grinker와 존 스피겔John Spiegel은 싸우고자 하는 의지는 작은 전투조직을 구성하는 동료에 대한 '강렬한 충성'에서 나온다고 주장했다. "병사들은 이제 서로를 위해 싸운다. 동료가 쓰러지는 모습을 보는 순간 죄책감을 느낀다." 병사들이 열심히 싸우는 것은 적에 대한 증오보다 동료에 대한 배려 때문이다.[12]

사회학자 모리스 자노위츠Morris Janowitz와 에드워드 실스Edward Shils의 연구결과는 군대조직에 더 큰 영향을 미쳤다. 그들의 결론에 따르면 전투상황에서 맹렬하게 싸우고자 하는 병사들의 사기는 '집단의 결속감'에 크게 영향을 받는다. 집단은 이데올로기나 애국에 대한 열정, 명예를 지키고자 하는 열망이 아니라 동료에 대한 충실성 하나로 단결한다.

미 육군 대령까지 올랐던 역사학자 마셜S. L. A. Marshall은 이렇게 말한다. "보병들이 무장하고 계속 전진하도록 만드는 힘은 다른 어떤 것도 아닌 바로 전우들이 곁에 있다는 사실, 전우들이 곁에 있다는 믿음이다."[13] 전쟁에 참전해서 보병들을 직접 관찰하여 분석한 그는 이렇게 기록한다. "사람들은 어떤 대의명분을 위해 싸우는 것이 아니다. 그저 동료들이 쓰러지는 모습을 보고 싶지 않기 때문에 싸운다."[14]

2003년 미군이 이라크를 침공했을 때, 첫 한 달 동안은 이러한 전통적인 지혜가 무의미한 것처럼 보였다. 9·11 테러에 대한 보복을 하기 위한 싸움에 나선다는 이유만으로도 병사들의 사기는 충천했기 때문이다. 하지만 전쟁은 쉽게 끝나지 않았다. 끝없는 게릴라 공세에 시달리며 전쟁이 늘어지기 시작하자, 전쟁과 9·11과의 연관성은 사라졌고 병사들의 사기 또한 떨어졌다. 군대는 또다시 전쟁의 가장 단순한 진실 속으로 추락했다. 2005년 이라크에서 한 미군병사는 이렇게 말했다. "우리는 우리 자신이 아닌 다른 어떤 사람을 위해서도 싸우지 않습니다. 우리는 단지 살아남기 위해서 싸울 뿐입니다."[15]

제2차 세계대전에 참전한 공수부대원 스티븐 앰브로즈Stephen Ambrose는 자신의 전쟁경험담을 담은 『밴드 오브 브러더스Band of Brothers』에서 이지중대Easy Company 대원들이 부상당하고도 병원으로 후송되기를 거부하며 전선으로 되돌아온 수많은 사건들을 전해준다. 그들이 그렇게 열정적으로 전투에 임한 것은 독일군에 대한 증오 때문이 아니었다.

몇 달 동안 병원 신세를 져야 하는 부상을 당하고 후송된 이등병 로드 스트롤은 의사를 속여 외출증을 받아 전선으로 돌아왔다. 그가 전선에 도착했을 때 동료들은 전선을 넘어 적진 한가운데로 침투하기 위해 비행기에 오르는 중이었다. 중대장은 병원에서 도망치는 순간 '탈영'으로 처리하겠다고 경고했지만 스트롤은 전혀 신경쓰지 않았다. "그는 동료들이 자신을 빼놓고 작전에 참여하는 것을 그대로 두고 볼 수 없었다."[16]

또한, 적진 한가운데서 '뽀빠이' 원이 부상을 당했다. 이 부상으로 인해 그는 웨일스의 깨끗한 병실로 후송을 가게 되었다. 하지만 3개월 뒤 부대로 복귀할 수 있게 되었을 때, 이지중대로 다시 돌아가지 못할 수 있다는 사실을 알고는 결국 퇴원하기 며칠 전 병원에서 도망쳐 나와 이지중대로 복귀한다. 이지중대는 곧바로 네덜란드전투에 참여했으며, 그는 '앉아 있는 것이 고통스러워' 전장으로 가는 비행기 안에서 계속 서 있어야 했다.[17]

뽀빠이의 판단은 옳았다. 아무리 전투를 많이 치른 노련한 병사라고 해도 자신이 속한 부대에서 이방인일 뿐이라면, 생존확률은 크게 떨어진다. 다른 부대로 발령이 나면, 동료 없이 홀로 전투에 임해야 하는 것과 마찬가지 상황이 된다. 물론 누군가 도움을 주는 사람도 있겠지만, 그런 도움을 스스로 신뢰하지 못한다. 예를 들어 이지중대에서도 교체된 병사의 이름은 굳이 외우려고 하지 않는다. "그들은 머지않아 떠나가버릴 것이라고 생각하기 때문이다."[18] 여기서 떠나가는 것은 곧 전사戰死를 의미한다.

"이제 깨달은 사실이지만, 사람들은 깃발이나 나라를 위해 싸우지 않는다네. 해병대의 명예나 영광을 위해 싸우는 것도 아니지." 유명한 전기작가 윌리엄 맨체스터William Manchester는 자신의 부대로 돌아가기 위해 병원을 몰래 빠져나와 전선으로 간 이유를 이렇게 설명한다. 그는 자신의 부대를 '가족이자 고향'이라고 말한다. 맨체스터는 오키나와에서 부상을 당해 전쟁이 끝날 때까지 안전하게 병원에 있을 수 있었지만 그것은 곧 전우들과 함께할 수 없다는 의미였다. "그들은 나를 쓰러지도록 놔두지 않았다. 내가 편히 누워 있는 것은 전우들에 대한 예의가 아니었다."

충성심은 개개인이 자발적으로 희생하도록 만들기 위해 권력자들이 고안해낸 올가미, 망상에 불과하다고 냉소적인 주장을 하는 사람도 있다. 충성심이 군대에 엄청난 이익을 가져다준다는 것은 누구도 부인할 수 없다. 충성심은 병사들이 도망가지 못하도록 붙잡는다. 또한 군대의 이익이 병사 개인의 이익과 반드시 일치하는 것은 아니다. 전장에 머무는 것은 분명 자신의 생존기회를 극대화하고자 노력하는 개인에게 현명한 전략이 아니다. 충성심은 계속 싸우도록 만들고, 이는 곧 충성심 때문에 죽을 수도 있다는 의미이다.

하지만 전통적인 관점에서 볼 때, 탈영을 하거나 겁에 질리면 죽을 수도 있으므로 동료에게 의존하는 전략이 그리 나쁜 아이디어는 아닐 것이다. 물론 빗발치는 총탄 속으로 죽음을 각오하고 돌진하라고 명령할 만큼 바보 같은 사령관 밑에서는 충성이 그다지 올바른 선택은 아닐 것이다. 하지만 난관을 헤쳐나가는 가장 좋은 방법은 대개 믿을 수 있는 사람들을 곁에 두는 것이다. 그러기 위해서는 스스로를 믿을 수 있어야 한다.

충성은 근본적으로 상호적인 것이며, 신뢰는 중요한 순간에 자신의 일부를 상대방에게 전달하는 것이다. 일반적으로 그런 상황에서는 의도적으로 강제하거나 억지로 연기하지 못한다. 구로사와 아키라의 영화 〈7인의 사무라이〉에서 떠돌이 용병부대의 대장 시마다 캄베이는 오합지졸 농부들에게 무자비한 폭도에 대항해 스스로를 지키는 법을 가르치면서 이렇게 말한다. "전쟁의 본질은 그런 것이다. 다른 사람을 방어하는 것이 곧 자신을 방어하는 가장 확실한 길이다. 자기 자신만 생각하는 것은 곧 자신을 파괴하는 결과만 낳을 뿐이다." 무기를 갖추고 사용법을 익힌다 하더라도 다른 사람을 위해서 자신의 생명을 헌신하지 않는 한 누구도 살아남을 수 없다.

윌리엄 맨체스터는 이렇게 말한다. "전장에서 자신을 위해 목숨을 바쳐줄 전우가 없거나 자신의 목숨을 기꺼이 바칠 만큼 소중한 전우가 없는 사람은, 살아 있다고 할 수 없다. 저주받은 운명이다.”

자신을 배신할지도 모르는 사람과 관계를 맺는 것은 불가능하다

군대에서 이처럼 소중히 여기는 충성에서 우리는 무엇을 배울 수 있을까? 충성은 어쩌면 시민생활에서는 그다지 필요 없는, 군대에만 존재하는 '야삽' 같은 전투도구에 불과한 것은 아닐까? 정치학자 새뮤얼 헌팅턴Samuel Huntington은 그렇지 않다고 생각했다. 50년대 중반 발표한 저작에서 그는 웨스트포인트 육군사관학교의 '정돈된 평온'과 거기서 가까운 하일랜드 폴스라는 작은 마을에 난잡하게 늘어선 건물들을 비교했다. 작은 상점들이 들쭉날쭉 들어서 있는 마을에서 살아가는 평범한 시민들의 요란한 색깔로 치장한 '개인주의'를 헌팅턴은 그다지 좋아하지 않았다. 그는 그들이 통제되지 않고 완벽하지 않으며 목적이 없는 삶 속에서 하찮은 삶을 살아가는 것처럼 보인다고 말한다. 반면, 웨스트포인트에서 그는 정반대의 감정을 느낀다. '그들은 개인적인 변덕을 집단으로 대체함으로써' 평화, 평온, 안정과 같은 감정을 즐기는 것이다. 이 두 세계에서 헌팅턴은 문명의 충돌을 목격한다.[19] 그는 충성을 가장 중시하는 군대의 가치가 바로 '오늘날 미국에 가장 필요한 가치'라고 결론 내렸다.[20]

　군대 방식의 충성을 시민에게도 적용해야 한다는 헌팅턴의 주장은 그다지 설득력이 없어 보일지 모른다. 그는 미국에 깊이 파고든 개인주의라는 독소를 충성심으로 해소할 수 있다고 보았다. “공동의 충성심은 집단 존재의 기초이기 때문에 충성을 강조하면 인간의 활동에서 개인보다는 집단적인 측면을 강조하게 될 것이라고 생각했다.”[21] 하지만 나는 나 자신의 변덕스러운 몇몇 개인적인 특성을 좋아한다. 집단적인 의지에 복종함으로써 얻는 즐거움을 위해 그런 개인적인 특성을 포기하고 싶지는 않다. 또한 크든 작든 충성하는 관계를 통해 얻을 수 있는 혜택을 누리기 위해 반드시 집단주의를 채택해야 할 필요도 없다. 개인의 금욕을 위해서 무아無我적 태도를 포용할 필요도 없다.

미국의 전통은 자기희생에서 나오는 선善을 거부하지 않지만, 그렇다고 해서 궁극적이고 자발적인 자기희생을 숭배하지도 않는다. 현실적으로도, 특정한 도덕적 전통을 이끌어가기 위해서 스스로 고행을 하라고 개개인에게 강요할 수도 없다. 반대로 에인 랜드Ayn Rand가 제창한 ‘자기만족적인 자유의지 에고이즘’과 같은 가치는 『파운틴헤드The Fountainhead』를 읽고 감흥을 받은 철없는 대학생들에게나 영향을 미칠 수 있을 것이다. 이에 비해 미국의 오래된 도덕적 코드는 겸손하지만 효과적인 것이었다. 알렉시 드 토크빌Alexis de Tocqueville은 그것을 ‘제대로 해석된 자기이해’라고 이름 붙였다.

토크빌이 지적했듯이, 미국의 도덕주의자들은 ‘자기중심적으로 사고하는 것이 좋다’라는 보편적인 개념에 의문을 제기하지 않았다. 그들은 대신 ‘모든 사람의 행복을 위해 일하는 것은 시민들 개개인에게 이익이 된다’라는 또다른 명제를 입증하기 위해서 노력했다. 개인적인 이해가 모든 사람의 이해와 일치하고 통합될 수 있는 일상적인 사례를 끊임없이 발굴하여 강조했다. 그런 노력에 힘입어 미국인들은 전통적으로 “다른 사람에게 도움을 제공하는 일은 곧

자신을 돕는 일이며, 선을 행하는 일은 곧 자신의 이해를 도모하는 일"이라는 믿음을 갖게 되었다.[22]

이것을 가장 발달한 도덕이론이라고 할 수는 없겠지만, 토크빌은 전반적인 측면을 고려할 때 이러한 방식이 가장 효과적인 도덕이론이라고 생각했다. 도덕에 관한 웅장한 미의식은 순수한 영혼의 아름다움을 축복하지 못하지만, '계몽된 자기애'는 평범한 사람들이 점잖게 행동하도록 영감을 주는 가장 효과적인 방법이라고 그는 주장한다.[23]

내가 참여하는 집단의 이익을 극대화하는 것이 나 자신의 이익을 극대화하는 가장 좋은 방법일 때가 가끔 있다. 하지만 공동선을 추구함으로써 나의 전반적인 행복을 가장 잘 달성할 수 있다는 사실을 안다고 해도 변절하고 싶은 유혹, 즉 즉각적이고 개인적인 만족을 위해 공동선을 팔아버리고 싶은 유혹은 언제나 뿌리치기 어렵다.

장 자크 루소는 사슴을 사냥하러 가는 사람들에 빗대어 이런 상황을 설명한다. 큰 사냥감을 획득하려면 모든 사람이 '각자 정해진 자리를 충실하게 지켜야 한다'.[24] 하지만 어떤 사람 눈앞에 토끼가 나타날 수 있다. 토끼는 다른 사람의 도움 없이 잡을 수 있다. 하지만 토끼를 쫓는 순간, 멋진 수사슴을 잡을 수 있는 기회는 날아간다. 사슴을 잡아서 공동이 얻는 혜택은 토끼를 잡아서 개인이 얻는 혜택보다 훨씬 크다. 하지만 눈앞에 토끼가 나타났을 때 이익을 계산한다면, 조직의 규율을 깨는 것이 훨씬 합리적이다. 눈앞에 보이는 토끼는 언제 나타날지 모르는 사슴을 마냥 기다리는 것보다, 또 그것을 다른 사람들과 나누어 갖는 것보다 훨씬 가치가 크다. 물론, 사람들이 저마다 토끼를 잡기 위해 쫓아다닌다면 절대 사슴은 잡지 못할 것이고, 더 큰 보상은 누릴 수 없을 것이다.

그렇다면 내가 맡은 자리를 지킨다고 해도, 다른 사람들도 모두 자신의 위치를 지킬 것이라고 어떻게 보장할 수 있을까? 우리 스스로 믿음직스럽게 헌신하지 못한다면, 더 큰 모험적인 사업에 나설 수 없으며 '제대로 해석된 자기이해'도 작동하지 못한다. 이때 우리를 하나로 묶어주고, 눈앞에 토끼가 나타나도 쫓아가지 않도록 잡아주는 끈이 바로 충성이다. 눈앞의 개인적인 이익을 추구하지 못하도록 억제함으로써 더 큰 결과물을 가져다주는 것이다.

믿을 수 없는 헌신은 헌신이 아니다. 헌신을 믿을 수 없다면 세상은 매우 비효율적이고 비싼 곳이 될 것이다. 충성은 대개 비공식적으로 일어나는 사회적 거래에서 자신에 대한 신뢰를 보장하는 역할을 한다. 이것은 은행에서 대출을 받는 것과 다르지 않다. 쉬운 파산절차와 다양한 소비자 보호정책으로 인해 돈을 빌리고도 갚지 않는 사람들이 많아졌다. 이런 상황에서 은행은 돈을 잘 빌려주지 않는다. 은행들은 신용도가 높다는 것, 믿을 만하다는 것을 스스로 입증하지 않으면 대출을 제공하지 않는다. 신용도를 주목하지 않는 은행은 결국 악성채무의 늪에 빠져 파산하고 말 것이다.

충성도 이와 같은 방식으로 작동한다. 믿음직하고 신뢰할 수 있는 사람이라는 것을 스스로 입증할 때에만, 상대방은 호혜적인 관계를 구축할 수 있다고 판단한다. 자신의 몫을 지불해야 하는 순간이 왔을 때 배신할지도 모르는 사람과 관계를 맺는 것은 불가능하다. 따라서 상대방이 자신의 의무를 저버리지 않을 것이라고 기대할 수 없는 상황에서는 그렇게 행동하도록 강제하는 방법을 찾아야 한다. 악수만으로 양쪽이 믿고 거래할 수 있다는 보장을 충분히 할 수 없을 때, 우리는 공적인 계약으로 이를 보완한다.

하지만 법적 계약은 비용과 시간이 들 뿐만 아니라 경직된 상황으로 결론 날 때가 많다. 또한 아무리 치밀하고 꼼꼼하게 계약서를 작성한다고 해도 계약이 깨질 여지가 있다. 소송까지 가지 않는다고 하더라도 조건을 강제하기 위한 추가적인 시간과 비용이 들어간다. 더욱이 계약이행의 불확실성은 여전히 존재한다.

모든 계약을 강제하도록 만드는 기적이 일어난다고 해도, 여전히 혼란과 비효율은 해소되지 않는다. 하지만 정직과 신뢰는 그러한 비용과 경직성을 초래하지 않고도 이 모든 것을 달성한다. 믿지 못하는 상태에서 오는 불안은 훨씬 생산적이고 창의적인 일에 쏟을 수 있는 노력을 빼앗는다. 그런 점에서 신뢰성은 경제적 측면에서 보더라도 상당한 가치를 갖는다.

하시디즘을 믿는 유대인들은 전통적으로 다이아몬드 사업을 하면서 충성스러운 집안의 가족들을 고용했다. 이는 직원 때문에 발생할지 모르는 손실을 방지하기 위해 들이는 시간과 돈을 그만큼 절약하는 결과를 가져왔다. 직원들이 회사의 물품을 훔치지 못하도록 하기 위해 기업들이 매년 얼마나 많은 돈을 쓰는지 생각해보라. 기업에 컨설팅을 해주는 보안업체들이 번창하는 현상만 봐도 오늘날 충성심이 얼마나 희귀한지, 또 얼마나 가치 있는지 알 수 있다.

충성심조차 없는 범죄자들은 무시무시하다

충성이 가치 있다고 하지만, 실용적이기도 할까? 게임이론이라고 알려진, 심리학 분야에서 제시하는 가장 기본적인 역설적 상황 중에 '죄수의 딜레마'라는 것이 있다. 죄수의 딜레마에서는 충성을 다른 사람의 생각이나 행동에 영향을 미치지 못하는 한낱 갈대와 같은 것이라고 간주한다.

죄수의 딜레마는 이렇다. 범죄를 공모한 두 사람이 경찰에 붙잡혔다. 하지만 경찰은 그들의 범죄를 입증할 확실한 증거를 가지고 있지 않다. 죄수들은 별도의 공간에서 각각 심문을 받는다. 이때 경찰은 두 죄수에게 다음과 같은 거래를 제시한다.

1) 공범자가 자신의 죄를 숨기고 당신이 공범자의 죄를 밀고하면 공범자는 10년형을 받겠지만 당신은 밀고한 대가로 곧바로 풀어주겠다.

2) 공범자가 당신에 대해 밀고하고 당신이 공범자에 대해 밀고하면 둘 다 7년형을 받는다.

3) 당신은 입을 다물고 있는데 공범자가 당신에 대해 밀고하면, 당신이 모든 죄를 뒤집어쓰고 10년형을 받는다.

4) 두 사람 다 이야기를 하지 않으면 둘 다 6개월 동안 이곳에 갇혀서 심문을 받아야 한다.

여기서 가장 좋은 선택은 두 사람 다 입을 닫고 있는 것이다. 두 사람이 모두 갇혀 있는 기간을 합친다 해도 1년에 불과하다. 하지만 합리적으로 계산할 때 가장 좋은 선택은 공범자를 배신하는 것이다. 왜 그럴까?

당신이 이러한 선택의 기로에 놓인 죄수라고 상상해보라. 친구가 당신을 배신하지 않을 것이라고 어떻게 장담할 수 있는가? 친구가 배신을 하고 나는 배신을 하지 않으면 10년을 감옥에서 살아야 하지만 나도 배신을 하면 7년만 살면 된다.

반대로 친구가 절대 나를 밀고하지 않을 것이라고 추측해보자. 그런 경우에도 나는 친구를 밀고하는 것이 유리하다. 내가 밀고하지 않으면 6개월 동안 갇혀 있어야 하지만 밀고하면 곧바로 나간다.

결국 가장 합리적인 선택은 공범자를 배신하는 것이다. 둘 다 밀고하지 않으면 6개월만 갇혀 있으면 되지만, 합리적으로 계산할 경우 둘 다 7년형을 받는 것이 최선의 결말이 된다.

지난 50년 동안 죄수의 딜레마는 합리적인 행동이 오히려 나쁜 결과를 만들어낼 수 있다는 증거로, 사회심리학에서 가장 많이 연구되는 현상 중 하나였다. 전략가들은 이러한 패러독스 상황을 여러 차례 반복했을 때 어떤 선택이 최선인지 찾기 위해 컴퓨터를 이용하여 다양한 경우의 수를 조합했다. 이 작업을 통해 밝혀진 가장 성공적인 전략은 처음에는 시험 삼아 상대방을 믿는 것이다. 즉, 첫 라운드에서 공범자를 배신하지 않는 사람이 게임에서 승리한다는 것이다.

첫 라운드에서 상대방을 믿었는데 상대방이 배신했다면, 두번째 라운드에서는 배신한다. 하지만 두번째 라운드에서 상대방이 배신하지 않을 경우, 세번째 라운드에서는 상대방을 믿는다. 이러한 '눈에는 눈 이에는 이' 전략이 성공하기 위해서는 첫 라운드에 상대방을 믿는 충성스러운 포지션을 선택해야 한다.[25]

충성의 전략이 효과적이라고 해도 이것은 비합리적인 선택 아닌가? 합리적인 선택이론을 주장하는 학자들은 사람들이 자신의 이익을 계산하여 행동하는 것은 자연스러울 뿐만 아니라, 그렇게 하는 것이 옳다고 생각한다. '자신의 이익을 계산하는 것'이 바로 합리성의 정확한 개념이기 때문이다. 죄수의 딜레마에서 자신에게 돌아올 인센티브를 차버리는 것은 이런 관점에서 비합리적인 행동이다. 바로 그러한 이유로 '이에는 이' 전략에 철학자들이 관심을 갖는 것이다. 가장 전략적인 선택이 전략적으로 생각하지 않는 것이라니 정말 신기하지 않은가?!

하지만 사람들은 이따금씩 합리적인 선택이론의 예측과 다르게 행동하는 것으로 밝혀졌다. 아마도 그것은 모든 사람들이 뛰어난 전략가가 아니기 때문일 수 있다. 자신이 참여하는 게임의 룰을 이해하지 못했거나 논리적으로 계산하지 못했을지도 모른다. 또는 게임이론에서 말하는 합리성이라는 개념을 의심해야 할지도 모른다.

나는 하버드 대학에서 게임이론의 창시자 중 한 명이며 노벨상을 받은 경제학자 토머스 셸링Thomas Schelling의 수업을 통해 죄수의 딜레마를 처음 배웠다. 나는 그 수업을 기억한다. 셸링은 칠판에 일련의 보상이 기입된 행렬을 그려놓고는 죄수들이 각자 어떤 선택을 하는 것이 옳은지 물었다. 재빨리 손을 든 몇몇 학생들의 답변은 계속 빗나갔다. 학생들은 다른 공모자와 무관하게 무조건 배신하는 선택이 가장 합리적이라는 기본적인 계산을 빠르게 이해하지 못했다.

그것은 학생들이 계산을 하지 못해서가 아니라, 그런 문제에 수학적 모델을 적용하려고 하지 않았기 때문이었다. 우리는 누구나 동료를 배신한다는 개념에 대해 본능적으로 혐오감을 느끼며, 그 때문에 게임을 하는 '합리적인' 방식에 매력을 느끼지 못한다. 죄수의 딜레마를 풀기 위해 처음 시도할 때 우리는 단순히 감옥에서 얼마나 오래 살게 되는가 하는 것 말고도 많은 변수를 고려한다. 친구를 배신하면 거울 속에 비친 나를 어떻게 볼 수 있을까? 내가 배신했다는 사실을 알면 그는 나를 어떻게 생각할까? 또 친구들은 나를 어떻게 대할까?

이런 고려사항들은 모두 죄수의 딜레마를 풀기 위해 게임이론이 고안해낸 단순한 행렬 '바깥에' 존재한다. 이런 것들은 감정적인 변수에 불과할 수도 있지만, 분명히 현실세계에서 사람들이 행동하는 방식에 많은 영향을 미친다. 심지어 감정을 완전히 배제할 수 있게 만든 특별한 게임에서도 이러한 감정을 버리지 못한다. 정치학자 애머대S. M. Amadae는 이렇게 말한다. "합리적인 선택이론에서 작동하는 논리를 한 번도 경험해보지 않은 사람들은 [죄수의 딜레마에서 서로 배신하는 선택을 할] 준비가 되어 있지 않다. 낯선 사람과 짝이 되었을 때도 마찬가지다."[26]

그렇다면 죄수의 딜레마를 푸는 '합리적인' 방법을 배운 사람들은 왜 그렇게 행동하지 않는 것일까? 우리가 생각할 수 있는 범위의 한계를 느끼며 좌절하고 혼란에 빠진 것일까? 어쩌면 이익을 계산하는 이론적인 모델이 우리가 고려하는 모든 변수를 감안하지 못한 것일 수도 있다. 예컨대 우리가 느끼는 다양한 감정에도 '보상'이라는 이름을 붙임으로써 합리적인 선택모형을 새롭게 만들 수 있다. 예를 들어 자신의 이익에 반하는 것처럼 보이는 행동을 하는 사람이 있다고 하자. 그는 기꺼이 이타적인 희생을 선택함으로써 다른 사람의 존경을 얻을 수 있다. 그가 존경의 대상이 되는 것에 희열을 느낀다면, 희생처럼 보이는 행동은 사실상 자신의 행복을 극대화하기 위한, 즉 자신의 이익을 추구하기 위한 노력이다. 그것은 미친 생각이 아니다. 하지만 우리 경험에 비추어볼 때 쉽게 납득이 가지 않을 뿐이다.

충성심에서 우러난 행동을 할 때 우리는 계산하지 않는다. 합리성은 못 본 체하고 끝까지 뿌리친다. 이것이 바로 죄수의 딜레마 역설을 거꾸로 돌려놓는 덕德의 역설이다. 더 큰 이익을 추구하려면 눈앞에 놓인 개인적인 이익을 포기해야 한다는 것을 우리는 안다. 자신을 돌아보는 습관, 즉 덕을 쌓는 것은 눈앞에 놓인 합리적인 자기이익에 손해가 되는 행동도 서슴없이 선택하게 만든다. (덕행과 마찬가지로 악행도 합리적인 판단을 거스르는 반항적 습관이다. 다만 장기적인 자기이익을 증진하기보다는 그것을 갉아먹는다는 것이 다를 뿐이다.)

죄수의 딜레마의 현실적인 상황은 지금도 어느 경찰서에서나 일어난다. 경찰이 달콤한 거래를 제시하더라도 용의자들은 쉽게 받아들이지 않는다. 현실세계에서는 죄수의 딜레마 이론에서 고려하지 않는 보상과 처벌까지 계산해야 하기 때문에 이익을 계산하는 행렬은 복잡해진다. 동료를 팔아먹는다고 해서 복역기간이 줄어들지도 않고, 오히려 불리한 상황만 초래할 수 있다. 또한 범죄조직들은 서로를 밀고하거나 배신하면 어떤 대가를 치르게 될지 공공연하게 드러내 압박한다. 그들이 내세우는 핵심은 바로 '밀고는 밀고를 부른다'는 슬로건이다. 이것은 단순한 슬로건으로 끝나는 경고가 아니다.

그런 조직에 속하지 않는 사람들조차 자신의 친구, 연인, 가족의 범죄사실을 묻는 경찰의 회유를 뿌리치는 경우가 많다. 하지만 용의자에 대한 가장 결정적인 증거는 대개 친구, 연인, 가족이 가지고 있다. 범인을 빠르고 쉽게 잡을 수 있는 길을 가로막는 유일한 요인은 범인 주변 사람들의 잘못된 인식에서 비롯된 충성이라고 오늘날 심문전문가들은 전제한다. 하지만 피의자의 권리를 보호하는 데 중점을 두는 미란다원칙은 심문을 받는 사람들의 충성심을 제압하기 위한 경찰의 무력 사용을 허용하지 않는다. 결국 경찰이 사용할 수 있는 카드는 심리게임밖에 남지 않았다.

오늘날 보편적인 심리게임 원칙은 1940년대 시카고 과학범죄수사연구소에서 존 리드John E. Reid가 동료들과 함께 만들어낸 '리드기법'이다. 범죄드라마를 본 적이 있다면 기본적인 리드기법을 이미 알고 있을 것이다. 가차 없이 혐의를 뒤집어씌움으로써 용의자를 으르고, 유죄를 부인할 수 있는 길은 없다고 협박하다가, 위로하는 척하며 자백하도록 하여 체면을 세울 수 있는 기회를 제공한다. 하지만 경찰들이 넘어야 하는 산은 범죄를 저지른 것으로 여겨지는 사람들뿐만이 아니다. 협력하기를 거부하는 증인, 특히 어떤 사람을 보호하려 한다고 의심되는 사람들의 의리도 깨뜨려야 한다.

어쨌든 잠재적인 증인의 충성심이 강하면, 경찰수사는 난관에 봉착한다. 그래서 리드기법을 설명하는 주요 교재인 『범죄자 심문과 자백Criminal Interrogation and Confessions』에서는 "심문하는 사람은 심문대상과 범죄자 사이에 충성의 유대를 깰 방법을 찾아야 한다"라고 조언한다. 그러기 위해서는 반드시 독방에서 심문을 해야 한다. 충실성의 지지를 주거나 요구할 수 있는 사람, 즉 친구나 가족이나 변호사가 주변에 있어서는 안 된다. 그런 다음 심문대상의 충성심을 깨는 데 필요한 다양한 기법을 활용한다.

기본적인 계책 중 하나는 '범죄자'가 심문대상을 먼저 배신했다고 확신하게 만드는 것이다. 이는 앞에서 살펴본 게임이론에서 입증된

'눈에는 눈, 이에는 이' 전략을 역이용하는 것이다. 심문대상자가 범죄자의 연인이라면 리드기법은 '범죄자가 다른 여자와 바람을 피워 살림을 차렸다'고 말하라고 제안한다(이것이 사실이든 거짓이든 상관없다). 이런 전략이 작동하지 않는 경우에는, 피심문자가 자신의 이익과 행복이 위협받지 않을까 매우 두려워한다는 뜻이다. 이런 경우 리드기법은 심문대상에게 범죄를 덮어씌우는 것이 효과적이라고 권고한다. "가짜 고소 위협에 직면한 목격자나 잠재적인 정보원은 범죄자를 보호하려는 노력을 포기하고 싶은 동기를 가지게 될 것이다."

진실을 말하고자 하는 미묘한 시점을 전혀 고려하지 않는 이러한 질문기법에 반감을 느끼는 사람들이 많을 것이다. (리드기법에 대한 수많은 비판은, 심문과정에서 공갈협박을 마구 활용할 경우 거짓자백을 할 확률이 높다는 것이다.) 하지만 경찰이 심문받는 사람들의 충성심을 분쇄하기 위해서는 기본적으로 그만한 대가는 치러야 한다.

하지만 범죄조직도 이런 충성을 적극적으로 활용한다는 점에서, 충성은 도움이 되는 만큼 해롭기도 한 것 아닐까? 어쨌든 우리는 충성을 하나의 미덕으로 생각해야 할까? 자신이 속한 집단에서 자신을 어떻게 생각할지 걱정하는 범죄자, 동료를 배신하고 싶지 않은 범죄자는 충성심을 실천하는 능력이 뛰어난 사람이다. 하지만 그가 충성하는 대상은 존중할 만하기는커녕 사회적으로 이롭지도 않다. 우리는 범죄조직을 소탕하기 위해 그런 충성을 깨뜨려야 한다. 하지만 소설이나 신문에서 그런 사람들과 마주하면, 우리는 개인적인 원칙을 포기하지 않는 그 악당에 대해 어쩔 수 없이 존경심을 느낀다.

하지만 조직이나 동료에 대해 그런 충성심이 없는 범인은 훨씬 무시무시하다. 바로 그들이 오늘날 심리학에서 사이코패스라고 분류하는 사람들이다. 미국의 국제정치학자 로버트 리버^{Robert Rieber}는 이렇게 말한다. "사이코패스는 범죄집단 안에서도 신뢰할 수 없으며, 불필요한 문제를 일으킨다. 아무리 이상하고 기이한 행동을 하는 데 뛰어나다고 하더라도, 장기적으로 그들이 집단에 충성할지는 확신할 수 없다."[27] 이처럼 충성심을 느끼지 못하는 '예측 불가능한 사이코패스'들은 범죄자 중에서도 가장 위험한 부류라고 할 수 있다.[28]

결국 우리는 범죄의 맥락에서도 충성이 상당한 미덕이라는 것을 인정할 수밖에 없다. 충성심은 무수한 일반범죄자들이 전혀 통제할 수 없는 괴물이 되지 않도록 막아주는 미덕이다.

충성심은 합리적 선택의 결과가 아니라 느끼는 것이다

충성은 비합리적이고 바보 같아 보일 수도 있지만, 합리적인 계산에 대한 굳건한 무관심은 매우 강하다. 하지만 합리성에 압도당하지 않음으로써 충성이 강력하게 작용하는 또다른 방식이 있다. 합리적으로 행동하지 않는 사람을 '비합리적'이라는 말로 묘사하기도 하지만, 깔끔한 논리의 평온함을 포기한 사람들을 '감정적'이라고 묘사하는 경우가 더 많다. 감정은 동기를 부여해야 하는 상황에서 이성을 압도한다.

오늘날 도덕이론에 아마도 가장 큰 영향력을 발휘한 철학자는 이마누엘 칸트일 것이다. 그는 가장 순수한 종류의 추론, 즉 보편법칙에 적용할 수 있는 법칙만을 따라 행동하라고 요구하는 '지상명령'에 바탕을 둔 윤리를 제창했다. 도덕성의 형이상학에는 감정이 들어설 자리가 많지 않다. 어떤 것이 '옳다'는 감정은 칸트의 주장에 따르면, 도덕적 판단이 아니라 단순히 '공포나 슬픔의 울부짖음과 비슷한' 표현에 불과하다.

하지만 칸트학파의 문제는 언제나 동기부여에 있다. 순수이성과 실천이성이 무엇이 옳고 그른지 판단할 수 있는 경지에 도달한다 하더라도, 그것이 어떻게 사람에게 올바른 행동을 하도록 만드는 것일까? 칸트는 우리에게 주어진 의무를 다하기 위해 의무를 수행하기만 하면 된다고 말한다. 참으로 엄숙한 개념이다. 이렇게 무미건조한 이유만으로 구체적인 행동을 하는 사람이 어디 있을까?

오랜 시간 이어온 이성과 감정의 갈등도 마찬가지다. 지적 능력은 이렇게 행동하라고 인도하고, 열정은 저렇게 행동하라고 몰아붙인다. 이러한 갈등에 대해 사람들은 하나같이 감정은 고귀하고 훌륭한 자아를 괴롭히는 파괴적인 힘이며, 지능은 바람직한 힘이라고 설명한다. 이성은 언제나 옳은 일을 하라고 이야기하는 천사로 그려지고, 열정은 삼지창을 든 뿔 달린 사악한 악마로 그려진다. 이 오래된 코미디에서는 대개 사악한 악마가 늘 이긴다. 어쨌든 악마는 갈피를 잡지 못하는 사람에게 욕망을 좇으라고 요구하고, 열정이 하고 싶어하는 일을 하라고 요구하기 때문이다. 욕망과 끝없이 싸워야 하는 이성은 늘 이런 유혹을 뿌리쳐야 한다. 이와 반대로 충성은 우리가 해야 할 올바른 일이 무엇인지 일깨워줄 뿐만 아니라 그렇게 행동하도록 만든다.

철학자 주디스 슈클라 Judith Shklar 는 이렇게 말한다. "충성의 감정적인 특성은 의무와 확연히 구분된다."[30] 우리는 다양한 규율에 의해 결정되는 책무를 갖고 있다는 것을 인식할 수 있으며, 심지어 근본적인 원칙으로부터 사려 깊은 추론을 통해 그러한 규율을 정당화해오기도 했다. 하지만 규율에 대한 옹호가 아무리 강하다고 하더라도, 의무는 언제나 어떤 측면에서 이질적으로 느껴진다. 의무는 늘 우리에게 어떤 요구를 할 뿐만 아니라 '이것을 하라, 저것을 하라'라고 끝없이 짖어댄다. 하지만 충성은 감정적인 반응이다. 충성은 우리 내면을 다독여주고 우리와 늘 함께한다. 충성을 따라야 한다고 주장할 필요도 없다. 우리는 그저 느낄 뿐이다.

한 세기 전 종교적인 성향을 지닌 철학자 조지프 알렉산더 레이턴Joseph Alexander Leighton은 이렇게 주장했다. "감정은 행동할 가장 강렬하고 견고한 동기를 제공한다. 가장 오래 지속할 수 있는 의지를 제공한다."[31] 또한 죄수의 딜레마 상황에서 사람들이 어떻게 행동하는지 집중적으로 연구한 경제학자 로버트 프랭크Robert Frank도 같은 결론에 다다랐다. "감정과 느낌은 거의 모든 행동의 가장 근접한 원인이다."[32] 감정은 눈앞의 자기이익을 계산하는 엄격한 합리성을 뒤집어버림으로써 폭넓고 장기적인 목표를 확보할 수 있도록 만들어줄 뿐만 아니라 그 방향으로 나아갈 수 있도록 밀어준다고 프랭크는 주장한다.

충성은 인생이라는 산의 절벽으로 굴러떨어지지 않도록 우리를 붙잡아주는 밧줄이다. 하지만 우리 생명을 구해주는 이 강력하고 든든한 도구에는 위험도 도사린다. 친구나 가족같이 우리가 속한 작은 집단에 대한 든든한 애착에서부터 사회나 국가와 같은 거대한 집단에 대한 희미한 애착까지, 우리는 많은 밧줄을 허리에 묶을 수 있다. 하지만 밧줄을 더할 때마다 붙잡아줘야 하는 사람도 늘어난다. 더 나쁜 상황에서는, 다른 사람 때문에 내가 추락할 확률도 커진다. 하지만 그것은 보험에 비교할 수 있다. 더 큰 혜택을 얻기 위해서는 더 많은 비용을 지불해야 한다.

무엇보다도 진짜 문제는, 줄을 더하면 더할수록 떨어지지 않도록 나를 붙잡아주는 밧줄끼리 서로 엉켜 도저히 풀 수 없는 상태가 될 수 있다는 것이다. 충성의 혜택을 즐기고 싶다면, 뒤죽박죽 엉키기 쉬운 충성의 밧줄을 푸는 법을 배워야 한다. 복잡한 매듭처럼 뒤엉킨 밧줄을 가지고 우리는 단단히 자일을 매는 기술을 구사해야 한다.

마찰을 빚는
충성

언제나 진실하고 싶다는 내면의 요구를 따를 수 있는가

런던에서 40킬로미터 정도 북쪽에 있는 버컴스테드 커먼에서 열네 살 된 소년이 "거친 가시금작화 덤불, 오래된 도랑, 담배꽁초들 사이"를 샅샅이 뒤져 치명적인 가지과 식물로 알려진 희귀한 관목을 찾아냈다. 이 유독식물은 그에게 뜻하지 않은 횡재였다. 자신의 깊은 불행을 영원히 치료해줄 수 있는 유용한 처방이었다. 소년은 이 관목의 잎사귀를 한 움큼 따서 우적우적 씹어 먹기 시작했다. 하지만 그는 죽지 않았다. "약간 졸음이 쏟아지는 정도"의 약효밖에 없었다. (물론 그가 풀을 제대로 알아봤는지는 알 수 없다. 어쨌든 이 관목에서 독성이 강한 부분은 잎이 아니라 열매라는 것을 아이는 몰랐다. 이 관목의 열매를 몇 개만 먹었다면 아마도 정말로 불행에서 벗어났을 것이다.)

그레이엄 그린Graham Greene은 어린 시절 무수히 자살을 시도했다. 하지만 그의 자살시도는 창조적이었던 만큼 어리석었다. 한번은 어머니의 암실에서 '붉은 악마의 섬광'에 빨려 들어가 사진을 고정하는 데 사용하는 소듐 티오황산염에 '독성이 있다는 거짓 인상을 받아' 모두 마셔버리기도 했다. 또 한번은 건초열 알약 한 통을 모두 목구멍에 털어넣기도 했다. 운이 따르지 않았다. 또 머릿기름 한 통을 마셔버리기도 했다. 멀쩡했다. 아스피린 열두 알을 한꺼번에 삼키고는 버려진 웅덩이에 들어가 수영을 했다. 의식을 잃고 바닥에 가라앉기를 바랐지만 그레이엄은 '포근한 구름 속을 수영하는 듯한 신기한 기분'을 경험했을 뿐이다![1]

러시안룰렛을 여러 번 했지만 총알은 그를 피해 가기만 했다.

이 모든 절망의 원인은 무엇이었을까? 그는 명확한 고통을 받지는 않았지만("나는 물리적으로 매를 맞거나 괴롭힘을 당하지 않았다"), 주변 사람들에게 소외되고 있다고 생각했다. 그레이엄의 아버지는 버컴스테드 학교 교장이었고 그의 형은 학교에서 '짱'이었다. 어린 그레이엄은 학생들과 불화를 겪는 자신의 가족에 대한 부채감으로 인해 기숙사에서 친구들과 어울리지 못했다. "나는 분열된 충성의 절망적인 자리에 서 있었다. 나는 매국노의 아들이었다."[2] 그레이엄은 학교를 식민지배를 받는 국가로, 학급동료들을 저항군이라고 묘사했다. "하지만 나는 아버지와 형을 배신하고 학생들에게 합류할 수는 없었으며, 학생들은 나를 식민지를 지배하는 공범처럼 대했다."[3]

적진을 향해 쏘아대는 '총격 속에서' 오도 가도 못하는 그를 누구도 믿지 않았다. '갈등하는 충성의 투쟁'은 그를 난처하게 만들었으며 '기괴하고 분열된 삶'으로 몰아넣었다.[4] 어떤 동료 학생들과도 진실한 우정을 벼리지 못한 자신의 모습을 그레이엄은 '문둥이와 같은 처지'라고 묘사했다.[5] 남들의 관심을 끌기 위해 자기파괴적인 온갖 불운한 노력을 해야 할 만큼 비참한 신세였다.

충성은 힘을 부여하고 존엄함을 부여한다. 도덕적 동기를 부여하는 훌륭한 원천이기도 하다. 하지만 충성에는 비극적 경향이 있다. 충성은 서로 갈등하는 골치 아픈 습성이 있기 때문이다. 모순된 의무의 양립할 수 없는 요구 사이에 처하는 경험은 매우 고통스럽다. 그레이엄 그린의 경우, 갈등하는 충성 사이에서 '어떤 선택을 하더라도 배신자가 되어야 하는 상황'을 빠져나올 수 있는 유일한 탈출구는 자살이었다.[6] 물론 전형적인 사춘기 시절의 과민한 반응이었을지 모르지만, 그런 도덕적 충돌에서 오는 고뇌를 느끼지 않는 사람이 어디 있겠는가?

잘만 관리하면 충성은 조화롭고 서로 일관되며 스스로 강화될 것이라고 우리는 이야기한다. 20세기 초반 미국에서 발행된 한 신문의 사설은 "진정한 미국인은 충성스럽다"라고 선언했다. 이 사설은 가족, 학교, 마을, 도시, 국가, 더 나아가 인류에 충성하도록 아이들을 가르쳐야 한다고 주장한다. 사설은 이렇게 말한다. "내가 가족에만 충성하려 한다면, 학교에 충성하지 못할 수 있다. 학교에만 충성하려고 한다면, 마을과 도시와 국가에 충성하지 못할 수 있다. 마을과 도시와 국가에만 충성하려고 한다면 인류에 충성하지 못할 수 있다." 하지만 사설은, 중요한 원칙만 지키면 이 모든 딜레마가 순식간에 해결된다는 가장 기본적인 도덕적 사기를 활용해 이 복잡한 늪에서 빠져나온다. "나는 다른 무엇보다 인류에 충성하기 위해 노력할 것이다. 물론 그다음으로 국가에 충성할 것이고, 그다음으로 도시에, 마을에, 학교에, 가족에 충성할 것이다."

정말 그럴 수 있을까?

이 사설을 쓴 도덕주의자는 17세기의 형이상학 시인 헨리 본 Henry Vaughan의 말을 어설프게 인용한다. 본은 「규율과 교훈 Rules and Lessons」이라는 시에서 "신에게, 국가에, 친구에게 진실하라"라고 호소한다. 감탄할 만한 조언임에 틀림없다. 물론 국가가 추구하는 길이 자신이 믿는 신이 요구하는 길과 대립할 수 있다. 또는 친구가 이교도이거나 반역자일 수도 있다. 그렇다면 국가에 반역하는 친구에게 어떻게 진실할 수 있는가? 우리는 신에게, 국가에, 친구에게 언제나 진실하고 싶다. 하지만 그렇게 할 수 없는 경우가 많다. 본도 모르는 바는 아니었다. 젊은 시절에는 다른 이들과 마찬가지로 영국 시민전쟁에 나가 싸워야 했다. 시민전쟁이라는 상황보다 갈등하는 충성의 고뇌를 몸소 체험할 수 있는 상황은 없을 것이다. 그래서 시의 몇몇 구절은 종잡을 수 없는 의무의 모순되는 요구들 사이를 헤쳐나가는 방법에 대해 이렇게 제안한다. "목사와 사람들이 바뀐다고 해도 자신의 토대를 붙잡고 놓지 않으면 된다."

훌륭한 시도다. 우리가 헌신하고 충성하기만 하면 모든 것은 조화를 이룬다고 가정하는 것이다. 조화가 깨지는 것은 내가 아니라 남들이 변하기 때문이다. 물론 그런 경우도 가끔 있다. 내 어릴 적 친구 중에는 커서 건달이 된 친구가 있다. 그 친구에 대한 나의 우정이 그의 성격과 덕성에 대한 존경에 기반을 둔 것이었다면 그가 스스로 그런 자질을 폐기하는 순간 우리 우정의 토대 역시 폐기된 것이다. 거짓을 저지른 것은 내가 아니라 그 사람이다. 나는 아무런 배신도 하지 않았다. 내가 변절한 목사를 따르지 않는다면, 내가 의리를 배신한 것이 아니라 그가 배신한 것이다.

하지만 친구들이 바뀌지 않아도 의리에 위기가 오거나 의리가 깨질 수 있다. 나에게 훌륭한 친구 두 명이 있다고 해보자. 어릴 때 동부에서 학교를 함께 다닌 조지와, 커서 서부에서 일을 하며 만난 프레드가 있다. 마침내 한자리에 모일 수 있는 기회가 생겨 이 두 친구를 서로 소개해주기로 했다. 하지만 재앙이 발생했다. 프레드가 들어오는 모습을 본 조지는 온몸이 굳었다. 그들은 오래된 원수였다. 예전에 한 학교를 다니면서 여학생을 사이에 두고 처절한 대결을 벌였던 것이다. 그리고 그들은 지금까지도 원한이 맺힌 사이였다. 이제 그들은 나에게 서로 상대방과 친구로서 맺은 관계를 끊으라고 요구한다. 의리가 충돌하게 된 이 상황은 친구들이 바뀌었기 때문에 만들어진 것이 아니다. 오히려 이러한 갈등의 뿌리는 그들이 바뀌지 않았기 때문이다. 각각 자신의 원한을 일관되게 간직해왔을 뿐이다. 문제는 내가 그것을 알지 못했던 것이다. 아니, 알 수도 없었다. 내가 그들과 친구가 된 것은 그들이 서로 알고 난 뒤, 원한을 품은 뒤였기 때문이다.

우리가 충성과 의리를 지키려 해도, 무지 때문에 갈등을 겪을 수도 있다. 우리는 세상의 모든 일을 알지 못하기 때문에 자신이 한 약속과 충성을 갈등 없는 상태로 유지할 수 없다. 또한 어떤 믿음을 배신해야 하는 곤란한 상황에 빠지기도 한다. 주디스 슈클라는 충성, 헌신, 정절, 의리와 같은 덕에 대해서 이렇게 말한다. "이 모든 덕목은 하나의 특징으로 설명할 수 있다. 이들 덕목에는 모두 갈등이 내재한다. 이들 모두 곤란한 상황을 초래한다."[7]

갈등하는 충성 사이에서 내린 선택의 결과를 회피하지 않을 수 있을까?

우리는 충성을 가치 있게 여긴다. 충성은 생존을 위한 강력한 전략이다. 하지만 문제는 우리의 충성을 누가 보증하는지, 무엇이 보증하는지 어떻게 판단하느냐 하는 것이다. 그리고 아마도 가장 큰 문제는 사람들과 맺는 유대가 갈등에 빠졌을 때 어느 쪽에 충성을 지켜야 할지 결정하는 것이다.

소설가 포스터E. M. Forster는 친구에 대한 의리는 도덕적 트럼프 카드와 같다고 말한다. "국가를 배신할 것인지 친구를 배신할 것인지 선택해야 하는 상황이 온다면, 나는 국가를 배신하는 배짱을 갖고 싶다." 하지만 이것은 상황에 따라 달라진다. 물론 나치 치하의 독일에서 유대인 친구를 두고 있다면 국가를 배신하는 것이 나을 것이다. 하지만 오클라호마 연방정부 건물을 폭파한 티머시 맥베이나 텍사스 포트후드에서 총을 난사한 니달 말릭 하산 소령이 친구라면, 또 그들이 어떤 일을 벌이려 하는지 안다면 어떻게 하겠는가? 친구를 배신하지 않는 것이 언제나 옳은 일이라고 여전히 확신할 수 있는가?

하지만 우리가 어떤 갈등을 해결하기로 마음먹었을 때, 충성과 의리에서 가장 속기 쉬운 것은 바로 그것이 갈등으로 충만한 덕목이라는 사실이다. 친구와 맺는 의리는 형제나 부모와 맺는 의리와 대립할 수 있다. 배우자나 연인과 맺는 의리는 국가와 맺는 의리와 어쩔 수 없는 모순에 처할 수 있다. 포스터처럼 친구와 맺은 의리를 우선시하겠다고 마음먹는다 하더라도 갈등하는 두 친구 사이에서 선택해야 하는 상황이 올 수 있다. 둘 중 한 사람을 실망시킬 수밖에 없는 것이다. 결혼한 친구가 이혼하는 경우, 부부 중 어느 쪽과 우정을 유지할지 선택해야 하는 상황을 자주 볼 수 있다. 어쨌든 어느 한쪽과는 어쩔 수 없이 불화를 겪을 수밖에 없다.

허클베리 핀은 친구 짐에 대한 의리를 버릴 뻔했다. 자신에게 집을 준 노파의 노예였던 짐이 도망쳐 나와 도움을 요청했을 때, 그를 도와주는 것은 곧 도둑질과 같다고 생각했다. 그것은 천벌을 받을 범죄였다. 하지만 친구에 대한 의리는 수호신에 대한 충성을 넘어서는 것이었다. 또한 이러한 충돌을 해결하는 방식을 보면, 충성이 만들어낼 수 있는 도덕적 모순을 마크 트웨인이 이해하고 있었다는 것을 알 수 있다. 트웨인은 노예제와 같은 부당한 법률은 따라야 할 의무가 없다는 말로 모든 갈등을 해결한다. 반면 영혼까지도 기꺼이 위태롭게 만드는 모습을 통해 허클베리 핀은 친구와 맺은 유대가 얼마나 중요한지 보여준다. 짐을 도와주기로 결심하면서 허클베리는 스스로 다짐한다. "좋아. 그러면, 지옥에 가지 뭐." 허클베리 핀은 포스터가 갈망했던 그런 용기를 가지고 있었다. 뿐만 아니라 갈등하는 충성 사이에서 자기 선택의 결과를 회피하지 않았기에 그의 결정은 훨씬 영웅적이었다.

친구와 국가 중 하나를 선택해야만 하는 상황에서 가장 비극적 결말을 맞이한 인물은 아마도 소포클레스의 비극 「안티고네」에 등장하는 테베의 왕 크레온일 것이다. 크레온은 이렇게 선언한다.

"누가 조국의 대의보다 친구를

더 소중하게 여기는가.

나에게는 아무 가치도 없다.”

왕은 친구와 국가에 대한 충성 사이에 아무런 갈등도 있을 수 없다고 확신한다. 국가의 적은 누구도 자신의 친구가 될 수 없기 때문이다.

오늘날 현대인들은 심정적으로 크레온보다 포스터의 태도에 끌리는 경향이 있다. 게다가 맹목적인 순종을 강요하는 테베의 왕은 결국 연극에서 악인으로 묘사된다. 하지만 어떤 면에서 보면 크레온의 태도가 훨씬 더 현대적이다. 도덕적 갈등은 아무런 의미가 없다고 여기기 때문이다. 그는 도덕적 주장이 무너졌을 때, 의무의 우선순위는 힘으로 결정된다는 현대적인 개념을 제시한다. 연극이 시작될 때 소포클레스는 크레온을 어떤 이상을 상징하는 인물처럼 보여준다. 그는 전혀 비합리적인 사람이 아니다.

오랜 시민전쟁으로 폐허가 된 국가를 정비하며 크레온은 국가를 가장 우선시해야 한다는 신념으로 질서를 회복하기 위해 노력했다. 오이디푸스가 떠난 테베의 왕위를 차지하기 위해 그의 아들 에테오클레스와 폴리네이케스는 피로 물든 전쟁을 벌였다. 결국 둘 다 죽고 그들의 삼촌 크레온이 왕위에 오른다. 크레온은 에테오클레스의 장례는 허용했지만 전쟁과정에서 용병을 이끌고 테베를 공격한 폴리네이케스는 반역자로 규정해 시체를 들판에 그대로 버려두도록 했다.

“쓰러진 들판에 그 모습 그대로 두어라

하늘을 나는 새들과 개들이 그의 뼈를 발라먹을 때까지.”[8]

오이디푸스의 딸이자 에테오클레스와 폴리네이케스의 동생 안티

고네는 오빠의 장례를 치를 수 있게 해달라고 간청했으나 크레온은
반역자에게 호의를 보이는 것을 절대 용납하지 않았다.

크레온은 우리 모두 국가라는 배에 올라탄 사람이라는 주장으로
국가가 최우선이라고 설득한다.

"국가는 우리를 안전하게 지켜준다. 국가는 우리가 올라탄 배와
같다.

우리가 만나는 친구도 국가가 침몰한다면 아무 의미 없다."[9]

국가의 보호 없이 우리 삶은 존재할 수 없다. 삶이 없으면 친구도
만날 수 없다. 그래서 친구가 국가와 갈등한다면 우정을 버려야 한
다. 거창한 논리도 필요 없다. 하지만 소포클레스는 그렇다고 해서
도덕적 딜레마가 사라지지 않는다는 것을 보여준다. 오히려 도덕적
딜레마로 인한 갈등이 더 곪아터진다.

도덕적 갈등의 가능성을 인식하려 하지 않는 크레온의 태도는 오
히려 그런 갈등을 더 고통스럽고 강렬하게 만들었다. 먼저, 국가에
대한 충성과 죽은 오빠를 간단하게라도 매장해야 한다는 의무 사이
에서 고뇌하던 안티고네는 결국 오빠의 시신에 흙을 뿌려주고, 이
로써 죽음을 맞는다. 하지만 이것이 끝이 아니었다. 안티고네를 연
모하던 크레온의 아들 또한 갈등하는 충성 사이에서 고뇌하다 결국
자신의 아버지인 왕에 대한 의무를 거역하고 안티고네를 따라 죽는
다. 또한 아들의 자살 소식을 듣고 뒤이어 크레온의 아내도 결국 자
살한다. 비극적 결말이 찾아온 다음에야 크레온은 자신이 생각했던
국가관이 독약이 아니었는지 의심하게 된다.

그리스인들은 가족과 친구 사이에 맺는 의리의 문제에 대해서도

깊이 사색했다. 갈등하는 의무 사이에서 처할 수 있는 도덕적 재앙에 대해 그들이 이처럼 깊이 관심을 가진 것은 아마도 충성을 가장 핵심적인 덕목으로 강조했기 때문이었을 것이다. 이러한 윤리적 재앙 속에서 가장 깊이 고뇌한 인물은 대군을 이끌고 트로이를 향해 진군하던 아가멤논이었을 것이다.

극작가 아이스킬로스에 따르면 이 함대는 출항한 지 얼마 되지 않아 거센 마파람에, 앞으로 나아가지 못하고 해안절벽 밑에 갇히고 말았다. 거센 바람과 파도 속에서 군인들은 서서히 굶주림과 병으로 죽어가기 시작했다. 탈출구를 찾던 아가멤논은 점쟁이에게 물었고, 그는 무시무시한 해법을 들려주었다. 신을 달래 트로이 방향으로 바람을 바꿀 수 있는 유일한 방법은, 아가멤논의 딸 이피게네이아를 희생 제물로 바치는 것이었다.

아가멤논은 덫에 빠지고 말았다. 그에게는 자신의 딸을 지켜야 할 의무는 물론, 자신이 지휘하는 부하들을 살릴 의무도 있었다. 또한 전쟁에 나선 조국을 위해 목숨 바쳐 싸워야 하는 막중한 의무도 있었다. 어떤 의무에 충실해야 할까? 무엇이 올바른 선택일까? 아니, 어떤 선택을 하든 올바르지 않다. 그래서 우리는 이런 이야기를 비극이라고 하는 것이다.

아가멤논은 어떤 잘못을 저질러서 그런 난관에 빠진 것이 아니다. 하지만 어쨌든 도덕적 궁지에 빠졌다. 어떤 행동을 선택하든 범죄를 저질러야 한다. 아가멤논은 철학자 마사 누스바움^{Martha Nussbaum}의 말대로 "지금까지는 죄가 없었지만, 죄를 저지르지 않고서는 갈 수 없는 길 앞에 선 사람"이다. 그런 상황에서는 "실질적인 논리가 통하지 않는다". 다시 말해 우리는 도덕의 요구가 내적으로 일관된다고 믿고 싶어한다. 원칙이 모순되지 않는 기초적인 논리를 토대로 하는 윤리체계에서는 어떤 일을 '하면서 하지 말라'고 요구하지 않는다. 하지만 우리는 모순적이면서 비논리적인 도덕적 요구를 "살다보면 어느새 익숙하게 마주한다".[10]

우선 아가멤논은 자신이 처한 끔찍한 궁지를 분명히 인식했다. "거역하기 힘든 운명이다. 하지만 어찌 내 아이, 우리 집 귀염둥이를 내 손으로 죽일 수 있는가? 제단 앞에 서서 내 손에 순결한 딸의 피를 묻히는 일을 어떻게 하라는 말인가? 이런 일을 어찌 두려움 없이 하라는 말인가?"[11] 무대 뒤편에서 울려퍼지는 합창단의 노래는 지금까지 아가멤논의 생각과 같은 길을 걸어왔다. 그가 어떤 일을 하든 그의 편을 들어주었다. 하지만 그가 "필연의 멍에에 자신의 목을 내어놓음으로써" 죄책감을 벗어버리는 순간, 노래는 달라진다. 끔찍한 맹세를 하며 '좋은 해법'이 있다는 생각에 현혹되는 순간 그가 잘못된 선택을 했다는 것을 암시하는 것이다.

어쨌든 그는 자신이 해야 할 일을 하기로 했다. 누가 그를 비난할 수 있겠는가? 그는 도덕적인 고뇌를 벗어던지고, 한 방울의 눈물도 흘리지 않으며 딸을 칼로 찔렀다. 처음에 그를 고뇌에 빠뜨렸던 공포감은 사라졌다. 그는 가차 없이 자신의 딸을 죽였다. 합창단은 그의 행동을 '불경한 마음의 변화, 저주받은 사악한 행위'라고 규정하며 더이상 그에 대해 호의적이지 않다.

합창단은 왜 아가멤논을 그토록 차갑게 내친 것일까? 어쨌든 우리가 해야만 하는 일을 하면서도, 슬퍼하고 고뇌하는 것이 바람직하다고 말하는 이유는 무엇일까? 합창단이 말하듯이, 불변하는 보편적인 법이란 고통을 통해 얻을 수 있는 지식이기 때문이다. 사람은 '불행에 대한 고통스러운 회고'를 통해서만 분별심을 배운다.[12] 이는 다소 냉정해 보일 수 있지만 전혀 말이 안 되는 것은 아니다. 충돌하는 충성 중에서 하나를 선택할 수밖에 없다는 것은 곧 어느 하나를 배신해야 한다는 뜻이기 때문이다. 어떤 선택은 한번 잘못되면 돌이킬 수 없는 경우도 있다. 아가멤논은 중대한 기로에서 그러한 고뇌를 저버렸다. 그리고 그의 도덕적 실수는 가족끼리 서로 죽고 죽이는 불행한 운명으로 이어졌다.

고대 그리스인들은 우리의 충성심을 더럽히는 갈등하는 요구가 올림푸스에 사는 온갖 신들에게서 비롯했다고 생각했다. 신앙심은 변덕스럽고 싸우기 좋아하는 신들을 경건하게 받들고 순종하라고 요구한다. 소크라테스는 에우티프론과 나눈 대화에서 이렇게 말한다. "신에게 사랑을 받는 것은 곧 신에게 미움을 받는 것과 다르지 않네. 제우스에게 복종하는 것은 크로노스나 우라노스에게 복종하지 않는 것이고, 헤파이스토스의 마음에 들면 헤라의 마음에 들지 않는다는 말일세. 이처럼 생각이 다른 여러 신들이 존재하니 어찌하겠는가?"[13] 소크라테스에게 (그리고 그의 대화를 기록한 플라톤에게) 이것은 총체적인 도덕을 설계하는 데 가장 큰 걸림돌로 보였다. 일관되지 못한 충성 사이에서 발생하는 비극적 갈등의 늪에서 우리 인간을 건져내고자, 플라톤은 논리적으로 일관된 새로운 윤리시스템을 구축하기 위해 분투했다.

하지만 아테네의 비현실적인 신학에 동의하지 않는다 해도, 이러한 신화가 어설픈 인간의 조건에 대해 말해준다는 것은 누구나 알 수 있다. 옳고 그름은 다른 사람과 맺는 상호작용과 관련되어 있으며 우리는 다양한 사람들과 어울려 살아간다. 그들이 우리에게 던지는 요구는 무수히 많고, 그런 요구 속에서 우리는 곤란한 상황에 처한다. 그리스의 신들이 사는 세계는 바로 복잡한 인간세상을 그대로 투영한 것이다. 그리스의 신들은 상호관계가 파괴된 거대한 가족이라 할 수 있다. 이로써 그리스신화는 우리를 곤란하게 만드는 갈등하는 충성의 본질을 쉽게 파악할 수 있도록 도와준다.

오래된 비극이 여전히 우리에게 감동을 주는 이유는 무엇일까? 또 햄릿이 인용한 헤카베 이야기에 우리는 왜 눈물짓는 것일까? 이런 드라마는 다양한 충성이 어떻게 충돌하는지 보여주면서 인간이 겪는 가장 기본적이면서도 혼란스러운 딜레마를 만들어낸다. 아이에 대한 의리와 남편에 대한 의리가 충돌할 때 엄마로서 어떻게 행동해야 할까? 또 가족에 대한 의리와 국가에 대한 의리가 충돌할 때 아버지로서 어떻게 행동해야 할까? 더 나아가 그러한 개인적인 유대가 진리와 인류에 대한 의무와 충돌할 때는 어떻게 행동해야 할까?

30여 년 동안 하버드 신학대학 학장이자 목사로서, 현실적 실천과 철학적 사변을 결합하기 위해 노력해온 윌러드 스페리Willard Sperry는 이렇게 말한다. "인간은 아무도 이런 비극적 충돌에서 벗어날 수 없다. 우리는 누구나 진실, 의무, 절대선에 대한 충성과 가족, 친구, 국가, 교회에 대한 헌신이 대립하는 도덕적 마찰을 견뎌내야 한다." 그는 절망적, 비관적 태도와 더불어 "우리 인간의 삶에서 많은 부분을 차지하는 깊은 불행과 도덕적 비애의 원인"으로 충성을 꼽았다.[14]

하지만 우리가 행운을 빌고 낙관하는 태도를 가진다고 해서 충성이 온전한 미덕으로 거듭나는 것은 아니다. 도덕성의 어떤 개념을 받아들여야 행운의 은총 속에 머물 수 있을까? 어떤 종류의 윤리를 선택해야, 선한 사람조차 어쩔 수 없이 잘못을 저질러야 하는 상황에 빠지지 않을 수 있을까?

최악의 역설은 충성, 의리, 헌신, 정절이 모두 불변하는 가치에 관한 것이라는 사실이다. 하지만 충성에 대해 불변하는 무언가가 존재한다면 그것은 바로 '충성이라는 덕목을 받쳐주는 토대는 늘 움직인다'는 점이다. 이로 인해 충성을 가장 소중히 여기는 사람조차 그것에 쉽게 발이 걸려 넘어진다.

충성과 의무가 중요한 곳이라면 반드시 도덕적 갈등이 잠재한다

한번 한 약속은 반드시 지킨다는 일관성이라는 덕목을 우리는 가치 있게 여긴다. 하지만 그런 덕목이 자주 실현될 것이라고 기대하지는 않는다. 많은 사람들이 의리를 믿지 못하는 현실에 대해서도 우리는 놀라지 않는다. 의리와 충성은 예측할 수 없는 상황이 벌어지지 않도록 막아주는 덕목이므로, 그런 덕목에 대한 믿음이 약하다는 것은 그만큼 우리가 예측할 수 없는 상황에 노출되어 있다는 뜻이다.

타고난 냉소주의자였던 앰브로즈 비어스^{Ambrose Bierce}는 "정절은 배신하고자 하는 사람들에게 적용되는 덕목"이라고 정의했다.[15] 그것은 단순히 사람뿐만 아니라 우리의 의도를 배신할 수 있는 사건에도 고스란히 적용할 수 있다.

단 몇 장밖에 존재하지 않는다는 이유로 호너스 와그너^{Honus Wagner}

야구카드가 5억 원 이상의 가치로 평가받는 것처럼, 우리가 충성을 높이 여기는 것도 그런 희소성 때문일지 모른다. 친구를 위해, 더 나아가 옳지 않은 행동을 하는 친구를 위해 기꺼이 고통을 짊어지는 사람을 우리가 존경하는 것은 그런 경우를 그만큼 찾아보기 힘들기 때문이다.

영화 〈여인의 향기 Scent of a Woman〉의 마지막 장면에서 우리가 가슴 뭉클한 감동을 느끼는 것도 바로 그 때문이다. 교장의 자동차에 장난을 친 학생의 이름을 대라는 요구를 거부했다는 이유로 찰리 심스는 명문 고등학교에서 쫓겨날 처지에 놓인다. 그런 상황을 알게 된 프랭크 슬레이드 중령(알 파치노)은 그의 퇴학을 결정하는 징계위원회에 참석하여 전교생 앞에서 연설한다.

"이곳에서 키우고자 하는 리더는 어떤 사람입니까? 지금 여기서 찰리의 침묵이 옳은지 그른지 말씀드리기는 어렵습니다만…… 이것 하나는 분명히 말할 수 있습니다. 찰리는 자신의 미래를 위해 다른 사람을 팔지 않았습니다. 우리는 이것을 신의라고 합니다. 용기라고 합니다. 이것이 바로, 미래의 리더가 될 사람이라면 반드시 갖춰야 할 덕목입니다."

연설은 성공적이었다. 학생들은 술렁거리기 시작했고, 징계위원회는 찰리를 퇴학시키려던 방침을 철회하고 만다. 의리를 지키라는 우리 내면에서 나오는 양심의 목소리에 호소하는 슬레이드 중령의 연설에 우리는 감동한다. 또한 학교의 협박에 못 이겨 친구를 고발한 비겁한 학생들에 대한 통쾌한 복수를 갈망한다. 알 파치노의 극적인 호소가 얼마나 인상적이었는지는 그가 그해 오스카 최우수 남우주연상을 받았다는 사실만으로도 충분히 알 수 있다.

하지만 무엇보다 개인적인 관계를 먼저 고려하는 윤리를 우리가 진정으로 우선시할 수 있을까? 한 세기 전 조사이어 로이스는 의리를 도덕의 핵심원리 자리에 올려놓으려 했다. 그러한 시도를 반대하는 사람들이 가장 많이 내세운 논리는 바로 〈여인의 향기〉에서 교장이 내세우는 말과 같았다. "의리는 무슨 얼어죽을! 의리는 무수한 죄악을 덮는 망토에 불과하다고." 의리는 훌륭한 인재를 키우는 데 도움이 되기는커녕, 친구의 잘못을 덮어주는 것을 합리화하도록 부추기는 변명에 불과하다는 것이다. 교장은 이렇게 말한다. "학생들에게 필요한 것은, 개개인 스스로 지켜야 할 의무가 있으며 자신의 양심을 속여서는 안 된다는 의식입니다. 의리를 거들먹거리며 개인의 책임을 회피하고 변명하려는 태도는 용납할 수 없습니다."[16]

로이스는 이러한 반론에 맞설 만한 논리가 없었다. 다만, 교장이 그렇게 말한다 해도 그가 의리라는 덕목을 완전히 반대하는 것은 아닐 거라고 주장한다. 어쨌든 교장은 학생들을 위해 평생 헌신했고, 충성과 의리를 몸소 실천한 사람이라는 것이다. 하지만 그런 말은 우리 삶에서 벌어지는 갈등을 해결하는 데 아무런 도움도 되지 않는 헛소리에 불과하다. 친구와 의리를 지키는 것은 진리, 의무, 법을 지키는 것과 대립할 수 있다. 이러한 도덕적 갈등의 원천은 충성과 의무가 중요한 역할을 하는 곳이라면 언제나 잠재한다. 그리고 오늘날 충성에 기반을 둔 가장 대표적인 조직은 군대라고 할 수 있다.

마침내 제1차 걸프전쟁에서 베트남의 유령을 떨쳐낸 미군은 어떤 적과 싸워도 이길 수 있다는 기묘한 생각을 다시 불러내기 시작했다. 혼란의 시간을 몇십 년 보낸 뒤 자신감을 되찾은 미군은 새로운 '전사정신'을 들고 나왔다. 새로운 미군상을 정립하겠다는 것이다. 그 핵심은 7개의 규율로 "충성, 의무, 존중, 이타적 헌신, 명예, 성실, 개인적 용기"를 제시한다.

하지만 이러한 가치들이 무리 없이 조화를 이룬다고 생각할 뿐, 서로 갈등할 수 있다는 생각은 전혀 하지 않는 듯하다. 육군은 충성을 "미국헌법, 군대, 소대, 다른 군인에 대한 진실한 믿음과 헌신"이라고 정의한다. 하지만 소대에 속한 군인이 미국헌법 정신에 따라 행동하지 않을 때는 어떤 일이 벌어질까? 군대는 또 이렇게 말한다. "충성스러운 군인은 상관을 받들고, 동료를 위해 싸울 줄 아는 사람이다." 그렇다면 상관이 동료에게 달갑지 않은 결정을 내릴 때는 어떻게 해야 할까? 충성이라는 개념에만 의존하는 것은, 다양한 충성이 서로 대립할 때 어떻게 해야 하는지 분별하는 데 그다지 도움을 주지 못한다.

특히 군사학교에서 적용하는 엄격한 명예강령은 끝없는 문제의 소지가 되고 있다. 1952년 전까지만 해도 해군사관학교는 일반적인 군대행동강령을 그대로 적용했다. 이는 명예로운 행동을 강조하기는 했지만, 규율을 깨도록 동료를 설득하지 않고도 서로 충성과 의리를 지킬 수 있는 여지를 허용했다.

하지만 1952년 새로 도입된 명예강령은 사관생도들에게 "무조건 옳은 일을 하라"고 공식적으로 요구한다. 사관학교 명예프로그램 Brigade Honor Program은 직설적으로 말한다. "훔치지 말고 속이지 말고 거짓말하지 말라." 이전까지만 해도 학교 담장을 넘은 동료를 감춰주기 위해서 거짓말을 하는 행동은 사관생도의 의리라고 여겨졌으나 이제는 모두 처벌대상이 되었다. 해군사관학교 졸업생 토드 포니에 따르면, 명예강령은 오히려 "충성과 정직의 목표를 서로 어긋나게 해 진정으로 '명예로운' 행위를 하기 어렵게 만들었다".[17]

훔치지 말고 속이지 말고 거짓말하지 말고, 그런 행동을 하는 사람에 대해 관용을 베풀지 말라고 요구하는 명예강령은 육군사관학교 웨스트포인트에서 훨씬 엄격하게 적용된다. 동료에 대한 의리를 저버리라고 요구하는 명예강령을 준수하면서, 전사정신이 강조하는 충성심은 어떻게 키우라는 말인가?

〈여인의 향기〉에서 알 파치노가 역설했듯이, 이는 미래의 리더의 자질을 키우는 적절한 방침이 아니다. 실제로도 사관생도들은 이러한 규율 속에서 심리적 갈등을 겪고 있는 것으로 보인다. 1966년 42명의 사관생도들이 퇴학당한 스캔들은 그러한 사실을 입증한다. 웨스트포인트는 명예강령을 더욱 강화하여, 강령을 위반한 동료를 묵과하는 학생을 위반행동을 한 학생과 동일하게 취급했다. 불관용 규율이 결과로 나타나는 데에는 오랜 시간이 걸리지 않았다.

1973년에는 또다른 21명의 학생들이 퇴학당했다. 이들의 주요 퇴학사유는 다른 학생의 잘못된 행각을 못 본 척했다는 것이었다. 그리고 불과 3년이 지난 뒤, 사관학교는 훨씬 큰 스캔들에 휩싸였다. 몇몇 학생들이 전자공학시험 시간에 부정행위를 했다는 혐의를 받았는데, 그보다 많은 학생들이 이를 못 본 체했다는 이유로 피고석에 앉았다. 그 당시 웨스트포인트를 이끌던 월터 울머 준장은 "열여덟 살 먹은 아이들에게 친구의 부정을 고발하라고 강요하는 것은 자연스럽지 않다. 그런 것은 서서히 습득해야 하는 것이다"라고 말하면서 관용해야 한다는 입장을 취했다.[18]

이처럼 서로 배신하기를 거부하는 태도가 문제가 되는 것은 단순히 교육적인 상황 때문만은 아니다. 그보다는, 충성이라는 덕목이 지닌 근본적인 갈등에서 비롯하는 것이다. 학교가 요구하는 강령에 대한 충성과, 곁에 있는 친구와 동료에 대한 충성이 갈등하는 것이다. 1970년대 초 웨스트포인트에서 군사심리학자로 일했던 리처드 유렌Richard U'Ren은 이렇게 말한다. "명예강령을 위반하는 행동은 채 10퍼센트도 드러나지 않는다. 학생들의 서로에 대한 충성은 명예강령에 대한 충성보다 훨씬 강하다."[19]

학생들 사이에서 맺어지는 강렬한 충성과 의리는 우연한 감정이 아니다. 그것이 학교에서 가르치는 주요 덕목 중 하나이기 때문이다. 유렌은 이렇게 말한다. "웨스트포인트는 학생들의 집단의식을 키우기 위해 힘이 닿는 한 무엇이든 합니다. 충성심을 높이기 위해 노력합니다. 그러면서 동료가 명예강령을 위반했을 때 신고하라고 요구하는 것입니다. 이러한 모순은 학생들을 심각하게 구속합니다."[20]

1976년 152명의 학생들이 짐을 싸고 나간 뒤, 웨스트포인트는 명예강령을 좀더 느슨하게 적용하기 시작했다. 강령을 위반한 친구들을 무조건 신고하라고 요구하기보다는 그들 스스로 개선하고 설득할 수 있는 여유를 주었다. 하지만 여러 충성이 갈등할 소지는 여전히 그대로 남아 있다. 친구에 대한 충성과 학교, 군대, 국가에 대한 충성은 여전히 충돌할 수 있다.

이러한 긴장을 해소하고자 군대가 취하는 한 가지 방법은, 훔치고 속이고 거짓말하는 사람에게 충성하는 것은 타락하고 무가치한 짓이라고 규정하는 것이다(국가의 적은 절대 친구가 될 수 없다는 크레온 왕의 주장을 떠올리게 만든다). 지금은 경영학 교수가 되어 있는 웨스트포인트 졸업생 에번 오프스타인Evan Offstein은 사관학교가 그런 선택을 어떻게 합리화했는지 설명한다. "다른 사람의 명예롭지 못한 행동을 묵인하는 것은 충성과 단결에 전혀 도움이 되지 않는다. 불명예에 기초한 충성은 결국 타락하기 마련이다."[21]

저널리스트 데이비드 립스키David Lipsky는 책을 쓰기 위해 웨스트포인트에 입학하여 4년을 생활한 뒤 2001년 졸업했다. 그는 충성과 집단결속을 강조하는 명예강령은 의도하는 바와 전혀 다른 결과를 낳았다고 말한다. 학생들이 서로를 고발하는 일은 드물다.

립스키는 또한 학생들이 충성의 우선순위를 매긴다는 것을 발견했다. 친구의 행동이 학교의 명예를 심각하게 훼손한다면, 그 명예는 "조직의 명예일 뿐" 자신과는 무관하다고 생각한다. 하지만 자신의 친구가 학생의 모든 생활을 지배하는 학교의 규제로 인해 문제를 겪는다면, 그것은 전혀 다른 문제다. 동료의 잘못을 고발할 것인지 물었을 때 학생들은 이렇게 대답했다. "절대로 고발하지 않을 겁니다. 우리 모두 성공하기 위해서는 그렇게 해야 합니다. 우리는 함께 뭉쳐 서로 돕고 싶을 뿐, 서로 속이고 싶지 않습니다."[22]

헌신할 대상의 우선순위를 매기는 것은 군대에서 충성이라는 개념을 훼손하지 않으면서 충성에서 비롯하는 갈등을 해결하기 위한 또다른 방법이다. 학생들이 이야기하듯이, 친구에 대한 충성보다 조직에 대한 충성을 앞세워야 할 때 상당히 고민스러운 경우가 많다. 어쨌든 군대에서는 이러한 충성의 서열구조가 제대로 작동해야 한다. 명령을 따를 때, 모순은 있을 수 있지만 갈등이 있어서는 안 된다. 어떤 명령이 명령체계상 더 높은 사람의 것인지만 알아내면

된다. 소령이 멈추라고 명령하고 대령이 가라고 명령하면 (소령이 막지 않는 한) 그냥 가면 된다. 하지만 안타깝게도 충성은 그런 식으로 작동하지 않는다.

어떤 충성을 더 우위에 둔다고 해도, 모든 사람이 그런 충성을 우선시하는 것은 아니다. 군대는 이런 사실을 잘 안다. 1990년대 이후 웨스트포인트의 핵심적인 훈련지침으로 자리잡은 사관생도 리더개발시스템Cadet Leader Development System은 학생들에게 "국가, 군대, 부대, 상관, 부하, 동료, 자신에 대한 충성을 이해하고 증명하라"고 요구할 뿐만 아니라 "국가, 군대, 부대, 상관, 부하, 동료, 자신에 대한 충성 사이에 존재하는 긴장을 설명하라"고 요구한다. 그리고 마지막으로 "서로 다른 충성이 갈등할 때 합리적인 판단을 하라"고 말한다.

국가, 군대, 상관, 동료에 대한 의무가 충돌할 때 군인들은 실제로 어떤 결정을 내릴까? 그 답은 놀랍지 않다. 미군은 제2차 세계대전 이후 줄곧 심리학자들과 사회학자들을 고용하여 전투중에 어떤 충성이 가장 중요하게 작동하는지 연구했다. 그 결과 전투력을 극대화하는 동기는 바로 동료들과 맺은 유대였다. 이러한 발견은 오늘날 군대를 전장에서 조직하고 훈련하는 방법에 철저히 적용되고 있다. 그리고 이러한 방법은—물론 오로지 이로 인한 결과라고 할 수는 없지만—상당한 효과가 있는 것으로 입증되었다.

미군은 지금도 많은 심리학자와 사회학자로 이루어진 MHAT Mental Health Advisory Team, 정신건강 자문팀를 구성하여 정기적인 보고서를 작성한다. MHAT는 전장에 직접 가서 전쟁에 노출된 병사들이 어떻게 생각하고 느끼는지 조사한다. 2008년 2월 발표된 다섯번째 MHAT보고서는 "작전중에 소대원들 사이에 존재하는 강한 유대감은 소대원들의 비윤리적인 행동을 보고하고자 하는 동기와 거의 정면으로 배치된다"라고 기본적으로 전제하고 있다.

2007년의 '소대단결'은 2006년보다 높은 수준으로 나타났는데, 이는 병사들의 서로에 대한 충성이 높다고 해서 반드시 바람직한 것만은 아니라는 결론으로 이어진다. 다시 말해, 서로에 대한 헌신이 클수록 동료의 잘못된 행동에 대해 눈감을 확률이 높다는 뜻이다. 2006년에는 동료가 민간인에게 저지른 잘못을 보고할 것이라고 대답한 병사가 37퍼센트였던 반면, 2007년에는 34퍼센트로 떨어졌다. 더 나아가 동료 소대원이 무고한 시민을 죽였을 경우 어떻게 하겠는지 물었을 때, 2006년에는 45퍼센트가 보고하겠다고 대답한 반면, 2007년에는 41퍼센트만이 보고하겠다고 대답했다.[23]

미군은 이런 수치의 결과가 달갑지만은 않았다. 민간인을 대량학살한 베트남 미라이학살이 재현되기를 바라는 사람은 없기 때문이다. '비윤리적 행동은 동료들에 의해 반드시 보고된다는 인식'이 뿌리내려야 전쟁범죄를 저지르고 싶은 유혹이 약해질 것이라고 고위 장교들은 생각한다. 이처럼 동료에 대한 의무와 국가에 대한 도덕적 의무가 충돌하는 것은 충성의 근본적인 문제다.

현대의 군대는 동료에 대한 충성에서 효과적인 전투력이 나온다는 전제를 바탕으로 조직된다. 소대의 단결은 곧 사기를 높여주며 동시에 동료를 버리지 않는다는 믿음을 심어준다. 다섯번째 MHA 보고서는 이러한 모순적인 상황을 어쩔 수 없는 것처럼 설명한다. "이라크와 아프가니스탄에 주둔한 부대의 사기가 높다는 사실은, 병사들이 계속해서 동료의 윤리적 위반행위를 묵인하고 상부에 보고하지 않는 이유를 설명해준다."[24]

연방정부 공무원들이 준수해야 하는 공식적인 윤리강령의 최고 조항은 "미국의 헌법, 법률, 법적 규제를 지킨다"가 아니다. 이것은 두 번째 강령일 뿐이다. 첫번째 강령은 가장 보편적인 윤리적 문제, 즉 여러 의무가 충돌하는 곤란한 상황이 발생할 수 있는 원천을 봉쇄하는 것이다. "최상의 도덕적 원리와 국가에 대한 충성을 개인, 정당, 정부부처에 대한 충성보다 우선한다."[25]

미국의 '공무'는 도덕적 원리와 국가에 대한 충성을 자동판매기 커피를 마시며 어울리는 동료에 대한 충성보다 우월한 것으로 받든다. 개인적인 의리를 후순위로 밀어내라는 요구는 사실 앞에서 살펴본 군대에서보다는 국토개발부와 같은 관청에서 좀더 쉽게 적용될 것이다. 적어도 언제 닥칠지 모르는 폭탄테러의 위협에서 살아남기 위해 동료의 도움을 받아야 할 필요가 없기 때문이다. 하지만 그처럼 절박하게 동료들의 의리에 의존할 필요가 없는 곳에서도 충성 간의 갈등은 윤리강령의 꼭대기에 올라설 만큼 골치 아픈 것이다.

정부의 윤리강령은 얼마나 효과가 있을까? 실제로 친구와 국가 사이에서 선택을 해야 하는 경우, 국가를 우선시하라는 지침이 제대로 작동하고 있을까? 이는 물론 바람직한 조언이긴 하지만 전혀 문제가 없는 것은 아니다. 사실 정부조차 국가를 최우선순위로 올려놓지 않기 때문이다. 실제로 강령에서는 국가보다 '최상의 도덕적 원리'가 먼저 나온다. 뭔가 그럴듯하고 고상해 보인다. '도덕적 원리'를 최상의 지표로 삼겠다는 데 반대할 사람이 어디 있겠는가?

하지만 윤리적 추상성을 최우선 고려대상으로 삼는 것은, 친구에 대한 의리를 우선시하는 행동을 정당화하는 충분한 근거가 될 수 있다. 개인의 양심이 권위를 갖는 순간, 양심은 공적인 믿음을 위반하거나 개인적인 의무를 저버리는 행위에 대한 변명으로 사용될 수 있다. 더 나아가 사악한 행위자는 자신의 배신을 정당화하고, 심지어 자신의 행위를 치켜세우는 궤변을 만들어낼 수도 있다. 사회학자 모턴 그로진스Morton Grodzins는 이렇게 말한다. "어떠한 상황에서든 충성하지 못하는 사람은 자신의 행동을 훨씬 큰 이상적인 측면에서 합리화한다."[26]

자신이 속한 사회를 무너뜨리고자 갈망하는 혁명가들, 친구와 이웃을 곤란에 빠뜨릴 수 있는 상황을 전혀 거리낌 없이 추구하는 사람들의 도덕적 특성을 생각해보자. 혁명을 연구한 역사학자 크레인 브린턴Crane Brinton은 혁명가들에 대해 이렇게 말한다. 그들은 "비참한 실패자도 아니고 질투심 많은 벼락부자도 아니고, 피에 굶주린 미치광이도 아니다. 이상주의자일 뿐이다".[27]

영국의 물리학자 앨런 넌 메이Allan Nunn May는 소련에 핵폭탄 제조기법을 유출하는 데 결정적인 역할을 한 반역자였다. 그는 핵과 관련한 비밀은 물론 농축우라늄 샘플까지 러시아에 넘겼다. 그가 이런 일을 한 것은 돈 때문도 아니고 사랑 때문도 아니고 친구 때문도 아니었다. 그가 충성하는 대상은 '인류'였고, 핵폭탄 제조기술을 평등하게 전파하는 것이 자신의 고상한 원리를 구현하는 가장 좋은 길이라고 생각했던 것이다. 메이는 자기연민과 자기합리화가 뒤섞인 법정고백을 했다. "이 일을 하는 동안 나 역시 매우 고통스러웠습니다. 하지만 이것만이 인류의 안전을 지키는 데 내가 헌신할 수 있는 유일한 길이라고 생각했을 뿐입니다."

　‘인류’나 ‘도덕적 원리’에 충실하기 위해 친구나 국가에 대한 충성을 배신했다고 말하는 사람을 우리는 믿지 않는다. 왜 그럴까? 우리는 그런 사람을 신뢰할 수 없다는 사실을 본능적으로 안다. 나를 지키려면, 친구보다 장엄한 추상적 가치를 우선시하는 사람들은 피하라고 우리 본능은 속삭인다.

　브루투스는 자신의 친구 카이사르의 등에 칼을 꽂은 행동을 ‘자유’와 ‘국가’ 같은 고상한 가치를 위한 행동이라고 합리화했다. 그는 “내가 그를 죽인 것은 카이사르를 사랑하지 않기 때문이 아니라, 그보다 로마를 더 사랑하기 때문이다”라는 유명한 말을 남겼다.

　셰익스피어의 희곡 『줄리어스 시저Julius Caesar』에는 카이사르를 죽인 뒤 브루투스와 안토니우스가 연설하는 장면이 등장한다. 카이사르를 죽이고 난 뒤 브루투스는 자신의 행동을 합리화하는 연설을 한다. 브루투스는 자신의 절친한 친구 카이사르를 죽인 행동은 비난받아 마땅하지만 그보다 훨씬 고귀한 의무에 대한 충성을 외면할 수 없었다고 말한다. “카이사르가 저를 사랑했기에, 저도 그의 죽음을 슬퍼합니다. 그에게 즐거웠던 일에 저도 기뻐합니다. 그가 위대했기에 저도 그를 존경합니다. 하지만 그에게 야망이 있었기에 저는 그를 처단했습니다.” 진지하고 재미없는 웅변이었지만 군중은 그의 연설에 넘어갔다. 브루투스가 연설을 마치자 군중은 그를 새로운 로마황제로 추대하고 명예를 기리기 위해 동상을 세우자고 외치기 시작한다.

　브루투스가 연단에서 내려오자 안토니우스가 바로 연단에 올라섰다. 그는 먼저 브루투스가 얼마나 ‘고결한 인물’인지 이야기하는 짤막한 말로 입을 뗐다. 하지만 그뒤 이어진 단 십여 마디 말에 대중은 브루투스에게서 등을 돌리고 분노하기 시작했다. 대중은 소리치기 시작했다. "복수하자! 불태워 죽여라! 불길 속에 넣어버려라! 처단하라! 칼로 목을 잘라라! 반역자를 살려두어서는 안 된다!" 안토니우스의 뛰어난 군중연설은 대개 수사학적 웅변이 얼마나 큰 힘을 가지는지 보여주는 훌륭한 자료로 사용된다. 일반적으로 사람들은 이렇게 결론을 내린다. "안토니우스의 시가 브루투스의 산문을 이겼다."[28]

하지만 거기에 오로지 수사학의 힘만 작용했다고 말하기는 힘들다. 안토니우스가 브루투스에 대한 대중의 증오를 쉽게 이끌어냈던 것은, 어쩌면 아가멤논의 행동에 대해 합창단이 아니꼬운 태도를 취하던 것과 비슷한 맥락에서 이해할 수 있다. 브루투스는 자신이 한 행동에 대해 아무런 죄책감도 느끼지 않았다. 로마에 대한 충성을 지나치게 강조한 나머지 카이사르와 맺은 의리는 아무것도 아닌 것처럼 말했다. 그러면서도 카이사르와 맺은 우정이 여전히 소중하다고 주장했다. 하지만 이 과정을 전체적으로 돌아보면, 별다른 고뇌 없이 충돌하는 충성 사이의 근본적인 갈등을 떨쳐버리는 브루투스의 모습은 당시의 대중에게 지나치게 냉정하고 비인간적인 인상을 주었을 것이다. 주변의 이상주의자들이 내 등에 언제 칼을 찌를지 모른다는 두려움을 안겨주었다.

이는 또한 아가멤논이나 브루투스보다 안티고네에게 사람들이 연민을 느끼는 이유를 설명한다. 그것은 안티고네가 자신이 아닌 다른 어떤 사람을 죽여야 한다는 증오에 가득 찬 욕망을 품지 않았기 때문이 아니라, '경건한 믿음'에 대해 고뇌했기 때문일 것이다. 그녀는 '천국에서 영원히 지켜지는 불문법'을 따르고자 했을 뿐, 추상적인 도덕적 가치를 내세우지 않았다. 가족에 대한 예의, 죽은 오빠에 대한 연민에 따라 움직이고자 했을 뿐이다. 옳고 그름을 떠나서 우리는 가족이나 친구에 대한 소박한 의리와 국가나 도덕적 원칙에 대한 장엄한 충성이 갈등하는 상황에서, 자기 앞에 놓인 소박한 의무를 지키고자 하는 사람에게 더 호의적인 경향이 있다.

삶이 복잡해질수록 모순되는 충성 사이의 갈등의 골은 깊어진다

한 부족 안에서 살아가는 원주민들의 삶이 (적어도 도덕적인 측면에서는) 훨씬 살기 편했을지 모른다. 원시문화에서는 가족과 국가가 본질적으로 하나로 통합되어 있기 때문에 그 사이에 어떤 갈등이 일어날 소지가 훨씬 적다. 하지만 삶이 복잡해지면서 우리에게는 충성해야 할 대상이 늘어나고, 그러한 충성 사이에 갈등이 발생할 위험도 커진다. 인류가 발전하지 않았다면 다양한 충성이 서로 충돌할 일도 적었을 것이다.

정치이론가 존 샤^{John Schaar}는 이렇게 말한다. "사람은 제도의 창조자이기도 하지만 제도의 피조물이기도 하다. 그러한 제도는 무수히 존재한다. 그리고 제도는 곧 충성에 관한 것이기도 하다. 다양한 제도의 공존을 인정하는 순간, 충성 사이에 갈등이 발생한다. 그런 갈등을 해결하는 손쉬운 방법은 없다."[29]

쉬운 방법은 없을지 모른다. 하지만 놀이동산에 풀어놓는 범퍼카의 수를 제한하듯이, 영혼을 두드리는 충성의 수를 제한하는 전략은 지금까지 많이 시도되어왔다. 그중 하나는 세상에 대한 관심과 개입을 극단적으로 축소하는 것이다. 중세 말 네덜란드에서 살았던 독일의 수도사 토마스 아 켐피스는 친구는 무조건 한 사람만 사귀라고 이야기한다. 친구가 많으면 다양한 요구 속에서 고민하게 될 수 있기 때문이다. 그리고 그 친구에게 절대 배신당하지 않고 싶다면, 예수를 친구로 삼으라고 조언한다. 토마스 아 켐피스는『그리스도를 본받아 The Imitation of Christ』라는 책에서 이렇게 말한다.

"사람을 믿는 것은 전적으로 밑지는 장사일 뿐이다. (다소 거칠게 들릴 수 있지만, 경험적으로 전혀 동의할 수 없는 말은 아닐 것이다.) 이와 달리 예수의 사랑은 '충성스럽고 영원히 지속된다'."[30]

예수만이 유일한 친구라면, 도덕적으로 옳은 것과 친구가 기대하는 것 사이에서 어떤 선택을 할지 고민하는 기로에 설 필요가 없다. 그 모든 것이 하나이자 같은 것이기 때문이다. 이는 갈등이 충돌하는 상황을 피하기 위한 가장 보편적이고 일관된 전략이다. 하지만 이 해법은 수도사처럼 은둔의 생활을 하라고 요구한다.

아테네의 정치인이자 뛰어난 군인이었던 아리스티데스는 토마스 아 켐피스보다 훨씬 실질적이면서 은둔하는 전략을 추구했다. 친구에 대한 의리를 지키려다 잘못된 정치적 판단을 하지 않기 위해서, 그는 친구를 만들지 않았다. 플루타르코스는 이렇게 말한다. "아리스티데스는 스스로 정치인의 길을 걸었다. 그는 친구관계를 위해 권력을 남용하는 사례를 목격했고, 그래서 그런 유혹에 넘어가지 않기 위해 방탄복으로 무장했다."[31] 이런 전략은 그에게 공명정대하다는 명성을 안겨주었지만, 이러한 차가운 공평무사함은 뜻하지 않은 문제를 초래했다. 아리스티데스의 지나치게 완벽한 명성을 의심한 아테네 시민들은, 투표를 통해 그를 도시에서 쫓아내버렸다. 그가 만약 정치적 친구를 조금이라도 만들어두었다면, 의리로 뭉친 친구들의 도움으로 그렇게 추방당하지는 않았을 것이다.

이처럼 은둔하지 않는 한 우리는 다양한 관계를 맺을 수밖에 없다. 그리고 그러한 관계가 형식적인 것이 아니라면, 관계마다 제각각 기대와 의무가 따라올 것이다. 이런 기대와 의무는 무엇보다도 내가 누구인지 정의하는 데 큰 역할을 한다. 철학자이자 심리학자인 윌리엄 제임스William James는 개개인이 맺은 의리의 집합을 그 사람의 '사회적 자아'라고 이름 붙이고 "관심을 갖는 집단의 의견이 다양하다면, 그만큼 사회적 자아도 다양한 것"이라고 결론을 내린다.[32] 사회적 자아마다 정해진 애착이 존재하기 때문에, 그러한 자아들이 서로 갈등하는 순간 공존이 지속되지 않을 확률이 크다.

이런 문제는 특히 망명자들과 이민자들에게 심각하게 다가온다. 그들의 정체성은 겨우 봉합되어 있거나, 심각한 경우 노골적으로 분열된 상태로 방치된다. 아일랜드계 미국인이 미국의 정책을 아일랜드에 유리하게 밀어붙인다면 그것은 미국을 위한 것일까, 아일랜드를 위한 것일까? 아르메니아계 미국인은 터키가 아르메니아 대학살에 대한 완전한 책임을 질 때까지 미국이 터키와 외교관계를 개선하지 않도록 압력을 넣고자 할 것이다. 쿠바계 미국인은 미국이 카스트로를 압박하는 정책을 계속 유지하기를 바랄 것이다. 인도계 미국인은 파키스탄에 불리한 정책을 펼치도록 로비할 것이고, 파키스탄계 미국인은 인도에 불리한 정책을 펼치도록 로비할 것이다.

팔레스타인의 유대인 거주지역을 지키기 위해 노력하는 유대계 미국인은 미국의 이익보다 이스라엘의 이익을 우선한다는 비난을 자주 받는다. 대법관이 되기 전 루이스 브랜다이스Louis Brandeis는 이런 비난에 정면으로 맞섰다. "어떤 미국인이라도, 시온주의가 미국에 대한 애국심과 대립한다는 생각을 하게 해서는 안 된다." 브랜다이스는 이렇게 선언했다. 그는 충성의 과다가 우리 발목을 잡기는커녕, 더 큰 도움을 준다고 주장했다. 다시 말해 가족, 친구, 직장, 각종 단체, 대학, 도시에 대한 다양한 충성이 국가에 대한 애국심을 고양한다는 것이다. 브랜다이스는 이렇게 결론 내린다. "다양한 차원의 충성은 그것들이 서로 조화되지 않을 때에만 대립할 뿐이다. 미국에 대한 충성과 유대인에 대한 충성 사이에는 어떤 모순도 없다. (……) 오히려 미국에 충성하기 위해서는 미국에 사는 유대인 모두 시온주의자가 되어야 마땅하다."[33]

어쩌면 그것이 진실일지도 모른다. 하지만 그렇다 하더라도 그것은 유쾌한 우연일 뿐이다. 여러 충성이 공존하는 상태는 예기치 못한 사건에 의해 갈등으로 돌변할 수 있다. 페르디난트 대공이 사라예보에서 암살되기 전 미국인들은 자신들의 이중정체성을 비교적 어려움 없이 유지할 수 있었다. 그러나 미국이 유럽의 전쟁에 뛰어든 뒤, 이러한 충성은 더이상 조화롭게 유지될 수 없었다.

전쟁이 터지고 난 뒤, 독일계 미국인들은 자신들이 어느새 반역에 공모한다는 혐의를 받고 있다는 것을 깨달았다. 친독일선동가 멩켄H. L. Mencken은 친구 루이스 운터마이어Louis Untermeyer에게 쓴 편지에서 이렇게 말한다. "자네와 나처럼 독일식 이름을 가지고 있는 사람은 모두 1918년 9월 이전에 감옥에 가게 될 걸세."[34] 독일계 미국인들은 대부분 미국에 대한 온전한 충성을 유지하고 있다는 것을 증명하기 위해 노력했고, 멩켄조차 입을 조심할 수밖에 없었다. 물론 독일계 미국인들이 반역할지 모른다는 공포는 히스테리에 불과할 수도 있지만, 대립하는 충성이 조화를 이룰 수 있다는 브랜다이스의 주장이 얼마나 허황된 것인지 보여주는 거대한 반증이기도 했다.

이러한 갈등을 완전히 떨쳐버릴 수는 없을까? 플라톤에서 이마누엘 칸트까지, 많은 이상주의자들이 도덕성을 이성 위에 올려놓을 수 있다고 주장했다. 양립할 수 없는 모순된 두 개의 진리를 동시에 지킬 수 없다고 말하는 논리의 기본적인 법칙, 즉 모순불가원칙으로 윤리를 방어한 것이다. 칸트는 이렇게 말한다.

"두 개의 대립하는 규율이 동시에 존재할 필요는 없다. 그중 하나를 따라야 한다면, 그것은 의무가 아니다. 또한 다른 하나에 따라 행동해야 하는 의무와도 모순된다."[35]

정의에 따르면 칸트의 도덕성 체계 안에서는 모순과 갈등이 없다. 실제로 칸트는 "의무와 책임의 갈등은 상상할 수 없다"라고 말한다.[36] 이런 주장은 아주 훌륭하고 멋져 보이긴 하지만, 칸트도 도덕적 갈등이 존재하지 않는다는 주장이 현실세계의 실제 우리 경험과 맞지 않는다는 것을 알았다. 우리는 여러 의무들이 갈등한다는 사실을 분명히 안다. 칸트는 이 난제를 기발한 방식으로 풀었다. 우리가 양립할 수 없는 도덕적 명제라고 '생각하는' 것은 사실, 도덕을 사칭하는 것에 불과하다고 정의한 것이다. 쉽게 말해, 두 가지 의무가 갈등한다고 생각될 때는 언제나 "사실, 그중 하나는 의무가 아니"라고 칸트는 주장한다. 이로써 갈등은 해결된다.

이러한 해법은 분명히 매력적이다. 허클베리 핀의 딜레마를 생각해보자. 칸트의 눈으로 보면 그것은 전혀 딜레마가 아니다. 허클베리는 자기 앞에 놓인 두 가지 선택이 모두 도덕적 의무라고 착각하고 있었던 것이다. 그저 무엇이 지켜야 하는 의무인지, 무엇이 쓸데 없는 주장인지 판단하기만 하면 해결된다. 지금 우리의 시각으로는 사람을 노예로 만드는 법은 부당하며, 따라서 노예주에게 의리를 지키는 것은 의무가 될 수 없다. 짐이 탈출할 수 있도록 돕는 것이 올바른 선택이다. 부당한 법을 위반하는 것은 허클베리의 의무다. 그것이 바로 칸트가 말하는 해법이다.

하지만 그에 따르는 비용은 얼마나 될까? 갈등을 제거하기 위해서 칸트는 도덕적 요구를 사칭하는 헛된 주장을 찾아내 제거하라고 말한다. 한 의무가 다른 의무를 '완전히 폐기해야' 한다. 이것은 도덕성의 승자독식모델이다. 실제로 지난 몇십 년 동안 영어권 철학자들이 도덕성에 대해 사용해왔던 은유는 '더 나은 패로 이긴다'는 뜻의 'trump'다. 우월한 도덕적 주장이 열등한 도덕적 주장을 이긴다(trump). 열등한 도덕적 주장은 아무런 의미도 남기지 못하고 판에서 사라진다.

무수한 고려사항을 단번에 폐기해버리는 이 전략은 잘못된 윤리적 선택으로 이어질 수 있다. 가장 악명 높은 사례는 바로 칸트 자신의 주장이다. 살인마가 찾아와 친구를 어디 숨겼냐고 물을 때, 칸트는 거짓말을 해서는 안 된다고 말한다. 진실을 말해야 하는 의무— 미치광이 살인마가 물을지라도!—는 친구를 보호해야 한다는 의무를 이기기(trump!) 때문이다. 이로써 친구가 살인마의 손에 죽는다고 하더라도 그 일에 대해 우리는 어떤 죄책감도 느낄 필요가 없다. 친구를 지켜주는 것은 절대 도덕이 아니기 때문이다.[37] 아가멤논이 아무 고뇌 없이 딸을 제단에 바친 것처럼, 이렇게 명확하고 단호한 접근방식은 여러 충성이 갈등하는 곤란한 상황에서 우리를 완전히 구원해준다. 이제 우리는 아무리 복잡한 도덕성의 문제가 닥쳐도 고민할 필요가 없다.

칸트가 도덕적 의무가 충돌할 때 진짜 의무는 단 하나뿐이라고 주장함으로써 충성이 갈등하는 상황을 해결하고자 했다면, 장 폴 사르트르는 정반대편에서 해법을 제시했다. 그는 여러 충성이 복잡하게 뒤엉켜 있을 때, 어떤 선택을 하든 그것이 올바른 선택이라고 주장한다.

「실존주의와 휴머니즘Existentialism and Humanism」이라는 글에서 사르트르는 나치에 살해된 형의 복수를 하려는 젊은이에 대해 이야기한다. 그는 프랑스해방군에 가담하기 위해 파리를 탈출해 영국으로 가기로 마음먹었다. 하지만 형을 잃은 슬픔으로 어머니가 병들어 죽어가고 있다. 젊은이는 파리에 남아 어머니를 돌봐야 할지, 런던으로 가서 무장투쟁을 해야 할지 고민한다. 젊은이는 사르트르에게 가서 어떻게 해야 할지 물었다. "그가 나를 찾아왔을 때, 그는 이미 자신이 듣고 싶어하는 조언이 무엇인지 분명히 알고 있었다. 내가 해줄 수 있는 대답은 단 하나였다." 이 철학자는 젊은이에게 이렇게 대답했다. "자네 자유네. 어떤 선택이든 마음 가는 대로 하게. 아니, 그럴듯한 이유를 만들어보게. 보편적인 도덕의 어떠한 규율도 자네가 어떤 선택을 해야 하는지 알려주지 못하네. 신이 보내는 어떤 계시나 징조도 이 세상에는 존재하지 않네."

충성이 갈등하는 상황을 비극적으로 바라보는 관점은, 어떤 선택을 해도 올바른 선택이 될 수 없다고 생각한다. 이와 달리 사르트르는 이러한 상황에서 어떤 선택을 하든 옳다고 주장한다. 그에게 중요한 것은 선택하고 행동하는 것 자체일 뿐, 어떤 선택을 했느냐가 아니다. 사르트르의 처방은 우리 의식의 고뇌를 어루만져주는 창조적인 방식이기는 하지만, 어떻게 살아야 하는가 하는 심각한 결정을 하는 데에는 그다지 도움을 주지 못한다.

도덕적 선택이 이처럼 난관에 부딪혔을 때, 그레이엄 그린은 마침내 갈등하는 충성의 복잡하고 고통스러운 충돌 속에서 벗어날 새로운 방법을 찾아냈을까? 그는 충성을 모조리 폐기한다. 영국의 반역자 킴 필비Kim Philby의 회고록 서문에서 그린은 분열된 삶으로 오랜 시간 고생해온 사람의 한숨 섞인 주장을 담아 필비를 '국가적 반역자'라고 비난하는 시각을 일축한다. "국가보다 더 중요한 사람이나 대상에 반역을 저지르지 않았던 사람이 어디 있겠는가?"

충성이 갈등할 수밖에 없는 것이라면, 그린은 혼란스러운 고뇌를 모조리 그만두라고 말한다. "우리도 모르는 사이에 마음속으로 살금살금 기어들어가 뇌를 좀먹는 벌레가 우리의 기저를 갉아먹어버린다"라는 말로 그는 의무감이 초래하는 걱정과 불안의 폐해를 지적한다. 그린은 문학상을 받는 자리에서 소감을 밝히면서 "불충의 덕Virtue of Disloyalty"을 누릴 권리를 선언하기도 했다.

불충의 덕은 모순주의의 영리한 단편이긴 하지만, 현실적으로는 존재할 수 없는 가치다. 그린은 그런 사실을 누구보다 잘 알았다. 『권력과 영광The Power and the Glory』에서 교권개입에 반대하는 무례한 정치인에 의해 쫓겨난 위스키 목사를 마을 사람들이 지켜주려 하자, 목사는 마을 사람들을 정면으로 비난한다. 그들 자신과 그들의 아이들이 충성심 때문에 보복당할 수 있다고 경고하면서 사람들을 화나게 한다. "당신들이 할 일은 나를 포기하는 겁니다. 당신들은 나에게 무엇을 기대하는 겁니까? 잡히지 않는 건 내가 알아서 할 일입니다.”

여기서 불충하라는 축구와 저주받은 충성은 절묘하게 결합되어 나타난다. 많은 측면에서 약하고 애처롭고 우스꽝스러운 목사는 돈키호테식 순정으로 고상하게 치장된다. 그린은 충성의 변덕스러운 성질을 이해했고 골치 아픈 순간에는 그냥 버리라고 조언했지만, 그의 예술 속에서 충성의 힘은 삶의 의미를 제공하며 더 나아가 구원이 되기도 한다.

때로는 불충을 피할 수 없는 경우도 있을 것이다. 하지만 불충을 미덕으로 포용한다면 사랑, 우정, 공동체, 우리 삶에 가장 근본적인 기쁨과 만족을 가져다주는 것들은 모조리 쓰레기통에 들어가고 말 것이다. 우리가 해야 할 일은—물론 쉬운 일은 아니지만—기본적인 인간의 의무에 대한 인식을 키우고, 엇갈린 애착에 의해 유발된 갈등으로부터 인간의 책무를 보존하는 길을 찾는 것이다.

심판대에 오른
충성

충성은 도덕적 딜레마를 양산한다

허리케인 카트리나가 뉴올리언스를 강타한 후 제방이 무너지면서 저지대에 위치한 메모리얼병원이 물에 잠겼다. 찜통더위 속에서 전기와 물은 끊어졌고, 환자들은 서서히 죽어가고 있었다. 결국 긴급한 상황 속에서 의료진은 환자들을 선별적으로 구조할 수밖에 없었다. 그들은 환자들에게 1-2-3으로 우선순위를 부여했고, 환자복 위에 '3'이라는 글자를 새긴 환자들은 구조하지 못하면 안락사시키기로 했다.

'3'을 받은 환자 중에는 82세의 베라 르블랑 할머니도 있었다. 그녀는 1주일 전 대장암 수술을 받아서 홀로 걸을 수 없는 상태였다. 며칠 동안 계속된 찜통더위 속에서 체력은 회복될 기미가 보이지 않았다. 탈수상태에 기력도 없어 죽음만 기다리는 상황이었다. 몇몇 사람들은 자신의 운명에 순순히 굴복했다. 서서히 죽어가는 고통을 덜어주기 위해 의료진은 몇몇 환자들에게는 치사량에 달하는 마취제를 놓았다. 르블랑 할머니도 곧 안락사 처방을 받을 운명이었다.

마크 르블랑과 샌드라 르블랑은 허리케인이 오기 전에 뉴올리언스를 떠났다. 병원에선 아무 걱정 하지 말라고 했지만 메모리얼병원의 상황이 심상치 않다는 사실을 알고 난 후, 이들 부부는 바로 뉴올리언스로 되돌아왔다. 도와줄 사람 세 명을 구해서 풍력보트를 타고 병원으로 달려간 부부는 구조를 기다리는 환자들의 줄 맨 뒤에서 어머니를 찾았다. 배로 옮겨 실으려고 하자 의사는 앞에 있는 환자들을 먼저 구조한 다음에 어머니를 데려가라고 말했다. "미쳤어! 비켜!" 샌드라는 소리쳤다. 그들은 의사의 제지를 뚫고 자신의 어머니를 배에 태웠다.[1]

이런 것이 바로 가족 간의 의리다. 진짜 위험에 처했을 때 도와줄 사람이 있다면, 아마도 가족이라는 유대로 맺어진 이일 것이다. 혼란이 닥쳤을 때 정부공무원들도 맡은 바 임무를 충실히 수행하겠지만, 재앙의 한가운데에서 진정으로 믿을 수 있는 사람은 바로 가족이다. 그들은 나의 생존을 위해 물불을 가리지 않고 달려들 것이다.

우리는 부모를 살리기 위해 험난한 길을 뚫고 온 그들을 존경한다. 반면, 자식을 위한 부모의 위대한 사랑은 당연한 것이라 여겨져 부모의 사랑은 그다지 크게 대접받지 못한다. 사실 자식을 위하는 마음은 굳이 생각할 필요도 없다. 자식을 위하는 마음은 부모의 몸과 마음에 배어 있기 때문이다.

2009년 9월, 웨일스 스완지에 사는 미셸 토머스는 네 자녀를 위해 저녁을 차리고 있었다. 그때 갑자기 가스가 새기 시작했고 불꽃이 튀면서 불이 붙었다. 그는 집 안에 있던 세 아들을 데리고 2층으로 대피한 뒤, 창문을 통해 아이들을 마당 잔디밭에 내려놓았다. 이제 자신만 뛰어내리면 되는 순간, 네 살 난 딸 코트니가 보이지 않는다는 사실을 깨달았다. 마당에서 놀고 있는 줄 알았던 딸아이가 모르는 사이에 집 안에 들어와 있었던 것이다. 창문에서 뛰어내리려던 순간, 미셸은 망설임 없이 화염 속으로 다시 들어갔다. 그리고 집 안에서 딸아이와 함께 죽은 채로 발견되었다.

그녀의 희생에 대해 생각해보자. 길을 가던 사람이 불타는 집에 갇힌 여자아이를 보고 달려들어갔다면 우리는 특별한 영웅적 행동이라고 생각할 것이다. 옆집에 사는 사람이 구조하러 들어갔다고 해도 우리는 놀라움에 머리를 내저을 것이다. 미셸 토머스의 행동도 그에 못지않은 희생이지만 우리는 그다지 놀라지 않는다. 그녀가 불길 속에 스스로 뛰어든 것은 그 아이가 자기 딸이었기 때문이며, 부모로서 한 일이기 때문이다. 그것이 바로 우리가 당연하다고 여기는 부모의 사랑이다.

가족 간에 서로 쏟을 수 있는 특별한 노력은 훨씬 많은 혜택을 가져다준다. 르블랑 부부는 자신의 어머니만 구했지만, 그로 인해 어쨌든 환자 한 명을 더 돌봐야 하는 의료진의 부담을 덜어주었다. 물론 그들은 보트에 더 많은 사람들을 태울 수 있었지만, 어머니만 구했다. 하지만 그들은 그것으로 끝내지 않았다. 자신의 어머니를 먼저 안전한 지역으로 옮기고 난 다음, 다시 메모리얼병원으로 배를 돌려 하루종일 힘이 닿는 만큼 환자들을 실어 날랐다.

하지만 재앙은 가족의 어두운 면을 드러내 보여주기도 한다. 예컨대 전면적인 위기상황에서는 공공의 안전을 위해 일해야 하는 사람들이 자신의 가족을 돌보기 위해 공적인 임무를 내팽개치는 경우가 많다. 1953년 6월 8일 저녁, 미시간의 비처라는 작은 마을에 강력한 토네이도가 들이닥쳤다. 시속 500킬로미터에 가까운 회오리바람이 마을을 관통하며 집 340채를 파괴했다. 116명이 죽고 800명 이상이 부상을 입었다. 하지만 마을의 소방 자원봉사자들이 모두 자신이 맡은 일을 했다면, 피해는 그리 크지 않았을 것이다. 그러나 소방관들은 모두 자신의 가족을 돌보기 위해 집으로 돌아가버렸다. 사후 진상조사관들에게 그들은 이렇게 변명했다. "자신의 가족이 위험에 처해 있다면, 가족 먼저 눈에 들어오겠지요."[2]

그럴듯하게 들리는 변명이다. 누구든 자신의 가족이 안전한지 먼저 확인하고 나서 헬멧을 쓰고 일을 하러 나갈 것이다. 하지만 이런 상황은 더 큰 재앙을 불러올 수 있다. 몇 년 전 토네이도가 들이닥친 또다른 마을에서는 소방관 단 한 명만이 자리를 지켰다. 여기서도 가족을 우선시하는 태도가 문제였다. 홀로 남은 소방관은 당시 상황을 이렇게 회상한다.

다른 소방관들은 가족이나 친척 중에 다친 사람들이 있어서 나오지 않았습니다. 가족 중에 다친 사람이 있다면 당연히 그들을 먼저 돌봐야겠지요. 제 아내가 무사하지 않았다면, 아마도 우리 마을은 모조리 불타버리고 말았을 겁니다. 말하기는 뭐하지만, 저 역시 집에서 가족을 돌보는 게 낫지 않았을까 하는 생각이 듭니다.[3]

이 사람은 주 방위군이 도착할 때까지 혼자 불을 껐다. 그는 동료 소방관들을 비난하지 않았다. '당연히'라는 말은 동료들의 우선순위에 대해 그가 어떻게 생각하고 있는지 보여준다. 심지어 그는 자신도 그렇게 하고 싶었다고 인정했다. 이 소방관의 반응은 가족에 대한 의리를 얼마나 높은 가치로 여기는지 보여준다. 직무태만에 대한 변명을 하기 위해서 드러낸 덕목의 서열에서 가족은 매우 높은 위치를 차지한다. 그것은 또한 눈앞에 닥친 현실의 문제이기도 하다. 자신의 가족이 다치거나 위험에 처할지 모르는 상황에서 직업과 공동체에 대한 충성은 가족에 대한 의리 앞에 아무런 효력을 발휘하지 못한다는 것을, 긴급구조설계사들은 수많은 시행착오를 통해 터득했다.

친구와 맺은 의리도 구조 노력을 가로막았다. 가족이 안전한지 확인한 소방관들은 자신의 친구와 이웃을 살폈다. 자신을 던져 영웅적으로 불길과 맞서 싸우고, 무너진 건물 잔해 속에서 그들을 구출해냈다. 하지만 그러한 구조작업에는 팀워크도, 조율도, 전략도 없었다. 소방관들이 공적인 책무에 따라 행동하기보다는 개인적인 충성에 반응했기 때문이다.

재해구조설계사들은 개개인이 맺은 개인적인 유대를 무시하거나 극복하라고 요구하는 대신, 먼저 갈등을 피하는 방법을 찾는 데 초점을 맞춘다. 재해구조의 교과서라 할 수 있는 『자연재해 Natural Disasters』에서 데이비드 알렉산더 David Alexander 는 이렇게 말한다. "긴급관리자, 응급의료진, 자원봉사자 들이 도움을 필요로 하는 가까운 가족과 자신이 맡은 일 사이에서 어떤 일을 먼저 해야 하는지 고민스러운 상황에 처했을 때는 가까운 가족부터 돌보는 것이 좋다."[4]

이러한 처방이 도움이 될 순 있겠지만, 모든 문제를 해결하지는 못한다. 갈등은 여전히 나타날 수 있다. 메모리얼병원에서 홀로 걷지 못하는 한 환자에게 상당한 양의 모르핀을 주사하여 편안하게 죽을 수 있도록 도와준 주임 내과의사이자 행정직원 유잉 쿡을 예로 들어보자. 그는 선택적 안락사를 망설임 없이 집행했던 자신의 행동에 대해 전혀 죄책감을 느끼지 못한다고 말한다. 그는 뉴욕 타임스와의 인터뷰에서 이렇게 말했다.

"나는 환자가 더 빨리 죽을 수 있도록, 또 간호사들이 빨리 빠져나갈 수 있도록 그 약을 처방한 것입니다…… 제가 그녀의 사망을 재촉한 것은 분명합니다. 저에게 그것은 고민할 일이 아니었습니다. 지금까지도 저는 제가 한 일에 대해 어떤 후회도 하지 않습니다."

병원을 나서기 전 쿡은, 가망이 없다고 판단되는 환자에게 모르핀 주사를 놓으라고 다른 의사에게 지시했다. 왜 쿡은 그 곤란한 일을 동료들과 공유해야 한다고 생각했을까? 아마도 혼자서 그 모든 일을 할 수 없었기 때문일 것이다. 뉴욕 타임스에 따르면 쿡이 급박하게 병원을 떠날 때까지도 병원 복도는 죽어가는 환자들로 가득했다. 그는 "물이 차오르면서 집에 갇힌 자신의 아들을 구조하기 위해" 배를 타고 병원을 떠났다. 이쯤에서 우리는 궁금할 수밖에 없다. 자신의 아들을 구출하기 위해 병원을 떠나야 하는 상황이 아니었다면, 그는 죽어가는 환자들의 운명을 재촉하는 결정을 내렸을까? 다시 말해, 아들을 구하기 위해서 다른 사람들의 생명을 재촉한 것은 아닐까?[5]

충성은 원래 편파적인 것이다

그렇다면 가족에 대한 의리는 모든 충성심의 토대일까, 아니면 나와 내 것만 챙기는 비열한 이기적인 욕망에 지나지 않는 것일까? '윤리의 근본은 충성'이라고 말하는 철학자 조사이어 로이스는 전자를 지지한다. "충성을 습득할 수 있는 최초의 자연스런 기회는 가족의 유대에서 나올 뿐만 아니라, 어떤 충성의 기회와 사례 중에서도 가족에 대한 정절과 헌신은 충성할 때 경험할 수 있는 영적 존엄성을 최초로 맛볼 수 있는 기회를 제공한다."[6]

'가족이 충성을 가르치고 시험하는 학교'라는 개념은 로이스가 처음 제시한 것이 아니다. 몇백 년 전으로 거슬러올라가면, 가족에 충실하지 않은 사람은 다른 누구에게도, 또 어떤 신념에도 충성하지 못한다고 생각했다. 기독교를 전파하던 사도바울은 디모데와 사역에 대한 기본적인 방침에 대해 이야기하면서 가난하고 홀로된 어머니를 돌보지 않는 배은망덕한 아이들을 조심하라고 말한다. "누구든지 자기 친척, 특히 가족을 돌보지 않으면, 그는 벌써 믿음을 저버린 사람이요, 믿지 않는 사람보다 더 나쁜 사람입니다."[7]

자신의 일가친척을 우선시하는 것이 당연하다고 많은 사람들이 말하지만 누구나 그것이 옳다고 확신하는 것은 아니다. 실제로 가족을 우선시하는 태도는 충성의 폐해를 일깨우는 역할을 해왔다. 이마누엘 칸트가 『윤리형이상학 정초』를 저술한 이후 도덕철학의 주도적 경향은 보편주의였다. 우리가 지켜야 할 윤리적 규율은 누구에게나 똑같이 적용되어야 한다는 것이다. 어떤 상황에서 어떤 사람의 행동이 옳다면, 다른 사람도 그렇게 행동하는 것이 옳다.

하지만 충성은 보편적이지 않다. 그것은 특정한 사람에 대해 우리가 갖는 의무일 뿐이다. 우리가 그들과 맺는 특정한 관계에서 나오는 것이다. 사이먼 켈러는 이렇게 말한다. "충성에는 편파성이 개입된다. 자기 딸에게 충실하려 하면, 다른 아이들에 대한 호의는 줄어든다. 그 아이가 내 딸이라는 단순한 이유 때문이다." 그것이 아무런 문제가 없다고 하더라도 보편적인 도덕이 요구하는 관점을 제대로 충족시키지는 못한다. 보편적인 도덕은 모든 사람에게 같은 기준을 적용하라고 요구한다. 그래서 켈러에게 충성은 덕이 될 수 없으며, 충성 안에서는 어떠한 덕도 찾을 수 없다. "어떤 것이 충성스럽다고 여겨진다는 이유만으로 그 속에 선이 존재한다고 간주할 수 있는 개념적 이유는 전혀 존재하지 않는다."[8]

오늘날 가족에 대한 충성은, 많은 윤리학자들이 바람직하지 않은 덕목으로 여기는 자기중심주의particularism 중 하나로 취급된다. 현대의 보편주의자들은 한쪽으로 치우치지 않는 공평함을 최우선 가치로 여긴다. 남보다 내 가족을 우선시해야 한다는 생각은 어떤 도덕적 원리로도 뒷받침할 수 없다.

더 크고 넓은 의미에서 볼 때 보편적인 도덕성은 정의와 상통한다. 좁은 범위에서 보자면, 법정에서 우리가 기대하는 정의와 도덕은 다르지 않다. 판사가 검사나 변호사의 아버지라면 정의를 기대할 수 있을까? 어떠한 정의도 기대할 수 없다. 우리는 판결에 자신의 편파적인 의견을 조금이라도 가미하기 위해 무슨 짓이든 한다. 우리는 배심원들이 재판에 등장하는 어느 누구와도 무관하며, 아는 관계가 아니라고 확신한다. 사건과 조금이라도 연관된 판사와 변호사는 스스로 사퇴하여, 공평무사한 정의를 훼손할 수 있는 이해관계는 배제할 것이라고 기대한다. 법정에서 판사가 가족이나 친구와 같은 개인적인 관계로 인해 어떤 식으로든 판결에 영향을 미치는 것은 부도덕하고 부정직하다고 인식한다.

보편주의 윤리를 옹호하는 사람들은 일상적 삶에서도 우리가 이와 똑같은 방식으로 판단하기를 바란다. 도덕적인 행동은 어느 쪽으로도 치우치면 안 된다. 어떤 특별한 관계에 영향을 받는다면, 우리의 도덕적 판단은 뇌물을 받은 경찰의 거짓증언처럼 타락하고 부정직한 것으로 간주될 수 있다.

충성은 당파적일 수밖에 없다. 충성과 동전의 양면이라 할 수 있는 사랑도 마찬가지이다. 몇몇 성인^{聖人}들은 모든 사람을 동등하게 사랑하라고 말하지만 우리의 일반적인 경험은 특별한 개인에 대한 감정이 개입된다. 특별한 사람에 대한 사랑이 도덕적 선, 말하자면 상대방의 다정함에 대한 존경에서 나온다고 하더라도 그와 같이 다정한 여러 개인에게 모두 똑같은 사랑을 베풀지는 않는다. 만약 그런 것이 사랑이라면, 보편적인 윤리는 바람피우는 남자들에게 매우 훌륭한 핑곗거리가 될 수 있다. "여보, 그녀는 당신과 마찬가지로 너그럽고 재치 있고 매력적이고 다정하오. 어찌 그런 사람에게 내 사랑을 베풀지 않을 수 있겠소? 어느 한편으로 치우침이 없어야 한다는 도덕성의 요구를 거스르지 않기 위해서 나는 그녀를 당신과 다르게 대할 수 없소……" 이에 대해 뭐라고 항변할 수 있겠는가?

개인에게 충성한다는 것은 동등한 가치를 가진 사람들을 다르게 대한다는 뜻이다. 그뿐만 아니라 우리는, 그러한 기준에 미치지 못하는 사람들에게도 온갖 호의를 제공한다. 철학자 존 사비니^{John Sabini}와 모리 실버^{Maury Silver}는 이렇게 말한다. "우리가 테레사 수녀를 위대한 성인이라고 아무리 인정한다고 해도, 자신의 어머니와 테레사 수녀가 바다에 빠졌을 때 누가 어머니를 버리고 테레사 수녀를 구명보트 위에 태우겠는가? 그런 가족에 대한 충실성을 거스를 사람이 어디 있겠는가?"[9]

가족에 대한 충성이 아무리 자연스럽다고 해도, 극단으로 가면 매우 불행한 결과로 이어진다. 마리오 푸조는『대부 The Godfather』에서 반사회적인 가족이기주의의 모습을 적나라하게 그려낸다. 그는 미해병에 입대하기로 결정한 아들 마이클을 향해 욕설을 퍼붓는 돈 콜리오네를 이렇게 묘사한다. "돈 콜리오네는 어린 아들이 자신과는 전혀 상관없는 군대에 들어가 복무하다가 죽을지도 모르는 상황에 처하도록 내버려둘 생각이 전혀 없었다."『라이프』잡지에 실린 마이클의 영웅적 행동에 대한 기사와 사진을 보면서 대부는 경멸적인 태도로 으르렁거리며 이렇게 말한다. "이놈은 이방인들을 위해 그런 기적을 행했군."[10]

이러한 태도는 푸조가 꾸며낸 것이 아니다. 1950년대 미국의 사회학자 에드워드 밴필드 Edward Banfield는 이탈리아 중남부에 위치한 작은 도시들이 가난에서 벗어나지 못하는 상황에 대해 연구했다. 치아로몬테 사람들은 가족의 이해와 의무를 다른 것보다 우선시하는 정도를 넘어, 다른 것은 모두 배제한다. 밴필드는 이들의 맹목적인 태도를 '무도덕적 가족주의'라고 이름 붙이고, 그것을 "공동선을 위해서, 아니 자기 가족에게 눈앞의 물질적인 이익을 제공하지 않는 어떤 선을 위해서도 마을 사람들이 함께 행동하지 못하는 상태"라고 설명했다.[11] 이탈리아 인류학자 카를로 툴리오알탄 Carlo Tullio-Altan은 이러한 가족주의와 '그 재앙적인 사회적 결과'를 한탄하면서 그것이 이탈리아에 풍토병처럼 만연한 부패의 원인이 되었으며 '내 것만 챙기면 네가 지옥에 가든 말든 신경쓸 바 아니라'는 국민적 태도를 낳았다고 비난한다.[12]

이렇게 '내 것만' 챙기는 태도는 평등을 추구하는 정치적 사상가들의 오랜 골칫거리였다. 플라톤은 가족에 대한 충성이 자신이 꿈꾼 이상적인 공화국을 위협한다고 생각하여, 그런 충성은 모두 버려야 한다고 주장했다. "국가를 위한 가장 위대한 선은 시민을 하나의 집단으로 단결하게 만드는 것이다. 집단은 유기체와 같아야 하며, 어떤 사람도 자기 것과 남의 것을 구분해서는 안 된다." 이런 주장은 아주 사소한 것들, 말하자면 사유재산 같은 것을 떠올려보면 매우 과격하게 들릴 수 있다.

하지만 더 나아가 우리가 아이들을 공동집단으로 볼 수 있을까? "어이쿠, 예쁜 내 딸"과 같은 말이 불쾌하게 여겨지는 상황까지 갈 수 있을까? 아이들을 가족 안에서 키우는 한 그럴 가능성은 크지 않다. 플라톤은 이런 해법을 제시했다. "아이들은 태어나자마자 탁아소에서 함께 키워야 한다. 이로써 부모와 아이는 서로 알지 못하게 될 것이다."[13] 이런 국가적 양육제도가 작동한다면, 그 안에 수용되지 못하는 아이들은 언덕에 버려져 죽고 말 것이다. (이 지점에서 플라톤의 이상적인 도시국가는 우리가 생각하는 만큼 이상적인 장소가 아닐 수도 있다는 의심이 깃들기 시작한다.)

플라톤은 사람들이 자기 가족에 충성하는 것을 나쁘다고 말하지는 않았다. 다만 그러한 충성이 더 큰 규모로 발전해야 한다고 말한다. 자신의 가족이 누군지 모른다면 특정한 나이의 남자는 모두 자신의 아버지처럼 대해야 할 것이고, 자신과 비슷한 세대의 남자는 모두 형제처럼 대해야 할 것이다. 그리고 가족 간의 다툼과 분쟁으로 관계를 끊어버리고 싶어하는 사람들조차, 가족에 대한 충성을 모든 충성의 기준으로 삼을 것이다.

가족에 대한 충성은 언제나 다른 가치에 헌신하는 것을 방해하는 것일까? 앵글로아메리카인들은 전통적으로 가족에 대한 충성을 통해 국가와 공동체에 충성하는 법을 배운다고 생각한다. 이런 관점을 옹호하는 가장 유명한 사람으로는 18세기 아일랜드의 철학자이자 정치인 에드먼드 버크Edmund Burke가 있다. 그는『프랑스혁명에 대한 고찰Reflections on the Revolution in France』에서 "하위집단에 애착을 갖는 것, 사회 안에서 자신이 속한 작은 집단을 사랑하는 것은 공적인 애정의 첫번째 원칙(핵심적인 근원)"이라고 말한다. 가족이라는 작은 집단에 대한 사랑은 "우리 국가와 인류에 대한 사랑으로 나아가기 위한 첫번째 고리이다".[14] 버크의 세계관에서 가족은 우리가 희생을 배우는 곳이자, 의무에 따라 살아가는 법을 배우는 곳이다. 가족은 공동체의 요구를 모른 척하도록 이끄는 곳이 아니라 시민으로서 적합한 능력을 키워주는 곳이다.

집에서 습득하는 충성이 실제로 친구, 공동체, 국가에 대한 충성의 토대가 될 수 있다. 하지만 애착의 폭을 넓힌다고 해서 핵심적인 대상에 대한 헌신이 약해지는 것은 아니다. 가족에 대한 충성은 싹을 틔우기 위해 썩어 없어지는 씨가 아니다. 그래서 가족에 대한 충성은 국가와 대의에 대한 충성을 뒷받침하고 촉진하면서도, 여전히 거대한 사회적 의무와 대립할 수 있는 상태로 남는다.

전체주의 이데올로기를 옹호하는 사람들에게는, 가족에 대한 충성이 실제로 국가의 요구와 갈등하지 않는다 해도 문제가 된다. 국가가 아닌 다른 충성의 대상이 존재한다는 사실만으로도 국가에 대한 헌신이 온전하지 못하다는 의미이기 때문이다. 그리고 이것은 용납할 수 없는 상황이다. 실패한 신은 곧 질투심이 넘쳐나는 신이다. 가족 간의 유대는 국가의 우월성을 직접적으로 위협한다.

이것이 다양한 유형의 전체주의자들이 온갖 작은 집단에 대한 애착을 비롯하여 가족을 짓밟으려고 노력해온 이유다. 그들은 사람들이 난로를 쬐기 위해 모이기만 해도 그들을 반체제세력으로 의심한다. 자신의 가족을 위해 노력하는 사람은 집단을 우선하지 않는 사람이다. 작은 집단에서 만족과 행복을 찾는 사람은 장엄한 이데올로기적 선동에서 그다지 의미를 찾으려 하지 않는다.

일례로 독일의 나치정권은 "가족이 집단사회에 대한 도피처 역할을 한다고 생각하여 이를 파괴하는 작업을 했다". 제2차 세계대전 직후 사회학자 막스 호르크하이머Max Horkheimer는 나치가 가족에 대한 충성을 "전체주의 국가에 대항하는 사실상의 음모"라고 간주했다고 서술한다.[15] 실제로 히틀러 정권은 아이들을 부모에게 대항하게 만듦으로써 가족의 삶을 파괴하고 해체했다.

나치는 히틀러유겐트(히틀러소년단)를 조직하여 단원들에게 진정한 가족은 부모형제가 아니라 나치청년당이라고 가르쳤다. 학교 선생들은 "집에서 무슨 이야기를 하는지" 기록해오라는 숙제를 내주어 학생들에게 가족을 배신하도록 부추겼다. 히틀러에게 협력하는 이 꼬맹이들은 부모들에게 큰 위협이 되었다. 헌신적인 나치당원이라도 집에서 무심결에 제국에 대해 부정적인 표현을 했다가 그 말을 엿들은 아이들이 보고하는 바람에 게슈타포에 잡혀가기도 했다. 『제3제국The Third Reich: A New History』에서 마이클 벌리Michael Burleigh가

말하듯 "아이가 있는 사람들은 아이가 없는 가족을 부러워하기 시작했다".[16]

아이들이 부모에게 죽음과 파멸을 가져다주는 광경에서 느낄 수 있는 자연스러운 반응은 섬뜩함이다. 그래서 1940~1941년에 독일에 맞서 외롭게 싸우던 영국인들은 미국의 지원을 이끌어내기 위해 설득할 때마다 나치가 아이들을 어떻게 이용하는지 설명했다. 미국 주재 영국대사였던 할리팩스 백작은 1941년 연설을 하러 다니면서 히틀러가 "가족을 고의적으로 붕괴시키고 있다"라고 호소했다. "아이들에게 부모를 고발하는 것이 의무라고 가르칩니다. 가족의 분위기는 일순간 얼어붙고 타락하여 사랑과 자부심은 사라지고 의심과 증오만이 가득합니다."[17]

어떤 면에서 이런 호소는 이상하게 보일 수도 있다. 독일 사람들이 아이를 어떻게 키우든, 미국 사람들에게 무슨 상관인가? 그럼에도 유럽 상황에 개입하지 않겠다는 태도가 여전히 확고했던 미국인들에게 독일의 국내문제는 어떻게 호소력을 발휘한 것일까? 이것은 가족에 대한 충성이 해체되는 광경을 목격할 때 우리가 얼마나 본능적으로 반응하는지 보여준다. 독일인의 잔학성을 막연하게 이해하던 사람들에게, 자신의 부모를 고자질하는 행위는 상상할 수 없는 구체적인 악행으로 받아들여진 것이다. 이것은 우리가 가족의 유대를 위해 헌신하는 행위를 어떻게 보는지 알려준다.

아이들을 이용해 부모를 감시한 것은 나치가 처음이 아니다. 국가의 적을 단두대에 올려 처형하는 장면은 오늘날 강렬하고 효율적인 공포를 자아내는 생생한 상징으로 자리매김했지만, 그것은 프랑스혁명이 고안해낸 수많은 혁신 중 하나에 불과할 뿐이다. 가장 소름 끼치는 것은 부모를 고발하는 아이들이었다. 이는 샤상 ^{Chassant}이라는 극단적인 혁명가가 주도한 행위였다. 한때 생제르맹 록세루아 교회의 목사였던 그는 혁명의 순결성을 지키는 것을 자신의 소명으로 삼았다. 그리고 아이들에게 집에서 부모들이 가톨릭에 대한 충성을 배신하는 통성기도나 다른 반역 행동을 하는지 감시하라고 가르쳤다.

그리고 이것은 로베스피에르의 피에 굶주린 시종 생주스트^{Saint Just}의 가르침으로 고스란히 이어졌다. 생주스트는 "공화정을 원한다면, 그에 반하는 것은 모두 파괴해야 한다"라고 주장했다. 가족이 리베르테(자유)와 에갈리테(평등)를 향해 나아가는 길에 방해가 된다면, 엄마든 아빠든 형제자매든 가리지 않고 고발하라고 주장했다. 진짜 형제에 대한 프라테르니테(형제애)는 이제 정치적 수사로 사용되기 시작했다.

무수한 반역자의 목을 베는 것도 섬뜩하지만, 자연스러운 가족의 유대를 파괴하는 것은 그보다 훨씬 충격적이다. 1816년 『프랑스혁명과 그 기억할 만한 사건으로 인해 일어난 전쟁의 역사^{History of the French Revolution, and of the Wars Resulting From That Memorable Event}』에서 존 제임스 맥그리거^{John James McGregor}는 무수한 악행 중에서도 "모든 관계의 유대를 산산이 찢고, 부모를 고발한 아이들에게 보상을 제공한 것"을 가장 나쁜 악행이었다고 말한다. [18]

1799년, 자코뱅의 공포정치를 처음으로 기록한 존 아돌푸스^{John Adolphus}의 『프랑스혁명의 자전적 회고록^{Biographical Memoirs of the French Revolution}』에는 심장을 '움찔하게' 만드는 수많은 사건이 담겨 있다.

그러한 악행의 목록에 대해서 그는 이렇게 설명한다. "밀고, 변절, 비방, 암살은 미덕이 되고…… 자연에 대한 정감은 서서히 사라지고 그 자리에 공포와 배신과 무자비함이 들어서기 시작했다." 그중에서도 프랑스가 '타락한 나라'가 되었다는 증거라 할 수 있는 가장 나쁜 악행을 아돌푸스는 이렇게 묘사한다. "형이 동생을 고발하고 아버지가 자식을 고발하고, 아이가 부모를 고발한다." 그리고 그런 행동에 사람들은 박수를 보낸다.[19] 아돌푸스와 맥그리거가 이처럼 부모를 고발하는 혁명적인 행동을 가장 나쁜 악행이라고 보는 것은, 가족에 대한 충성이 근본적으로 선하며 인간의 가장 기초적인 미덕이라고 생각하는 우리의 원초적인 감정을 그대로 반영한다.

러시아혁명은 프랑스혁명이 하지 못한 부분까지 찾아내, 선조들의 행위보다 더 파괴적인 성과를 올리기 위해 노력했다. 스탈린은 부모를 배신한 아이들을 단순히 치하하고 보상하는 것을 넘어, 성자의 반열에 올렸다. 소비에트는 아이들에게 반역자에 의해 목숨을 잃은 신성한 파블릭 모로조프를 따라 배우라고 독려했다.

'개척단'이라는 이름의 공산주의 소년단의 단원이었던 모로조프는 자신의 아버지가 뇌물을 받았다는 사실을 비밀경찰에 고발하여 영웅이 되었다. 아버지가 사형되자 가족들은 분노했고, 결국 파블릭의 할아버지, 할머니, 삼촌, 사촌은 그를 숲 속으로 끌고 가 때려 죽였다. 그리고 이들 가족은 모두 총살되었다. 이것은 소비에트가 파블릭을 혁명의 영웅으로 만들어 러시아 아이들의 모범으로 삼기 위해 퍼뜨린 (그리고 대부분 조작해낸) 이야기이다. 소비에트는 기념관, 전기, 연극, 오페라 등을 통해 대대적으로 파블릭을 영웅으로 만들었다.

1950년대에 만들어진 『위대한 소비에트 백과사전』에서는 상당한 지면을 할애하여 그의 유산을 열렬하게 소개한다. 파블릭은 "자기 아버지의 재판에서 증언을 함으로써 아버지를 반역자로 낙인찍었다". 그러한 행동은 이 소년을 "공산당의 의무와 대의를 위해 헌신하는 모범"으로 만들었다.

이와 비슷한 이야기는 매우 많다. 프로니아 콜리빈이라는 소년은 어머니가 집단농장에 내야 하는 밀을 조금씩 숨기는 모습을 목격하고는 자신의 어머니를 "간악한 생산활동파괴자"라고 고발했다. 결국 어머니는 강제노동수용소로 끌려갔고, 콜리빈은 휴양캠프로 놀러 가는 특전을 누렸다.

자기 가족 중에서 열심히 노력하지 않는 사람을 찾아내 비난하지 않는 아이들은, 개척단에서 혁명적 열정이 부족한 것으로 의심받기도 했다.[20]

부모가 자기 아이들을 무서워하게 되면, 가족생활은 상당히 어려워진다. 그것이 바로 스탈린주의자들이 원하는 결과였다. 마오쩌둥도 중국의 전통적인 대가족이 사회통합의 원천으로 작동한다는 사실을 깨달았다. 가족은 가장 우선시해야 할 공산당의 강령과 자연스럽게 경쟁하게 될 권력의 근원이었다. 그래서 그는 가족을 깨는 작업에 착수했고, 가족 중에 공산당강령에서 벗어난 말이나 행동을 하는 사람은 무조건 고발하라고 아이들에게 주입했다. 볼프람 에버하르트Wolfram Eberhard는 『중국사A History of China』에서 이렇게 말한다. "혁명을 일으키는 가장 좋은 방법은 어쩌면 계급 간 대립을 촉발하는 것보다, 세대 간 대립을 촉발하는 것일지도 모른다."[21]

조지 오웰은 그러한 배신이 전체주의적인 사상의 특징이라고 생각한다. 『1984』에서 사상경찰 오브라이언이 가장 섬뜩해 보이는 장면은 고문을 하다가 멈추고 영혼을 파괴하는 웅변을 할 때이다. 그는 당의 전지전능함, 무한한 승리를 역설한다. 이 소름 끼치는 웅변은 국가가 인류를 위해 무엇을 준비해야 하는지 이야기하면서, 소설에서 가장 생생한 심상을 안겨준다. "미래가 보고 싶은가? 그렇다면 인간의 얼굴을 짓밟는 군화를 상상하라." 끔찍한 이야기 중에서도 가장 끔찍한 순간이다.

오브라이언이 이러한 결론에 도달하게 된 과정은 눈여겨볼 만하다. 그는 인간에게서 희망을 없애는 결정적인 역할을 하는 조치를 무엇이라고 생각했을까? 그는 이런 설명으로 웅변을 시작한다.

> 우리는 아이와 부모, 남자와 남자, 남자와 여자의 관계를 끊었다. 누구도 더이상 아내나 아이나 친구를 믿으려 하지 않는다. 미래에는 아내도 친구도 존재하지 않을 것이다. 암탉이 낳은 달걀처럼 아이들은 태어나자마자 엄마에게서 떨어뜨려질 것이다. (……) 당에 대한 충성이 아닌 다른 충성은 모두 사라질 것이다. 빅브러더의 사랑 빼고는 어떤 사랑도 존재하지 않을 것이다.

가족에 대한 충성이 언제나 더 넓은 공동체에 대한 충성으로 확장되는 것은 아닐지라도, 가족에 대한 충성이 사라지는 것은 잔혹한 디스토피아가 다가온다는 전조이다. 위대한 자유주의 철학자이자 역사가인 이사야 벌린은 인류 전반에 보편적으로 적용할 수 있는 도덕이 있느냐는 질문에, 보편적 가치가 존재한다고는 말할 수 없지만 적어도 '사회가 생존하기 위해서 반드시 요구되는' 몇 가지 단순한 규칙이 존재한다는 데에는 일반적으로 동의할 수 있다고 대답한다. 그러한 기본적인 도덕적 동의의 예로서 벌린은 누구도 부인할 수 없는 매우 명백한 악행으로 노예제, 나치의 가스실, '쾌락이나 이익을 위해 인간을 고문하는 것'을 든다. 그리고 여기에 논란의 여지가 없는 사회 파괴적인 행위를 하나 더 덧붙인다. 그는 노예 매매와 홀로코스트와 남의 고통을 즐기는 잔인성에 덧붙여, '프랑스혁명과 러시아혁명 시기 아이들에게 자신의 부모를 고발하는 의무를 부여한 행위'를 추가했다. [22]

자신의 가족을 고발해야 하는 난처한 처지에 놓인 아이들은 대부분 머지않아 자신의 행동을 후회한다. 나중에 러시아에서 나온 많은 회고록에는 그들이 부모를 불운한 운명 속으로 몰아넣은 어릴 적 자신들의 행위를 후회하는 내용이 담겨 있었다. 가까이는 제3제국의 심리치료병원이었던 괴링 인스티튜트의 심리진단 범주 중에 '부모를 고발하라는 국가의 요구에 정서적으로 상처받은 아이'가 명시되어 있을 정도였다. [23]

그런 광기가 사라진 오늘날 국가의 법은 불충이라는 흰개미가 가족이라는 근본을 갉아먹을 때 사회가 붕괴할 수 있다고 판단한다. 전통적으로 법은 배우자에게 불리한 증언을 하라고 요구하지 않았다. 이는 부부 사이에 맺어진 충성의 유대를 깨지 않기 위한 노력이다.

18세기 영국법원은 이와 비슷한 배려를 친구관계에까지 확장하는 위험한 일을 했다. 1792년 윌슨과 래스톨Wilson vs Rastall 재판에서 케니언 판사는 이렇게 말했다. "많은 경우, 친구에게 비밀스러운 대화를 폭로하라고 강요하는 것은 매우 어려운 일이다. 법적으로 그런 증거는 배제하는 것이 바람직하다고 나는 생각한다. 사람들이 비밀스럽게 털어놓는 속내를 들추어내도록 하는 것은 분노할 문제다." 하지만 친구에게 불리한 증언을 하는 행동이 아무리 바람직하지 않다 하더라도, 사법제도의 가치를 조금이라도 인정한다면 이는 분명 잘못된 태도였다. 친구와 비밀스럽게 나눈 대화는 공개하지 않아도 된다면, 그 많은 사건들은 어떻게 해결할 수 있겠는가?

가족에 대해서도 똑같이 물을 수 있다. 가족에게 불리한 증언을 하지 않아도 된다면, 그 많은 사건들을 어떻게 해결할 수 있겠는가? 검사는 어떤 혐의에 대해서도 마음놓고 기소하기 힘들 것이다. 가족관계를 왜곡하는 전체주의적 이데올로기를 우리가 경멸하기는 하지만, 법률시스템이 제대로 작동하기 위해서는 가족구성원 간에도 서로 불리한 증언을 해야 하는 상황이 자주 발생한다. 사랑하는 관계를 지키기 위해 가족에게 충성하는 것도 중요하지만, 법정에서 요구하는 증거는 훨씬 중요하다. 경찰서에서 조사를 받을 때나 법정에서 배심원들 앞에 섰을 때, 가족에 대한 충성은 언제나 시험에 든다. 목격자에게는 가족의 유대를 배신하라는 압박이 가해지며, 법은 다양한 지렛대를 활용하여 그러한 충성심을 약화하기 위해 노력한다. 예컨대 아버지가 조사대상이 되었을 때 가장 효과적으로 자백을 이끌어내는 방법은 자녀를 법적으로 위협하는 것이다.

가족에 대한 충성 vs 정의

명문 델라웨어 가문의 자손이자 윌밍턴 시에서 유명한 변호사로 활동하며 정치적으로도 영향력을 지닌 토머스 카파노는 가족에 대한 충성을 매우 가치 있게 여기는 사람이었다. 하지만 내연관계를 맺고 있던 앤 마리 페이가 이별통고를 하자 그녀를 살해하여 냉동실에 넣어 바다에 버렸다. 그렇다고 해서 그가 옳고 그름을 판단하지 못했던 것은 아니다. 증거를 얻기 위해 검사가 그의 딸에게 접근하자 카파노는 분노했다. 이는 정당한 분노처럼 보였다.

재판이 진행되는 동안 카파노는 모든 것이 우발적으로 일어난 사건일 뿐이라고 주장했다. 경찰이 딸과 교차심문을 할 때 카파노는 심문을 받는 동안 앉아 있으려고 하지 않았다. 컴 코널리 검사는 그것이 자신의 행적에 대해 딸이 불리한 증언을 하지 못하도록 무언의 압박을 한 것 아니냐고 따져 물었다. 이에 카파노는 흥분하여 소리쳤다. "인정도 없고 비열하고 영혼도 없는 치욕스런 인간아!"

나중에 재판이 모두 끝나고 선고를 하기 전 배심원들 앞에서 이야기할 수 있는 기회를 주자, 이때가 사형을 면할 수 있는 기회였는데도 카파노는 검사들이 자신의 가족을 얼마나 괴롭혔는지 불평하는 데 시간을 썼다.

카파노는 어떤 면에서 가족에 대한 충성이라는 이데올로기의 희생자였다. 가족에 대한 충성을 잘못 사용할 때 어떤 결과가 나타나는지, 그 모든 것을 현실에서 보여주었다. 앤 마리 페이를 죽인 뒤 시체를 유기하는 과정에서 그에겐 도움이 필요했다. 그때 그가 어디를 돌아보았을까? 누구를 믿을 수 있었을까? 바로 형제들이었다. 건설사업을 하던 루이스 카파노에게는 빈 쓰레기적재함이 많았다. 그래서 여자가 죽으면서 흘린 피로 흠뻑 젖은 소파를 버리는 것도 식은 죽 먹기였다. 게리 카파노에게는 모터보트가 있었다. 그의 도움으로 먼바다에 나가 시체를 쉽게 버릴 수 있었다. 이 두 형제 모두 범행에 동조했지만 처음에는 다들 입을 다물고 있었다.

카파노를 든든하게 보호해주는 가족에 대한 충성을 깨기 위해 경찰과 검찰은 가족에 대한 충성을 거꾸로 이용했다. 경찰은 처음부터 앤 마리 페이의 사체를 유기하도록 도왔던 게리를 의심했지만, 게리는 전혀 입을 열지 않았다. 그의 입을 열기 위해 경찰은 먼저 게리의 집을 수색할 구실을 찾아냈다. 수색 결과, 살인사건과 연관된 혐의는 찾지 못했지만 약간의 무기와 약물을 찾아냈다. 그것만으로 충분했다. 경찰은 이 사실을 지렛대로 사용했다. 총기류와 약물을 집에 두고 있다는 사실만으로도 아이를 키울 자격이 없다는 것을 입증할 수 있으며, 이것으로 아이들을 강제 격리하겠다고 겁을 주었다. 가족에 대한 충성심은 속성상 형제보다 자식에게 더 강한 법이다. 게리는 굴복했고, 검사에게 모든 것을 털어놓았다.

게리의 증언으로 공모혐의를 부인하기 힘든 상황이 되자 루이스도 곧 굴복했다. 그리고 루이스는 자신의 거짓증언을 변호하기 위해 자신은 '가족에 대한 헌신'이라는 잘못된 개념에 물든 피해자에 불과하다고 주장했다. 그의 변호사는 이렇게 주장했다. "과거의 루이스 카파노는 가족에 대한 충성에 따라 행동했습니다. 하지만 더 중요한 사실은, 그는 지금 마음을 고쳐먹고 옳은 일을 하겠다는 결심에 따라 행동하고 있다는 것입니다." 가족에 대한 충성이 소중하긴 하지만, 가족에 대한 충성과 '옳은 일'이 늘 같은 것은 아니다.

카파노 사건은 예외적인 사례가 아니다. 가족구성원들이 옳은 선택을 하도록 하기 위해 경찰은 그들이 나쁜 짓이라고 생각하는 것, 즉 가족을 배신하는 행위를 하게끔 계속 압박을 넣었다. 용의자와 함께 사는 사람들, 대개 부모, 형제자매, 아이들보다 용의자의 행적에 대해 더 많이 아는 사람이 어디 있겠는가? 경찰은 관계의 종류에 따라 다른 전술을 구사한다. 형제들은 잠시 동안이라도 의리로 똘똘 뭉치지만, 어머니는 대개 마음이 여려서 경찰이 불법을 저지른 불쌍한 아들을 진정으로 돕는 길이 무엇인지 과장해서 말하면 쉽게 믿는다. 하지만 어머니가 결연한 경우, 자식에 대한 충실성을 포기하도록 이끌어내는 일은 거의 불가능하다.

집에 편지를 배달하러 온 우편집배원 데버러 수 샤츠를 살해한 열일곱 살의 데이비드 포트의 경우를 생각해보자. 포트는 강간을 시도했고, 샤츠가 도망치려 하자 등뒤에서 총을 쐈다. 시체를 트렁크에 싣고 30킬로미터 정도를 운전한 뒤에 늪에 버리고는 집으로 돌아왔다. 경찰이 포트를 용의자로 지목하기까지는 오랜 시간이 걸리지 않았다. 경찰은 포트를 구류하고 자백하라고 설득했다. 하지만 재판과정에서 받아낸 자백은 채택되지 않을 확률이 높기 때문에 검찰은 모든 각도에서 이 사건의 명백한 증거를 확보하고자 노력했다. 이윽고 포트의 아버지와 양어머니에게 배심원 앞에 출석하라는 소환장을 발부했다.

하지만 그의 부모, 버나드 포트와 오데트 포트는 증언하기를 거부했다. 그들은 부모-자식 관계의 특권을 주장했다. 그런 특권은 텍사스법이나 연방정부법에서 전혀 인정하지 않는 것이었지만, 포트의 변호사는 그것이 고대의 유대율법에 나오는 것이며, 또 헌법은 종교의 자유를 보장한다고 주장했다. 판사는 그런 주장을 받아들이지 않았다. 버나드와 오데트는 법정모독으로 수감되어 몇 달 동안 감옥생활을 해야 했다. 데이비드 포트는 그들의 증언 없이도 유죄판결을 받았다.

가족의 특권을 주장하는 것은 포트 사건에서 성공하지 못했지만 특별한 사례는 아니다. 많은 사람들이 부모나 자식, 형제자매에게 불리한 증언을 강요할 수 없다고 생각한다. 또 그런 믿음을 행동으로 옮기기도 한다. 실제로 그런 법적 판례도 존재한다. 포트 사건이 있기 바로 몇 년 전, 몇몇 판사들이 가족구성원에 대한 배우자특권을 확대하기 시작했다. 1978년 뉴욕 주법원은 자식과 나눈 사적인 대화에서 부모가 자식의 범죄사실을 알았다고 하더라도 이를 배심원 앞에서 증언할 필요가 없다고 판결했다. "자식이 조언과 도움을 받기 위해 부모에게 의존하는 것은 우리가 상식적으로 생각하는 부모의 역할로서 매우 자연스럽고 일관된 것이다"라고 법원은 판결했다. 이러한 판결의 핵심은 가족에 대한 충성을 더욱 키워야 한다는 것이다. "자신의 비밀이 다른 사람들에게 폭로될 것이라는 두려움 없이, 믿고 이해하는 분위기 속에서 자신의 고민을 탐구할 수 있어야만 아이의 정서는 발달할 수 있다."[24]

그런 특권을 뒷받침하는 가장 강력한 판례는 1983년 네바다에서 나왔다. 32세의 남자가 세금포탈 혐의로 기소된 자신의 아버지에게 불리한 증언을 거부한 것이다. 법원은 그의 주장에 일리가 있다고 판단하고 "부모-자식 관계에 내재한 비밀과 프라이버시는 보호되어야 하며 법원이 배려해야 한다는 데 추호도 의심할 여지가 없다"라고 판결했다. 어떠한 범죄행위를 저질렀든, 아버지에게 불리한 증언을 하라고 아들에게 강요할 수 없다는 것이다. 판사는 '가족이라는 제도'를 보호하기 위해서는 어느 정도의 특권을 인정해야 한다고 말했다.[25]

아이들을 이용해 부모를 감시하는 전체주의적인 행태에 대한 극

도의 불쾌감에 비추어볼 때, 이런 판결들이 사람들에게 상당한 지
지를 받지 않을까? 적어도 우리의 본능은 어느 정도 그럴 것이다.
하지만 우리는 가족에 대한 충성을 경찰의 조사권이 침범할 수 없
는 성역으로 인정하는 정의시스템을 진정으로 원하는 걸까? 신문
칼럼니스트 애나 퀸들렌Anna Quindlen은 이렇게 말한다. "내 아이들을
위한 최선의 선택이라면 나는 어떤 거짓말도 할 수 있다. 나는 그것
이 진실을 말하는 것보다 훨씬 도덕적인 태도라고 생각한다. 그리
고 많은 사람들이 나와 같은 생각일 것이라고 확신한다."[26] 이러한
관점이 물론 주류일 수는 있지만, 그것이 옳다고는 말할 수 없다.

미국 대법원은 관습법에서 오래도록 인정해온 배우자특권을 부
모자녀특권, 형제자매특권, 더 큰 '가족특권'으로 확장하기는커녕
오히려 그 반대방향으로 나아갔다. 배우자에게 불리한 증언을 거부
할 수 있는 조건을 제한하고, 더 나아가 그런 특권을 모두 없애버렸
다. 1980년 법원은 부부의 포괄적 특권을 인정하던 것은 '정서적인
유물'일 뿐이라고 판결했다.[27]

가족 사이에 서로 충성할 수 있는 특권이 존재한다는 주장을 거
부할 만한 이유는 충분하다. 형제끼리 서로 불리한 증거는 절대 제
공하지 말자고 다짐해보라. 그러면 형제들은 마음놓고 범죄를 저지
를 수 있다는 유혹을 느낄 것이다. 이것은 가족에 대한 축복이 아니
라 타락이라는 것을 곧 알게 될 것이다. 영국의 실용주의 철학자 제
러미 벤담Jeremy Bentham은 "법은 어떤 사람이 범죄의 길에 들어설 수
있는 길목마다 모두 위험요소를 뿌려놓아야 한다"라고 주장한다.
법은 "상상할 수 있는 그 어떤 범죄로든 이어질 수 있는, 안전하고
의심할 여지가 없고 이미 준비된 공모자"를 제공하는 수단을 절대

제공해서는 안 된다.[28]

소름 끼치는 살인을 저지른 다음 형제에게 뒷수습을 도와달라고 요청하지 않는 것이 오히려 형제애를 지키는 데 훨씬 도움이 되지 않을까? 따라서 법은 가족에 대한 충성의 특권을 인정하지 않는 것이 훨씬 바람직할 것이다. 이렇게 가족 간에 범죄를 공모하려는 시도를 꺾어버리는 것이 오히려 가족에 대한 충성을 가장 북돋는 방법일지 모른다. 함께 길을 잃은 가족은 머지않아 깨질 확률이 높다. (물론 같은 감방을 사용한다면 그렇지 않을 수도 있겠지만.)

벤담은 분명히 그러한 생각을 했으며, 더 나아가 부부간의 특권까지도 부정했다. "그렇다면 모든 사람이 배우자의 도움을 받아 어떤 사악한 행위도 저지를 수 있다고 인정해보자. 모든 집은 공공의 법이 적용되지 않는 성이 될 것이며, 그런 성은 곧 도둑 소굴로 바뀔 수 있다."[29]

적절한 인센티브를 제공한다고 하더라도 가족의 선과 루이스 카파노의 변호사가 '옳은 일'이라고 명명한 훨씬 보편적인 선 사이에서 절망적인 선택을 해야 하는 무수한 부모, 자식, 형제, 자매 들이 있을 것이다. 가족에 대한 충성이 다른 도덕적, 법적 의무를 압도한다고 말하고 싶은 만큼(언제든 우리는 도덕적 트럼프 카드를 할 수 있으며 어쨌든 모순적인 도덕적 명령으로 고민하고 싶어하지 않는다), 어떠한 가족도 우리의 충성을 비난할 수 없다고 확신할 수 있는 안락한 지점까지 우리를 끌고 가지 못한다.

테드 카진스키의 동생 데이비드 카진스키는 『뉴욕타임스』에 실린 유나바머 선언문을 보고 유나바머Unabomber가 바로 광적인 사상을 신봉하는 자신의 형이라는 사실을 알았다. "형이 또다른 사람을 죽일지 모르는 상황에서 모른 척할 것인지, 아니면 형을 신고해야 할 것인지” 고뇌하다가 결국 데이비드는 FBI에 익명으로 제보했다.[30]

결국 테드는 슈퍼맥스 연방교도소에 갇혔고, 몇 년 뒤에도 여전히 동생의 배신에 분노하며 이렇게 말했다. “그는 세상에서 가장 더러운 인간쓰레기다. 빨리 죽어버리는 게 낫다.” 만약 입장이 바뀌었다면 동생을 신고하지 않았겠느냐고 기자가 물어보자 테드는 단호하게 대답했다. “나는 절대로 비밀을 지켰을 것이오.” 그는 가족에 대한 충성을 다른 어떤 배려보다 우선시해야 한다고 확신했다. 물론 테드는 사이코패스다.

데이비드는 가족에 대한 충성을 배신했지만, 그가 올바른 일을 했다는 데 우리는 동의할 수 있다. 그럼에도 흥미로운 사실은 데이비드가 처음에 익명으로 신고했다는 것이다. 자신의 행동이 옳다는 것을 알고 있었으면서도, 그것이 적절하지 않다는 의심을 버리지 못한 것이다. 그러나 그가 그렇게 행동하지 않았다면 더 큰 재앙으로 이어졌을지 모른다.

올리브 산에서 예수는 세상의 종말이 다가오고 있다는 여러 징조를 제자들 앞에서 열거했다. 전쟁, 지진, 기근과 같은 공포들을 나열하며 열기를 북돋는다. 그리고 그런 것들은 시작에 불과하다고 말한다. 종말이 정말 눈앞에 다가왔을 때는 “형제가 형제를 배신하여 죽음으로 몰아넣고, 아버지가 아들을 배신하고 아이들이 부모를 거역하여 죽음으로 몰아넣을 것이다.”

그렇다면 충성은 과연 도덕적 규율로서 가치가 있는 것일까? 그 가치나 적용범위를 알아내기 위해 다른 도덕적 규율에 맞추어 조정해야 한다면, 그것은 도덕적 규율로 무슨 의미가 있는가? 아니, 충성을 미덕이라고 여길 만한 이유가 과연 있는 것일까? 물론이다. 하지만 어떤 미덕이든, 극단까지 끌고 간다면 더이상 미덕이 되지 못한다는 것을 반드시 염두에 두어야 한다. 가족에 대한 충성은 타당한 범위 안에서 적용될 때에만 미덕일 수 있다. 그 범위가 언제나 명확한 것은 아니지만, 그렇다고 해서 언제나 흐릿한 것도 아니다.

정조와
불륜 사이에서

사랑하는 관계에서 충성이 여전히 중요한가

2010년 1월 샌드라 불럭은 골든글로브 최우수 여자연기자상을 받았다. 수상소감을 밝히는 자리에서 그녀는 동료, 에이전트, 제작자 등 관련자들에게 감사하다는 말을 하고 나서 남편에게 고마움을 표시했다. 남편에 대한 그녀의 믿음이 얼마나 큰지 일깨워주는 감동적인 순간이었다. 그러한 믿음이 우리에게 얼마나 큰 용기와 힘을 북돋는지 보여주는 간증과도 같았다. "그리고 남편에게 고맙습니다. 당신을 만나서 내가 하는 일이 이렇게 잘 풀릴 거라고는 생각하지 못했어요. 등뒤에서 누군가 나를 지켜준다는 것이 어떤 느낌인지 그동안은 전혀 몰랐거든요."

이는 소중한 경험이다. 자신에게 충실한 사람에게 의지할 수 있다는 믿음은 더 큰 위험을 무릅쓸 용기를 주고, 실패하더라도 위로받을 수 있다는 자신감을 준다. 정말로 불럭에게는 훨씬 큰 보상이 기다리고 있었다. 곧이어 열린 아카데미 시상식에서도 최우수 여자연기자상을 받은 것이다. 또다시 그녀는 눈물을 흘리며 남편과 같은 남자를 만나게 된 것은 자신에게 정말 큰 행운이라고 수상소감을 밝혔다(그때는 남편도 감동하여 눈물을 흘렸다).

불럭이 남편 때문에 다시 눈물을 흘린 것은 불과 일주일 뒤였다. 그녀가 충실한 사랑의 힘에 의지하여 왕성한 활동을 펼치는 동안, 그녀의 남편은 줄곧 '밤셸'Bombshell, 육감적인 매력을 지닌 여자—옮긴이이라는 이름으로 활동하는 유명한 스트립댄서이자 타투 아티스트와 바람을 피우고 있었다는 사실이 밝혀진 것이다.

이런 이야기는 우리 주변에서 쉽게 찾을 수 있다. 그래서 사람들은 일상에서 충성이라는 개념을 훼손하는 무수한 요소들 중 사랑만큼 강렬한 것이 없다고 말하는 것이다. 사랑 안에서 충성은 연약하기 그지없는 개념일 뿐이다. 충실성과 헌신은 요구한다고 해서 나오는 것이 아니며, 마음에서 진심으로 우러나야 한다. 하지만 사랑에 빠졌을 때에는 굳이 요구하지 않아도 헌신하는 태도가 저절로 발현된다.

시민이 되든 군인이 되든 우리는 일종의 선서를 해야 하는데, 공적인 의례를 통해 충성의 서약을 하는 가장 대표적인 사건은 아마도 결혼일 것이다. "좋은 일이든 나쁜 일이든, 넉넉하든 가난하든, 건강하든 아프든……" 이러한 결혼서약의 핵심은 '좋은 일, 넉넉함, 건강함'에 있는 것이 아니라 뒤에 등장하는 '나쁜 일, 가난함, 아픔'에 있다. 불행한 상황에 직면했을 때에도 정절을 지키는 것이 바로 충성의 개념이다.

수많은 결혼이 파경에 이른다는 것을 생각해보면 이런 서약을 과연 믿을 수 있을지 의심하지 않을 수 없다. 믿을 수 없는 충성은 절대 충성이 될 수 없다.

적어도 사랑한다면 사립탐정을 고용해야 하는 상황은 오지 않을 것이다. 또는 타이거 우즈의 아내가 그랬듯이, 휴대전화 기록을 뒤져 남편의 모든 행적을 낱낱이 추적하는 불쾌한 사건은 일어나지 않을 것이다. 샌드라 불럭의 남편과 마찬가지로, 우즈는 상황이 아주 잘 풀리는 동안에도 정절을 지키지 않았다. 좋은 일이든 나쁜 일이든, 넉넉하든 가난하든 상관하지 않았다. 그들은 모두 가장 부유한 환경에서 축복을 누리며 살았지만 전혀 만족하지 못했다. 어쩌면 그런 유명인들이 보통 사람들보다 훨씬 유혹에 쉽게 빠지는지도 모르겠다. 어쨌든 유혹이 다가올 때 장애물이 되어주는 '충성'의 유대는 어디에 내팽개친 것일까? 풍요롭고 행복한 시기에도 관계를 지속하는 데 충성이 아무 힘도 발휘하지 못한다면, 하물며 불행한 시기에는 무슨 힘이 있겠는가? 아무 쓸모없는 개념일 뿐이라는 생각이 언뜻 떠오르지 않는가?

이 지점에서 우리는 질문을 하나 던질 수 있다. 사랑에서 충성이 이제 무슨 역할을 할 수 있을까? 어쨌든 20세기 성혁명은 불륜을 휘감고 있던 오래되고 괴팍한 오명을 벗겨버리고 우리를 자유롭게 해주지 않았는가? '불륜'이라는 말 자체가, 여자는 아이를 만들기 위한 수단일 뿐이라고 생각하던 시절의 유물이다. 이끼 끼고 거미줄이 쳐 있다.

하지만 배우자가 아닌 사람과 섹스를 한 사람들에 대한 시선은 여전히 곱지 않다. 성적 금기가 거의 사라진 오늘날, 이런 상황은 기이하다. 진한 애무에서 더욱 친밀한 모험으로 나아가기 전에 성직자의 허락을 구해야 한다고 생각하는 사람은 이제 없다. 100년 전에도 무수한 애정행각이 벌어졌겠지만 모두 은밀하게 이루어졌다. 하지만 지금은 10대 아이들이 이성친구의 집에 가서 하룻밤 자고 오는 것이 아무렇지 않게 여겨진다. 섹스는 흔한 행위가 되었다. 사랑과 로맨스에 관한 전통적인 관념의 틀을 벗어던진 섹스는 이제, 친구와 심심할 때 할 수 있는 일상적인 행위가 되었다. 이런 관계를 현대 미국인들은 'friends with benefit', 즉 '혜택을 주고받는 친구'라고 부른다.

오늘날 섹스는 도덕적 우아함과는 아무 상관 없는 개념으로 분화되었지만, 이상하게도 바람피우는 것은 여전히 금기로 남아 있을 뿐만 아니라 그런 관념은 더욱 굳건해졌다.[1] 사회심리학자 린다 라우스Linda Rouse는 이렇게 말한다. "미국에서 혼전섹스를 용인하는 태도는 보편화되고 있지만, 혼외섹스에 대해서는 다수의 사람들이 여전히 용인하지 않는 것이 분명하다. 심지어 대학생들 사이에서도 그렇다."[2] (여기서 마지막 문장은 상당한 의미를 갖는다. 전체 인구비율에서 도덕적으로 가장 개방적인 대학생들조차 성행위를 치욕으로 여긴다면 그것은 금기에 가까운 것이다.)

상대를 가리지 않는 문란한 성생활이 이제는 개인의 명예에 오점이 되지 않는다. 하지만 마음 아픈 아내를 방정식에 넣으면, 발정난 바람둥이는 쾌락을 즐기는 용기 있는 사람에서 추잡하고 더러운 난봉꾼으로 탈바꿈한다. 타이거 우즈가 결혼하지 않았다면, 그의 사적인 모험은 얼굴을 붉히게 만들지 않았을 것이고 그의 화려한 경력에 아무런 위협도 되지 않았을 것이다. 반면 평생 독신으로 살았던 농구스타 월트 체임벌린은 2만 명과 섹스를 했다고 주장했지만 비난을 받기보다는 단지 불쾌하고 천박하게, 어떤 면에서는 애처롭게 여겨졌을 뿐이다.

실제로 체임벌린은 자신은 도덕적으로 완벽하다고 확신했다. 그는 결혼한 여자와는 절대 데이트하지 않았다. "나는 남편이 있는지 없는지 확인하기 위해 의식적으로 노력했습니다. 내가 결혼하지 않았다고 해도 다른 이의 정절을 깨는 행위는 내 삶에서 절대 용납할 수 없는 일이죠."[3] 2만 명의 분노한 남편들에게는 이 말이 조금이나마 위안이 될 수 있을 것이다(물론 그렇게 믿는 사람은 많지 않겠지만). 아니면 이는 월트가 오늘날 도덕적으로 허용되는 한계선을 인식하고 자신의 체면을 지키기 위해 하는 주장일 뿐이라고 생각할 수도 있다.

이런 상황은 놀라운 패러독스를 낳는다. "한 사람에게 끌린다고 해서 다른 사람에 대한 진지한 애정이 사라지는 것은 아니"라고 주장한 버트런드 러셀과 같은 현대의 도덕주의자들은 혼란스러울지도 모른다. 러셀은 전통적으로 불륜을 용인하지 않은 것은 '관습적 도덕'이 매우 파괴적인 형태로 표현된 것이라고 생각했다.[4] 하지만 1세기가 지난 지금, 러셀이 상상할 수 없을 만큼 관습이 깨져버린 상황에서도 불륜을 금기시하는 오랜 편견은 여전히 굳건하다. 오히려 더욱 고지식하고 경직되었다. 그런 일을 저지르고 나서 아무렇지 않게 그 사실을 밝힌다면, 모진 비난세례를 받게 될 것이다.

60년대 혁명으로 기존질서가 무너진 뒤 50년이 흐른 지금도 "불륜에 반대하는 태도는 더욱 공고해졌다"라고 러트거스 대학의 데이비드 포피노David Popenoe는 말한다. 미국인의 90퍼센트 정도는 불륜을 비도덕적이라고 생각한다.[5] 동물이나 시체와 (또는 동물의 시체와) 섹스하는 것에 대한 반감도 이처럼 강하지는 않을 것이다.

무슨 일이 벌어진 것일까? 섹스에 대해서는 그토록 관대하면서, 불륜에 대해서는 왜 이를 갈며 멱살을 잡는 것일까?

한 가지 가능성은, 가부장 질서에서 해방된 여자들이 바람피우는 배우자를 더이상 용납하지 않으며, 이로써 호색한에 대한 분노와 저주가 더 강하게 표현되기 때문이다. 하지만 검열받지 않는 여자들의 목소리가 발정난 개와 같은 남편을 조롱할 거라고 가정할 수는 있어도, 거기서 한발 더 나아가기를 거부하는 오늘날의 유별난 정조관념을 설명하지는 못한다.

어쨌든 지난 몇십 년 동안 페미니즘의 주도적 트렌드는, 이전에는 남자의 것이라고 여겨지던 섹스에 대한 약탈적인 태도를 여자도 누릴 수 있어야 한다는 주장이었다. 〈섹스 앤드 더 시티〉류의 페미니스트들은 불륜을 쾌락을 추구하는 자연스러운 행위에 불과하다고 여기며, 툭툭 털어버릴지도 모른다. 하지만 유흥업에 종사하는 여자들도 자기만의 순결을 동경하는 것을 쉽게 볼 수 있다. 타이거 우즈가 다른 여자들과도 바람을 피웠다는 사실을 뒤늦게 깨닫고는 배신감을 느꼈다고 불평하는 포르노배우 조슬린 제임스의 마음을 우리는 어떻게 이해해야 할까? "무슨 일이 벌어지고 있는지 알았다면 나는 그렇게 행동하지 않았을 것이다."

어쨌든 페미니스트 프로젝트는 남자의 부정을 여자에게 덜 위협적인 것으로 만들어야 했다. 이로써 부와 권력에 대한 남자의 독점이 줄어들었듯 부정의 가능성도 줄어들었다. 19세기 철학자 아르투어 쇼펜하우어Arthur Schopenhauer는 남자들이 지배하는 세속의 재화를 획득하기 위해 여자가 사용할 수 있는 유일한 지렛대는 '섹스를 거두는 것'이라고 상상했다. 그의 상상은 로맨스 윤리의 '부드러운 덫' 이론이라고 이름 붙일 수 있다. "남자에게 적절하지 않은 관계의 섹스는 절대 허용하지 마라. 그러면 남자들은 어쩔 수 없이 굴복할 것이고, 이에 대한 증거로 결혼을 할 것이며, 모든 여자가 부양받게 될 것이다. 적절하지 않은 성교를 한 여자는 전체 여성을 배신한 것이다."[6] 하지만 이제 여자들은 자신의 생계를 책임질 수 있는 자유를 얻었기 때문에 '적절하지 않은 성교'가 큰 위협이 된다고 여기는 사람은 없다.

불륜을 여전히 모욕으로 느끼는 것은 어쩌면, 배타성에 대한 욕구가 우리의 타고난 본능이기 때문일지도 모른다. 진화심리학자 신디 메스턴Cindy Meston과 데이비드 버스David Buss는 남편 없이 홀로 아이들을 키우는 것은 매우 힘든 일이라고 주장한다. 충성스러운 배우자를 선택한 여자들의 후손들이 생존할 확률이 훨씬 높았고, 이러한 일이 몇천 년에 걸쳐 반복되면서 믿음직하고 정직한 남자에 대한 선호가 인간의 유전자에 뿌리내렸다는 것이다. 진화론은 또한 남자들이 자신의 배우자를 돌보는 배타적인 권한을 갖고 싶어하는 이유를 설명한다. "자신의 아내가 다른 남자와 섹스하는 것을 아무렇지 않게 여기던 남자들은 우리의 진화론적 조상이 아니다."[7]

또 어쩌면 그것은 성행위와 관련된 문제, 그중에서도 질병을 피하기 위한 것일지도 모른다. 무시무시한 성병이 만연하는 시기에는 바람피우는 배우자 덕분에 신체적으로 문제가 생기거나 불임이 되거나 심지어 병에 걸려 죽을 수도 있다. 아프리카에서는 에이즈를 예방하기 위해 남자들에게 정절을 지키라는 캠페인을 했다. 미국에서도 많은 여자들이 바람을 피운 남편에게 성병검사를 받으라고 요구한다. 특히 HIV 감염여부를 확인하기 위해서 수차례 혈액 검사를 반복하기도 한다.

그러한 불안은 충분히 이해할 수 있으며, 의학적 위험도 충분히 타당한 원인이 될 수 있다. 하지만 독신들이 우연한 섹스를 만끽하는 것을 보면, 성병에 대한 우려는 보편적인 태도로 여겨지지 않는다. 애인이나 배우자가 없는 사람들은 그러한 위험을 평가절하하기 때문일까? 아니면 배우자에 대한 분노를 정당화하기 위해서 미생물의 위협을 과장하는 것은 아닐까? 어쩌면 정말, 그럴지도 모른다. 방정식 안에 질병의 가능성을 집어넣는다 해도 여전히 눈물과 상호비방은 사라지지 않기 때문이다. "여보, 섹스하기 전에 그녀에게 먼저 성병검사를 받으라고 했으니 걱정할 필요 없어"라고 말한다고 해서 바람을 피운 것에 대한 분노를 잠재울 수 있을까?

어쩌면 배우자가 바람을 피울 때 느끼는 분노와 고통은 전혀 실질적인 문제가 아닐 수도 있다. 성병에 걸릴지 모른다는 두려움이나 사생아의 양육비로 가족의 재산을 내줘야 할지 모른다는 걱정 때문이라기보다, 훨씬 근본적이고 본능적인 어떤 것 때문에 화가 나는 것일지도 모른다. 최근의 한 섹스테라피 교재에서는 배우자의 불륜에 대해 '모든 것을 폐허로 만들고 뒤흔드는 시련'이라고 말한다. "배신당한 파트너에게 불륜은 트라우마가 되어 외상후스트레스 장애(PTSD) 증상으로 근심, 불안, 마비, 우울, 공격, 질투, 자존감 상실과 같은 감정을 가져다줄 수 있다."[8]

이러한 현상에 대한 다소 비의학적인 묘사는 존 오하라John O'Hara

의 소설『사마라에서의 약속 Appointment in Samarra』에서 볼 수 있다. 파트너의 배신으로 실의에 빠져 있는 캐럴라인 잉글리시는 이렇게 말한다. "난 이미 산산조각이 난 거 같아요. 나에게 남은 건 아무것도 없어요." 그녀의 남편 줄리언은 술에 취해 벌컥 화를 내며 자리를 박차고 일어나 나이트클럽에서 몸을 파는 가수를 데리고 나와 주차장에 세워둔 자동차 안에서 애정행각을 벌인다. 다음 날 아침 혼란과 절망에 빠진 캐럴라인은 침대에서 일어나지 못한다. 그녀는 홀로 자신이 받은 상처를 어떻게 자세히 전달할 것인지 연습한다. 그리고 아침 일찍 집을 나가고 없는, 방탕한 남편을 향해 이렇게 말한다. "당신이 한 일은, 당신이 한 짓은 칼로 내 목에서 여기 아래까지 갈라놓고는 문을 열어 아주 차가운 바람이 휘몰아치게 한 거야. 내 배를 가른 곳으로 말이야."[9]

열정과 정조의 딜레마

사랑과 로맨스에 대한 현대적인 개념을 키워낸 인큐베이터라고 할 수 있는 중세 후기 프랑스와 영국에서는, 오늘날 보편적이라 할 수 있는 불륜을 멸시하는 태도가 이상해 보일 뿐만 아니라 사랑의 진정한 본성과도 어긋난다고 생각했다.

　로마의 시인 오비디우스는 사랑을 노래하는 학자였다. 그의 노래는 심장에 사무치는 가스펠과도 같았다.[10] 오비디우스만의 독특한 취향을 맛볼 수 있는 책『사랑의 기술 The Art of Love』은 풍속을 문란하게 한다는 이유로 아우구스투스 황제의 노여움을 사기도 했지만,

몇백 년 후 사랑에 심취한 고상한 낭만주의자들이 그를 '관습에 도전하는 대사제'[11]라며 영웅으로 떠받들게 만든 명저가 되었다.

오비디우스가 관습을 거스르며 진심으로 추천하는 것은 바로 불륜이다. 결혼과 사랑은 양립할 수 없다고 그는 생각했다.[12] 오비디우스는 충실한 연인들에게 불륜은 나쁜 것이 아니고 가끔은 반드시 필요하다는 영감을 불어넣었다. 이런 태도는 쾌락을 추구하는 경향을 죄악시하는 기독교적 결혼관과 대립하여 이어져 내려왔다. 중세 교회는 모든 열정적인 욕망을, 심지어 자기 아내에 대한 욕망도 불륜이라고 비난했다.[13]

"사랑의 권리는 결혼한 사람에게는 적용되지 않는다." 이는 20세기 프랑스인들이 공유했던 시적인 지혜다. 그러한 지혜를 안드레아스 카펠라누스Andreas Capellanus는 현 시대에 맞게 이렇게 표현한다. "연인들은 어떤 필요에 의해 강요받지 않고도 서로 모든 것을 자유롭게 인정하는 반면, 결혼한 부부는 자신들의 의지를 상대방에게 맞춰야 하고 서로 거부하지 말아야 한다는 의무에 얽매여 있다."[14] 사랑의 철학자들은 배우자에 대한 정조는 사랑을 하는 데 있어 아무런 의미가 없다고 생각한다. 오히려 사랑을 가로막는 장애물이라 생각한다.

아, 하지만 이 얼마나 달콤한 장애물인가! 불륜을 로맨스의 모든 것이라고 간주하는 생각에는 특별한 장점이 있다. 열정적인 욕망을 추구하는 태도의 문제는, 흥분이 고조되어갈수록 만족감은 무디어지고 연인의 강박적인 열망은 결국 실망할 수밖에 없다는 것이다. 욕망의 충족은 열정의 파멸이다. 하지만 중세의 위대한 베스트셀러 『트리스탄과 이졸데의 사랑The Romance of Tristan and Iseult』에서는 이러한 처방을 제시한다. "끓어오르는 열정을 영원히 유지하기 위해서는 욕망이 충족되지 않은 상태로 남아 있어야 한다." 뜨거운 사랑을 위해서는 연인을 갈라놓고 떼어놓는 장애물이 필요하다는 뜻이다. 트리스탄과 이졸데의 경우 그들의 사랑을 가로막는 주요한 장애물은, 이졸데가 트리스탄의 삼촌과 결혼했다는 불편한 진실이다. 『서방세계의 사랑Love in the Western World』이라는 책에서 드니 드루즈몽Denis de Rougemont은 트리스탄과 이졸데 신화를 통해 영원히 좌절된 이루어질 수 없는 욕망은 초월적인 사랑, '불멸의 신화적 열정'으로 거듭난다고 말한다.[15] 사냥개 경주를 떠올려보라. 경주를 계속 진행하기 위해서는 앞서 도망치는 로봇토끼를 개들이 절대 잡아서는 안 된다. (로맨스가 오늘날 우리에게 별다른 감흥을 주지 못하는 한 가지 이유는 아마도 그 로봇토끼가 그다지 빨리 달리지 않기 때문일지도 모른다. 현대의 풍습에서는, 세 번 정도만 데이트하면 대부분 전력질주를 하지 않아도 토끼를 잡을 수 있다.)[16]

장애물이 굳건하기를 바라는 이러한 중세의 로맨티스트들은 둘을 갈라놓는 진짜 벽에 가로막힌 피라무스와 티스베의 이야기를 즐겼다. 이들 사이에 놓인 굳건한 장애물은, 연인이 되고 싶어하는 그들의 열정을 끓어오르는 상태로 유지시켜주었다. 그들은 마침내 숲속에서 만나기로 약속하지만, 그것은 동시에 사랑의 강렬함을 파괴하는 위협이었기에 시인은 그들의 만남을 가로막는 재앙을 고안해야만 했다. 결국 피라무스는 사자가 티스베를 잡아먹었다고 착각하고, 슬픔에 잠겨 칼로 자결하고 만다. 티스베 역시 피라무스가 피를 쏟아내며 죽어가는 모습을 보고는 칼로 자신을 찌른다. 사랑을 영원한 것으로 만들기 위해 그들은 죽어야만 했다. 오비디우스는 이렇게 말한다. "그들의 사랑은 순결하고 변치 않는다. 죽음이 그들을 하나로 만들었다."[17]

이러한 관점은 사랑에서 충실성은 큰 의미가 아니라고 생각하는 것이다. 하지만 한 가지 재미있는 역설은 이러한 로맨스가 추구하는 이상과 목표는 '변치 않는 영원한 사랑'이라는 사실이다. 오래도록 변치 않고 헌신하는 능력을 가진 사람은 존재하지 않는다는 전제에 따라, 사랑이 식거나 사라지기 전에 연인들은 죽어야 한다.

아름다운 사랑을 노래하는 러브스토리에서 순조롭게 사랑이 흘러가는 것을 본 적 있는가? 이것이 바로 유행하는 드라마의 기본 틀이다. 어쨌든 "오래오래 행복하게 살았답니다"라는 말로 끝나는 이야기보다, 암울한 운명에 처한 연인이 서로의 품에 안겨 죽음으로써 헌신을 증명하는 이야기가 훨씬 강렬하게 다가온다. 후자가 훨씬 극적인 피날레를 장식할 뿐만 아니라, 우리가 사랑을 바라보는 태도를 말해준다. 로미오와 줄리엣이 가짜 독약 때문에 죽지 않았다면 지금과 같이 로맨스의 아이콘이 될 수 있었겠는가? 로미오와 줄리엣이 행복하게 결혼하여 10년을 살았다고 생각해보라. 로미오는 스포츠센터에서 트레이너로 일하며 로커룸을 청소하고, 줄리엣은 좁은 주방에서 짜증을 내며 아이에게 밥 먹으라고 소리 지른다.

드니 드루즈몽은 이러한 문제를 '열정과 정조의 딜레마'라고 불렀다. 이는 오래된 투쟁이다. 열정과 정조가 함께할 수 있는 것인지 우리는 여전히 판단하지 못한다. 우리는 사랑이 영원하길 바라지만 한편으로 강렬한 열정 또한 원한다. 그리고 우리는 어떤 지점에서, 극적이지만 짧은 로맨스를 선택해야 할지 오래 지속할 수 있는 동료애를 선택해야 할지 결정해야 한다고 생각한다. 열정은 말랑말랑한 복숭아와 비슷하다. 쉽게 질리는 시럽에 담긴 통조림보다는 훨씬 맛있지만 금방 무른다. 사랑은 선반 위에 보관할 수 있는 식료품이 아니다. 그런 사랑에 충성은 존재할 자리가 없다.

밀란 쿤데라Milan Kundera의 『참을 수 없는 존재의 가벼움The Unbearable Lightness of Being』에서 프란츠는 자신의 영원한 사랑이 여자의 마음을 얻을 수 있는 충분한 조건이라고 확신한다. "정조는 미덕 중에서도 최고의 덕목이다. 정조는 수천 개의 찰나로 쪼개지고 말 삶을 하나로 엮어준다. 사비나는 나의 믿음직한 능력에 매료될 것이며, 이로써 나를 사랑하게 될 것이다."

하지만 안타깝게도 사비나는 변하지 않는 것을 추구하기에는 너무나 낭만적인 사람이었다. 그녀는 "정조보다 배신에" 훨씬 매력을 느꼈다. 우리는 어린 시절부터 배신은 나쁜 것이라고 배웠지만, 배신은 모든 것을 해방시킨다. 자신을 얽매고 있던 유대를 던져버리면, 삶을 재구성할 수 있는 자유를 얻게 된다. "배신은 곧 서열을 깬다는 의미이고, 알 수 없는 세상 속으로 들어간다는 의미이다." 한결같은 누군가에게 자신을 얽어매기보다 다른 여자의 남편과 자는 것이 '훨씬 섹시한 가능성'이라고 사비나는 생각한다.[18]

토머스 하디의 『귀향The Return of the Native』에 등장하는 반反히로인 유스테이셔 바이도 사비나와 비슷한 생각을 한다. 그녀는 충성이 진정한 열정의 경험과 정면으로 배치된다고 생각한다. 사랑은 속박할 수 없는 힘이고 충성은 속박하는 힘이다. '천상의 오만함, 사랑, 분노, 열정'이 그녀의 상징이다. 그녀가 열정과 정조에서 무엇을 선택할지 상상할 수 있을 것이다. "정조를 위해 사랑을 억지로 유지해가는 것은 그녀에게 내키지 않는 일이다. 그녀에게 중요한 것은 사랑의 힘이었다. 이왕 타오를 것이라면 오랫동안 희미하게 깜빡이는 불빛보다는 불꽃처럼 화려하게 타오르다 꺼져버리는 사랑이 훨씬 낫다."[19]

바이도 지조를 지키기는 하지만, 그것은 사람에 대한 것이 아니라 '사랑의 힘'을 향한 것이었다. 그녀의 충성은 사랑의 대상을 향한 것이 아니라, 사랑에 대한 낭만적인 헌신 자체를 향한 것이다. 이는 전쟁에 나서기 전 기사들이 연인과 영원한 사랑을 맹세하는 전통과 맞닿아 있다.

두말할 필요 없이 유스테이셔의 사랑은 온갖 장애물에 부딪힌다. 하지만 그녀의 열정 우선주의 앞에서 사람들은 허물어지고 만다. 그녀와 맺는 사랑이 짜릿하게 느껴지는 것은, 그들의 사랑이 곧 장애물에 부딪힐 것이라는 사실 때문이다. 닥쳐오는 위험 앞에서 느끼는 전율과 뜨거운 열정이 주는 흥분은 서로 연결되어 있다.

심리치료사이자 작가인 에스터 페렐Esther Perel의 예를 들어보자. 그녀는 화목한 가족의 삶을 일구는 데 중요한 역할을 하는 가정생활이 에로티시즘과는 상충한다고 한탄한다. 열정은 '불예측성, 충동성, 위험'을 요구하기 때문이다. 그녀는 이렇게 선언한다. "에로스는 억제할 수 있는 힘이 아니다. 에로스가 평판, 습관, 규칙이 되는 순간 그것은 곧 죽음을 의미한다. 그것은 이내 지루함으로 바뀔 것이고, 더 강렬한 경우에는 증오로 바뀔 것이다."[20]

마음의 사슬을 끊는 이러한 행위는 무거운 관습에서 자신을 해방시키고자 하는 도덕적 탐미주의자에게 매력적으로 보일 것이다. 그들은 지조 있는 사랑을 지루하게 여기며, 그러한 사랑은 우리를 소시민으로 만든다고 생각한다. 믿음직하지만 따분하며 아무런 영감을 주지 못한다고 말이다.

"충직한 사람들은 사랑의 사소한 측면만을 알 뿐이다. 사랑의 비극을 아는 사람들은 충직하지 못한 사람이다."[21] 오스카 와일드의 『도리언 그레이의 초상』에서 헨리 워튼은 이렇게 읊조린다. 헨리는 로맨티스트를 상징하는 자유로운 인물이다. (와일드는 헨리가 '세상이 생각하는 내 모습'을 상징하는 인물이라고 인정했다.)

그는 뜨거운 열정을 우선시해야 한다는, 어쩌면 그럴듯해 보이는 음흉한 주장을 설득력 있게 전달한다. 그는 '사랑과 사랑에 빠진' 사람들을 우월하고 품위 있는 영혼이라고 치켜세운다. 반면 평생 하나의 사랑에만 매달리는 사람들을 천박하고 무미건조하고 빈곤한 사람이라고 폄하한다. 헨리는 이렇게 냉소한다. "사람들이 충성과 정조를 호소하는 것은 관습의 무기력, 또는 상상력 부재를 보여주는 것이다. 정서적 삶에서 정조는, 지적인 삶에서의 일관성과 마찬가지로 실패와 무능의 고백에 불과하다."[22]

미국에서는 1970년대를 거치면서 이러한 고상한 태도가 보편화되었다. 톰 울프Tom Wolfe는 이 당시 젊은이들을 "영원히 충직하게 단조로운 일을 견뎌온 아버지 세대의 삶을 거부한 멋진 연인들"이라고 묘사한다(여기에는 경멸의 의도가 조금도 들어 있지 않다). 그 대신 그들은 "너무 익은 아내는 버리고 어린 아내를 취하는 왕의 특권"을 포용했다.[23] 그런 과정에서 그들은 관습의 속박에서 자신의 낭만적인 자아가 훼손되고 망가지고 질식하도록 놔두지 않고, 감정에 충실하여 통 크게 살아야 한다고 생각했다.

그렇다면, 과연 충성은 사랑의 친구일까 적일까? 사랑은 사람들을 이어주는 것일까 떼어놓는 것일까? 열정을 옹호하는 사람들은 집안 살림을 부수는 경향이 있는 에로스를 높이 여긴다. 진정한 사랑은 진부함과 지조라는 지루하고 구태의연한 개념에 의해 억제될 수 없으며, 부르주아의 시시한 도덕성으로 재단할 수 없는 훨씬 우월한 것이고, 금기와 예절을 초월하여 자신을 드러내는 고귀한 가치라고 그들은 주장한다. 사랑의 파괴적인 경향을 경외하면서, 충성은 물에 젖어 달라붙은 담요처럼 우리를 움츠러들게 하고 초라하게 만든다고 비하한다. 이런 태도는 삶의 진정한 만족과 의미를 제대로 이해하지 못한 젊고 미숙한 시절의 치기에 불과하다.

열정에 매료되는 많은 사람들이 사랑은 곧 로맨스라고 생각한다. 이는 인류에 가장 널리 퍼진 착각이며 재앙이다. 사랑과 로맨스는 전혀 다른 것이며, 그 차이는 바로 충성에 있다.

사랑의 본질은 충성인가

고대 그리스시대부터 사람들은 사랑이 세상을 하나로 묶어준다고 말했다. 초기 우주론자들에게 사랑은 단순한 인간의 감정이 아니라, 자연의 힘이었다. 혼돈을 상쇄하고 엔트로피가 증가하는 우주의 경향을 극복할 수 있는 유일한 힘이 바로 사랑이었다. 엠페도클레스는 세상을 구성하는 원소는 흙, 물, 공기, 불이며 "이 네 가지 원소들이 끊임없이 움직임을 멈추지 않다가, 사랑을 통해 어느 순간 하나로 뭉치고 투쟁을 통해 어느 순간 떨어져나간다"라고 말했다.[24] 2,500여 년이 지난 뒤 시인 로버트 프로스트Robert Frost는 사랑에 대해 이와 똑같은 내용을 노래했다.

"하나, 유일한 하나

원소 중의 원소

모든 우주를 하나로 만들어준다."[25]

사랑을 모든 것을 끌어당기는 자기력과 비슷한 힘으로 보는 것은 쉽게 이해할 수 있다. 우리는 여전히 이성에 '끌린다'고 말하지 않는가? 하지만 사랑이 사물을 떼어놓는다는 주장 또한 그에 못지않게 강렬하다. 헤시오도스는 에로스를 '죽지 않는 신들 사이에서 가장 공정'할 뿐만 아니라, 우리에게 파멸을 불러온다고 묘사한다. 사랑은 "사지의 기운을 빼고, 모든 신과 모든 인간의 마음과 현명한 의도를 압도한다"라고 그는 노래한다.[26] 또한 18세기 영국의 시인 윌리엄 블레이크는 사랑에 대해 이렇게 노래한다.

"무법, 날아다니며, 속박되지 않는다

모든 마음속 사슬을 모조리 끊는다."[27]

중세 독일의 볼프람 폰 에셴바흐Wolfram von Eschenbach의 서사시 「파르치팔Parzival」(바그너의 오페라 〈파르치팔〉의 이야기 토대가 된 성배 이야기)에서도 같은 결론에 도달한다. 여기서 사랑은 (전혀 호의적이지 않은 어투로) '질긴 방어막의 파괴자'이다.

에드먼드 스펜서Sir Edmund Spenser의 『요정의 여왕The Faerie Queene』에서 사랑의 신은 위험, 공포, 슬픔, 분노, 잔인함과 같은 신들의 시중을 받으며 탐욕스러운 사자 위에 걸터앉아 행진한다. 다툼, 화, 가난, 병약의 신들은 승리한 로마부대 뒤에 끌려오는 포로들처럼 그뒤를 소란스럽게 따라온다. 그뒤에 늘 사랑의 신을 속 썩이는 수줍어하는 얼굴을 한 변덕, 불충의 신이 따라오고, 행렬의 맨 끝에는

'불명예스러운 죽음의 신'이 따라온다.[28] 이것은 충격적인 사랑의 초상이다.

스펜서는 여기서 큐피드는 파괴자에 가깝다고 말한다. 우리는 큐피드가 귀여운 장난감 활을 가지고 논다고 생각하지만, 그런 신화가 형성되었을 때를 생각해보면 그 당시에 활과 화살은 최첨단 군사장비였다는 점을 기억해야 한다. 언젠가 아폴론은 전사의 무기를 가지고 노는 큐피드를 꾸짖기도 했다. (물론 그 위험한 꼬마요정의 심기를 불편하게 하는 것이 얼마나 큰 실수였는지 뒤늦게 후회했다.) 사랑은 장난감 화살놀이가 아니다. 오늘날의 맥락에서 큐피드를 상상한다면, AK-47이나 로켓포로 무장한 작은 테러리스트를 떠올려야 한다.

14세기 말, 뜨거운 열정으로 타오르는 불륜을 포용한 우아한 낭만주의자들은 사랑을 시적으로 논의하는 유행을 통해 모순을 표현했다. 장 드 생피에르Jean de Saint-Pierre의 『발라드 100선Les Cent Ballades』은 가장 기쁜 사랑은 무엇으로 이루어지는지 묻는다. 그리고 이에 대한 대답으로 시를 통해 충성을 주장하는 위대한 기사 위탱 드 베르메유와 배신을 주장하는 라 기냐르의 논쟁을 보여준다. 베르메유는 사랑이 단순히 '몸의 선언'보다 훨씬 위대한 것이며, 충직한 사랑을 배운 남자는 전장에서도 믿을 수 있다고 주장한다. 충성의 습관은 경계를 넘어 적용된다는 주장이다. 라 기냐르는 이에 맞서 충성은 둔한 사람들의 자기변명일 뿐이라고 주장한다. 삶을 즐기며 살고자 하는 사람들은 어느 한 대상에 충성하지 않는다.

오늘날 블로그에 댓글을 달아 주장을 펼치듯 중세 프랑스의 젊은

이들은 베르메유-라 기냐르 논쟁에서 누가, 왜 이겨야 하는지에 대해 자신의 생각을 시로 만들어 주장을 펼쳤다. 이들 대부분은 충성의 편을 들었다. (물론 이 논쟁은 처음부터 충성이 이길 수밖에 없는 게임이라고 이야기하는 냉소주의자들도 있었다. 배신을 선택했을 때보다 훨씬 큰 열매를 맛볼 수 있기 때문이다. 또한 배신의 윤리가 보편화되면 많은 이들이 서로 믿지 않을 것이기 때문에 배신할 수 있는 토대 자체가 성립되지 않는다.)

당시 시인들 사이에서 논쟁은 계속되었다. 사랑은 일시적인 변덕인가 아니면 지속되는 선인가? 그리고 이 유행은 점차 상징적인 질문으로 승화했다. 사랑은 잠깐 피었다 지는 화려한 꽃일까? 오래 사는 푸른 잎일까? 당시 프랑스의 대문호 외스타슈 데샹^{Eustache Deschamps}도 꽃과 잎의 미덕을 비교하며 논쟁하는 시를 썼다. 데이지와 같은 꽃을 상상해보라. 꽃은 아름답고 향기도 좋다. 즐거움, 열정, 친밀함을 제공한다. 하지만 빨리 시들고 사라진다.

하지만 이상하게도 우리는 그런 상징들로 사랑을 축복해왔다. 그것은 우리 사랑이 장미처럼 덧없다는 의미일까? 우리는 왜 반짝이고 화려하지 않은 소박한 무엇, 꽃보다 더 오래가고 늘 푸른 잎을 사랑의 상징으로 사용하지 않는 것일까? 데샹은 한 시에서 인내와 영원한 사랑의 상징으로 잎을 사용했지만, 다른 시에서는 꽃잎을 내세웠고, 데이지의 경박한 기쁨을 찬양했다.

하지만 이 논쟁은 끝나지 않았다. 이 논쟁의 위대한 완성은 18세기 존 드라이든^{John Dryden}의 작품에서 볼 수 있다. 드라이든의 「꽃과 잎^{The Flower and the Leaf}」이라는 시는 5월의 푸릇푸릇한 꽃밭에서 뛰어다니는 두 요정의 이야기로 이루어져 있다. 여자들과 기사들로 이루어진 한 집단은 화관을 쓰고 있다. 그들은 눈부시게 활짝 핀 데이지를 찬양한다. 다른 집단은 인동덩굴로 엮은 이파리와 참나무 구슬로 만든 관을 쓰고 있다. 꽃의 추종자들은 한낮의 강렬한 태양 아래 곧 시들고 말았지만, 잎의 추종자들은 무성한 월계수 그늘 아래서 열기를 피했다. 갑작스럽게 폭풍이 몰아치면서 비와 우박이 쏟아졌다. 꽃을 추종하는 사랑은 "잠깐 살다 가는 불안한 우아함"이라고 드라이든은 결론을 내린다.

"이런 모습과 저 연약한 줄기는

천상에서 내리는 폭풍과 거친 날씨를 견디기에는 너무 약하다."

이에 반해 월계수 같은 사랑은 어땠을까?

"고달픈 겨울바람에도 썩지 않는다.

늘 신선하고 푸르다. 언제나 5월이다."

오늘날의 시에서도 이런 논쟁을 찾아볼 수 있다. 콜 포터 Cole Porter 는 진정한 사랑은 대리석으로 만든 것일까, 진흙으로 만든 것일까 묻는다. "신형 롤스로이스일까, 중고 쉐보레일까?" 우리는 여전히 사랑이 무엇인지 감을 잡지 못한다. 지금도 사람들은 사랑을 꽃에 비유한다. 사우스캐롤라이나 주지사 마크 샌퍼드는 애팔래치아 등산을 간다고 거짓말을 하고는 정부 情婦 를 만나기 위해 부에노스아이레스로 밀월여행을 떠났다. 바로 이런 사랑이 화려한 꽃에 가깝다.

그럼에도 많은 사람들이 영원히 지속되는 사랑을 꿈꾼다. 막연한 모순에도 불구하고 사람들의 이러한 편견은 옳다. 사회심리학자 가스 플레처 Garth Fletcher 와 제프리 심프슨 Jeffry Simpson 은 충성을 강조하는 사람들은 '열정'이나 '조건', 다시 말해 외모나 돈을 바탕으로 상대방을 선택하는 사람들보다 훨씬 만족스럽고 장기적인 관계를 맺

는다는 사실을 밝혀냈다. [29]

그런 점에서 드라이든은 꽃에 가까운 부드러운 매력에 영향을 받지 않았다.

"우리에게 다가온 즐거움은

갑작스레 증폭되어 순식간에 스쳐지나가며 썩어버린다."

하지만 "이파리와 꽃 중에서 어느 쪽을 따를 것인지" 물었을 때 그는 "나는 잎을 선택했다"라고 말한다. 그에게 적절한 판단이었다. 볼프람도 화살을 가지고 노는 큐피드를 비난하고, 전쟁의 신이 던진 창을 피하고, 비너스의 타오르는 횃불을 헤쳐나가면서 비슷한 선택을 한다. 그는 이렇게 말한다. "당신이 부과한 고통은 나에게 아무 의미가 없소. 내가 진정한 사랑을 알게 된다면, 그것은 정절을 통해서만 다가올 것이오."[30]

불륜은 관계를 위협하기보다 존재를 위협한다

어쨌든 충실한 사랑이야말로 진정한 사랑이라고 믿는다면, 부정에 대해 우리가 그토록 분노하는 이유를 이해할 수 있다. ('진정한'이라는 말을 우리는 '충실한'과 비슷한 의미로 사용한다.) 하지만 그렇다면 우리는 왜 성적 윤리가 비교적 엄격했던 시절로 되돌아가려고 하지 않는 것일까? 그러면서도 왜 부정에 대해서는 덜 관대해지는 것일까?

그것은 덕의 문제가 아니라 질투라는 악덕의 문제이기 때문이다. 섹스를 탐닉하는 작은 악마들을 동물원에 풀어놓으면 그 괴물들이 머지않아 최악의 행위를 벌일 것이라는 사실은 쉽게 예측할 수 있다. 그리고 이런 결과는 많은 이들의 질투를 불러올 것이다. 질투는 매우 파괴적일 수 있다. 에드먼드 스펜서는 '타인에 대한 부러움'과 '자신만을 사랑하는 것인지 아닌지' 걱정하는 불안한 마음은 그 어떤 고통보다도 강렬하다고 말한다. "질투는 심장을 갉아먹고 담즙을 빨아먹는 벌레와 같다. 모든 사랑의 기쁨을 불행으로 만들어버린다."[31]

영국의 철학자 로저 스크러튼Roger Scruton은, 질투는 매우 파괴적이며 '가장 불행한 심리적 재앙'이기 때문에 '충성을 습관화하는 것'이 최선이라고 말한다. 그래야만 이 모든 것을 피할 수 있다.[32] 또한 심리적 재앙으로 여겨지지 않는 질투는 우리를 웃음 짓게 만든다. 바람난 아내를 질투하는 익살맞은 남편보다 무대에서 더 큰 웃음을 주는 인물이 어디 있겠는가? 질투에 사로잡힌 남자는 바보스러운 인물로 그려진다. 어떤 면에서 과도한 자기애는 바보스럽기 때문이다. 프랑수아 드 라로슈푸코François de La Rochefoucauld는 이렇게 말한다. "질투 속에는 사랑보다 자기애가 더 많다."[33]

배신에 의해 발생한 사건의 극단적인 예로는 『천일야화』를 들 수 있다. 궁궐을 돌던 샤리아 왕은 우연히 자신의 새 신부가 궁의 노예와 사랑을 나누는 장면을 목격한다. 왕은 그들을 모두 처형했지만, 그것만으로는 분이 풀리지 않았다. 그는 결혼을 거듭하면서 신부를 모두 죽였다(혼인한 다음 날 아침이 밝으면 바로 죽였다). 그리고 이런 방식만이 다시는 배신당하지 않는 유일한 길이라고 확신했다. 얼마 지나지 않아 왕국에 결혼할 수 있는 여인들이 거의 사라졌을 무렵 그는 셰에라자드를 신부로 맞이했다. 하지만 현명한 그녀는 매일 밤 재미있는 이야기를 이어가면서 왕의 살인욕구를 누그러뜨렸고, 더 나아가 믿음과 사랑을 회복시켜주었다.

배신에 뿌리를 둔 샤리아의 질투는 부정을 저지를 기미조차 보이지 않는 신부들까지도 죽이도록 만들었다. (아침이 되어 도끼에 맞아 죽기 전까지 단 몇 시간 결혼생활을 하는 동안 부정을 저지르기는 힘들 것이다.) 이것이 질투의 최악의 모습이다. 사랑하는 자가 충실할 때조차, 일어나지도 않은 피해를 입지 않을까 의심하는 것이다. 세르반테스는 이렇게 말한다. "질투는 언제나 사소한 것을 크게 만드는 확대경을 통해 만물을 바라본다. 난쟁이를 거인으로, 막연한 의심을 진실로." 오셀로의 비극은 무고한 사람을 배신자라고 착각한 데에서 비롯되었다. 그는 이아고의 계략에 속아 자신의 아내 데스데모나를 부정한 여인으로 생각하고 살해한다.

그럼에도 우리가 부정에 그토록 분노하는 것은 왜일까? 오셀로와 마찬가지로 우리는 왜 자신의 연인이 다른 사람과 사랑을 공유하느니, 차라리 '지하감옥의 증기를 먹으며 살아가는 두꺼비'가 되는 것이 낫다고 생각하는 것일까? 그것은 아마도 불륜을 저지른다는 것이 머지않아 관계를 깰 수 있다는 선언과도 같기 때문일지 모른다. 불확실성은 우리가 감내하기 힘든 사나운 짐승이다.

프랭크 시내트라의 대표곡 〈그녀를 위한 이야기One for My Baby〉에서 표현하는 불안도 이런 것이다. 시내트라는 라스베이거스 샌즈 호텔 무대에서 카운트배시 오케스트라를 배경으로 스툴 위에 앉아 청중들에게 '사랑 때문에 고민하는 친구'에 대해 이야기한다. 그것은 보답받지 못하는 짝사랑도 아니고, 사랑의 상실도 아니고, 고통스러운 열정도 아니다. 사랑에 대한 불신이다. "그의 계집이 달아났어요. 다른 놈과 먹을 걸 모두 싸가지고.” 바람을 피운다는 것은 곧 떠난다는 뜻이다. 당신은 멍하니 바라보고 있을 수밖에 없다.

실용주의 철학자 조지 산타야나George Santayana에 따르면 ‘어울리는 결혼’은 이상적인 우정이다. 그러한 결혼은 무수한 차이에도 불구하고 “남자와 여자가 한집에 살며 같은 친구를 사귀고, 아이들을 함께 사랑하며, 무엇보다도 공동의 경제적 이익을 추구하는 상태를 말한다. 그러한 유대는 대개 실질적이고 영속적인 동의를 이끌어낸다.” 산타야나는 계산적이면서 이성적인 이러한 협력만으로도 ‘충분히 행복을 약속할 수 있다’고 말한다. 특히 ‘공동의 경제적 이익’ 측면에서 균형을 이루며 살아갈 수 있다. 어쨌든 파트너가 자신의 돈을 다 써버릴지 모른다는 걱정을 하지 않아도 된다면, 은행계좌를 공유하기만 해도 행복한 가정을 꾸리고자 하는 노력은 훨씬 쉽게 구축할 수 있다.

침대를 함께 쓰는 사람이 자신을 죽일지도 모른다고 생각하면, 쉽게 잠들지 못할 것이다. 부정도 그런 상황으로 치달을 수 있다. 멋진 신세대 애인 리엘 헌터를 만나기 위해 살금살금 침실을 빠져나간 존 에드워즈 상원의원을 떠올려보라. 그의 아내는 유방암에 걸려 죽음을 눈앞에 두고 있었다. 남편의 손길을 절실하게 찾는 아내를 뿌리치고 에드워즈는 임신한 정부와 밀애의 시간을 보내며 아내가 눈앞에서 사라지기만을 바라고 있었다.

그는 결국 헌터와 초호화판 결혼서약식을 올렸다. 뉴욕의 야경이 한눈에 내려다보이는 맨해튼의 호화로운 빌딩 옥상에서 데이브 매튜스 밴드의 축가를 들으며 서약을 했다. 그리고 우연히도(?) 나이 든 아내가 때마침 죽었다. 자신이 죽기만을 바라는 사람과 침대를 함께 쓰고 싶어하는 사람은 없을 것이다.

결국 사랑은 열정이나 욕망에 관한 것이 아니라, 자신의 삶과 미래를 다른 사람에게 의지할 수 있다는 믿음에 관한 것이다. 사랑하는 사람과 나를 묶어주는 것은 바로 믿음이다. 그러한 충성의 유대 없이는 삶의 일상적인 분노에 우리는 쉽사리 찢어지고 말 것이다. 새로운 애인은 두 사람의 관계를 깨고 그 틈을 벌리고자 하는 가장 강력한 힘이다. 새로 등장한 제3자는 머지않아 기존의 관계가 지속되는 한, 관계에서 최선의 이익을 얻지 못한다는 것을 깨닫는다. 처음에는 섹스만으로도 만족하겠지만, 이제 곧 다른 것을 원하기 시작한다. 이로써 기존의 결혼은 더이상 지속되지 못한다.

감정적인 요구나 헌신을 기대하지 않는 불륜을 꿈꾸는 사람도 있겠지만, 그런 일은 절대 일어나지 않는다. 존 업다이크John Updike가 말했듯이 "불륜의 시작은 자유로움이지만, 그다음은 결혼생활을 흉내내는 속박이다".[34] 사랑은 물론 섹스도 즉각적인 행위에만 만족하지 않고 그 너머의 헌신을 요구하며 발전해나간다.

어쩌면 어떤 불륜에도 흔들리지 않을 만큼 결혼에 대한 헌신이 강렬하다면, 이런 문제는 고민할 필요가 없을 것이다. 버트런드 러셀은 '가족이라는 나약한 감정'에 성적인 충실성까지 요구하는 보수적인 태도 때문에 미국에서 이혼이 자주 발생한다고 주장한다. 이와 달리 프랑스에서는 '가족은 튼튼하고 부모도 매우 헌신적이지만, 불륜의 문제에서는 예외적으로 관대하기 때문에' 이혼이 자주 발생하지 않는다.[35] 그의 주장이 맞을 수도 있다. 더욱이 어느 한쪽의 부정은 협의이혼을 할 수 있는 가장 좋은 구실이 되기 때문에, 미국인들의 불륜에 대한 태도가 갈수록 엄격해지는 것일지도 모른다.

러셀이 '불륜의 디즈니랜드'라고 주장했던 20세기 프랑스에서도 부정은 결혼을 파괴했다. 또한 대중은 불륜을 저지른 사람을 편들지 않았다. 1952년 11월, 권총을 다섯 번 쏴서 남편을 죽인 이본 슈발리에의 진술을 듣기 위해 랭스 법정에 많은 사람들이 모여들었다. 남편은 떠오르는 젊은 정치인으로 프랑스 내각에 임명된 상태였다. 또 프랑스의 유행, 특히 프랑스 정치인들의 유행에 맞게 정부를 두고 있었다.

그는 어느 날 아침, 속옷을 갈아입기 위해 집에 들렀다. 오랫동안 무시당하며 고통스러워하던 아내는 그의 눈길을 피했다. 자기 자신과 자신의 업적에 자부심을 느끼고 있었을 남편은, 한심해 보이는 부인에게 열정적인 빨간 머리 정부와 결혼하기 위해 곧 이혼하겠다고 통보했다. 슈발리에 부인이 이후 법정에서 증언한 바에 따르면, 남편은 그녀에게 원래 살던 고향 "헛간으로 되돌아가!"라고 조롱했다고 한다. 그녀는 대답 대신 총을 꺼내들었고 다섯 발을 연달아 발사하여 스스로 과부가 되었다.

배심원들은 그녀에게 무죄를 선고했고, 법정에 모인 사람들은 환호했다.[36]

외도를 별것 아니라고 생각하는 프랑스인들이 왜 남편을 죽인 아내를 옹호한 것일까? 그것은 남편이 암묵적인 거래를 깼기 때문일 것이다. 그는 단순히 바람을 피운 것이 아니라 아내를 부부의 자리에서 쫓아냈다. 불륜에 대한 분노는 배심원들 사이에서도 커졌다. 결혼은 마음만 먹으면 쉽게 해소될 수 있는 것이므로, 불륜은 관계를 위협하기보다 존재를 위협하는 일이다. 예전보다 결혼을 쉽게 끝낼 수 있기 때문에 외도에 대해 이전보다 훨씬 경계하는 것이며,

결혼을 끝내겠다는 직접적인 말을 경계하는 것이다.

질투는 전혀 악덕이 아닐지도 모른다. 아마도 불륜행각을 시시한 것으로 받아들이지 않도록 만들어주는 역할을 하는지도 모른다. 그것은 우리가 여전히 사랑과 섹스를 완전히 분리하지 못했기 때문이다. 그 불륜에 대한 관심마저 끊기 위해서 질투를 나쁜 것이라고 말할 수는 없다.

어쨌든 구약성서의 신은 질투하는 신이다. 성경을 훨씬 현대적으로 해석한다면 "나 야훼, 너희의 하나님은 정열적인 신이다"라고 바꿀 수 있다. 히브리어에서 질투라는 단어인 'qanná'에는 '열정'이라는 의미도 들어 있기 때문이다.[37] 한 사람의 사랑을 열망하는 것은 곧 질투를 수반한다. 연인의 불륜 사실을 알고도 분노가 솟구쳐오르지 않는다면, 그것은 전혀 사랑하지 않는다는 의미일 것이다.

결혼과 출산은 충성의 서열을 재배치한다

물론, 불륜에 대한 분노가 오로지 섹스에 관한 것이라고 생각해서는 안 된다. 전통적인 기독교인의 결혼서약은 상당히 교훈적인데, 이는 새로운 결합을 형성하는 과정이 얼마나 까다로운지 잘 알기 때문이다. 새로운 유대, 특히 결혼처럼 모든 것을 포괄하는 유대를 형성하는 것은, 그전에 존재하던 관계와 헌신을 모두 재정립하는 것이다. 결혼을 하고 나면 대개 친구들을 만나는 횟수는 줄어들고 우정에 쏟는 노력도 줄어든다. 또한 기존에 형성되어 있던 가족의 유대도 훨씬 복잡해진다. 부모와 맺는 관계도 달라진다. 아내보다 엄마 편을 드는 마마보이, 틈만 나면 엄마에게 달려가는 아내는 얼마나 우스꽝스러운 캐릭터인가? 결혼한 신혼부부들에게서 흔히 볼 수 있는 상황이다. 하지만 아마도 더 중요한 사실은 결혼생활을 시작하면서 핵심적인 문제와 마주하게 된다는 것이다. 그것은 젊은 시절 구축되었던 충성의 서열을 재배치하는 문제이다.

이것은 결혼을 한 뒤 가장 많이 겪는 갈등의 원인이기도 하다. 자신이 자라난 가족에 대한 충실성을 유지하기 위해 배우자에게 충실하기를 거부하는 사람도 있다. 심리학자 테리 하그레이브^{Terry Hargrave}와 프란츠 피처^{Franz Pfitzer}는 배우자보다 부모를 우선시하는 태도는 결혼을 파멸로 이끈다고 주장한다.[38] 이런 문제를 현대의 심리치료사들만 인식한 것은 아니다. (결혼에 대해 바리새인들과 논쟁한 예수의 이야기에 뿌리를 둔) 교회의 표준적인 주례사는 세대 간의 충성을 어떻게 정리해야 하느냐 하는 문제를 정면으로 다룬다.

"남자는 어버이를 떠나 아내와 어울려 한 몸이 되었다." 그래서 "그들은 이제 둘이 아니라 한 몸이다"라고 예수는 말한다.[39] 같은 장에서 예수는 "네 부모를 공경하라"라는 구약의 계율을 이야기하는데, 이는 배우자에 대한 공경을 우선시한 다음에만 유효한 것이라고 분명히 말한다. "그러므로 하느님께서 짝지어주신 것을 사람이 갈라놓아서는 안 된다"라는 예수의 선언은, 유부남을 꾀어 가정을 파탄내는 요부는 물론 요란스런 시어머니와 장모에게도 적용되는 것이다. 한마디로 말하자면 부부간의 충실성은 절대 훼손되어서는 안 된다는 선언이다.

하지만 지금은 부모 때문에 곤란을 겪는 신혼부부는 많이 줄어들었을 것이라 생각한다. 이동이 훨씬 수월해진 오늘날에는 많은 사람들이 부모의 집에서 멀리 떨어진 곳에 신혼집을 얻으며, 따라서 시부모나 장인장모의 영향은 훨씬 약해졌다. 오늘날 부부에게 가슴앓이를 유발할 가능성이 큰 요인은, 새로 태어나는 아기다. 만족할 줄 모르는 애정의 경쟁자라 할 수 있는 아기가 둘 사이에 끼어들 때 부부관계에는 어떤 일이 벌어질까?

오이디푸스 이야기에서 알 수 있듯이, 부부생활에서 아이는 매우 오래된 갈등의 근원이다. 고대 그리스신화 중에서도 고대 신들은 새로 태어나는 아이가 부모의 탁월함을 위협하거나 부모의 부부관계를 위협할지 모른다는 사실을 매우 신경질적으로 받아들였다. 우라노스(하늘)와 가이아(땅)는 세상을 어린 신으로 가득 채웠는데, 그 과정에서 팔이 많이 달리거나 눈이 하나밖에 없는 괴물들이 나왔다. 우라노스는 이 흉측한 괴물이 두려워 감금해버렸지만, 맹목적인 자식 사랑에 눈이 먼 가이아는 그들을 몰래 풀어주었고, 가장 잘할 수 있는 것을 하도록 북돋았다. 그것은 바로 우라노스가 가장 두려워하는 행동이었다. 결국 그녀는 크로노스에게 낫을 만들어주고는 그것으로 아버지를 베고 천상의 왕좌를 빼앗게 만든다.

왕이 된 크로노스는 자기 역시 자식들에게 위협받지 않을까 걱정이 되었다. 그래서 아기들이 태어나는 대로 모조리 먹어버렸다. 하지만 그의 자매이자 아내였던 레아는 마지막 아기를 숨기는 데 성공한다(시대의 여명기에는 근친상간을 피하기 어려웠다). 그렇게 살아난 아들이 바로 제우스였고, 결국 크로노스가 자신의 아버지 우라노스에게 했던 짓을 그대로 크로노스에게 돌려준다. 이 이야기는 아이가 부부의 유대에 얼마나 큰 위협을 줄 수 있는지 상징적으로 보여준다. 그리스의 창조신화에서는 아내가 아들과 공모하여 남편을 폭력적이고 소름 끼치는 방식으로 제거함으로써 세대 계승이 이루어진다.

현대적인 맥락에서 아이들은 부부관계에 다른 종류의 위협이 된다. 열정전도사 에스터 페렐은『왜 다른 사람과의 섹스를 꿈꾸는가 Mating in Captivity』라는 책에서, 아이들로 인해 부부의 에로틱한 관계를 유지하기가 어려워진다고 말한다. "아이들은 축복이자 기쁨이며 경이로움인 동시에 작은 격변이다. 부부관계의 낭만은 가족생활의 현실에 의해 분쇄된다."[40]

아이들은 사랑과 애정을 갈구하며 부부의 사랑과 애정의 유대에 긴장을 초래한다. 하지만 사람들은 대부분 이것을 당연하다고 생각한다. 2005년 소설가 에일렛 월드먼 Ayelet Waldman은『뉴욕 타임스 매거진』에 기고한 글에서 자신은 다른 젊은 엄마들과 달리 "열정적인 우주 한가운데에 아이를 놓아둘 수 없다"고 고백했다. 그녀는 어린 아이를 키우는 부부들이 섹스를 하지 않는다는 것을 주변 사람들을 통해 깨닫는다. 리비도가 "모든 것을 소모하는 모성욕구"로 빨려 들어가기 때문이다. 남편에게 쏟던 헌신은 누그러지거나, 아이를 향한 헌신으로 옮겨간다. "남편이 서 있던 열정적인 우주의 중심을, 이제 새로운 태양이 대체했다"라고 월드먼은 말한다.

하지만 월드먼은 아이들로 인해 결혼의 열기가 식는 것을 허락하지 않는다. 그녀는 자신을 열중하게 만드는 것은 남편인 소설가 마이클 셰이본에 대한 헌신일 뿐이라고 선언한다. "좋은 엄마가 세상에서 누구보다 아이를 사랑하는 사람을 의미한다면, 나는 좋은 엄마가 아니다. 사실, 나쁜 엄마다. 나는 아이보다 남편을 더 사랑한다."

그녀의 주장은 센세이션을 일으켰다. 그녀는 〈오프라 윈프리 쇼〉에 나가 청중에게 야유를 받았다(관객의 반응은 고대 그리스 연극에서 합창단의 비난과 비슷한 역할을 한다). 하지만 적어도 월드먼은 충직한 사랑의 대상이 한 명 이상일 때 갈등이 일어날 수 있다는 사실을 일깨워주는 역할을 했다. 그녀에 대해 많은 사람들이 적대감을 느끼는 이유는 아마도, 너무나 당연한 것이어서 우리가 존재하지 않는다고 여기는 화제를 굳이 꺼냈기 때문일 것이다. 하지만 그녀가 이렇게 끄집어낸 갈등을 해결하기 위해 선택한 방법에 대한 분노도 적지 않을 것이다.

그녀는 자신의 선택을 보여주기 위해 금기의 선을 넘었다. 물론 그런 일이 일어나서는 안 되겠지만, 아이들이 죽어가는 상황에서 그녀가 어떻게 반응할지 상상해보라. "아이들 중 하나가 죽더라도, 아이들이 모두 죽더라도, 남편만 살아 있으면 괜찮다." 하지만 그녀에게 남편이 죽는 것은 상상조차 할 수 없는 일이다.

현실에서 정말 이러한 끔찍한 상황이 발생한다면, 애정의 서열과 우선순위는 어떻게 작동할까? 어느 날 월드먼이 남편과 아이들을 차에 태우고 가다가 핸들을 놓치는 바람에 강물에 빠졌다고 상상해보자. 자동차는 물에 가라앉기 시작하고, 월드먼은 누굴 먼저 구해야 할지 몇 초 안에 결정해야 한다. 그녀가 그토록 떠벌리던 '나쁜 엄마' 타이틀에 비춰봤을 때, 아이들을 포기하고 남편을 선택하는 것이 당연하다고 생각되는가?

이런 시나리오는 상상 속에서만 존재하는 것이 아니다. 2009년 11월 뉴질랜드 왕거누이 강변에서 한 남자가 공포 속에서 그런 선택을 해야 하는 상황에 처했다. 그는 아내를 구했고, 결국 10대 아들은 익사했다. 대중은 대체적으로 그의 선택을 충격으로 받아들였다. 그는 아내를 살리기 위해 가라앉는 아들을 구하려고 애써 노력하지도 않았다. 반면에, 그의 고통스러운 선택이 부끄러울 수 있지만 잘못된 것은 아니라는 의견도 있었다.

지금까지 보았듯이, 다양한 충성이 충돌할 때 끔찍한 혼란이 벌어질 수 있다. 우리는 어떠한 딜레마에서도 윈—윈 해법을 찾아야 한다고 배웠지만, 충성이 중요한 요소로 작동하는 세상의 냉혹한 현실에서는 모두가 질 수밖에 없는 상황에 처한다는 것을 깨닫는다. 다만 그러한 선택의 기로에 서지 않기만을 바라는 수밖에 없다.

자동차가 가라앉는 상황에서, 우리는 대부분 아이를 구하는 것이 그나마 최선의 선택이라고 생각한다. 그런 선택은 불륜처럼 배우자를 배신하는 행위와는 차원이 다르며, 결혼을 통해 공유한 삶에 헌신하는 것이다. 어쨌든 자녀는 공동의 결실이자 노력의 대상이기 때문이다. 또한 아이는 부모가 존재할 수 있는 유일한 근거다. 따라서 아이를 구하는 선택은 진심에서 우러나는 배우자의 마지막 바람을 지켜나가는 것이다.

아이에 대한 사랑과 배우자에 대한 사랑이 갈등할 때 어떻게 헤쳐나가느냐고 묻는 일상적인 질문은 무척 까다롭다. 영화 〈재즈 싱어〉에서 재키 라비노비츠가 아버지에게 끌려들어가 맞는 장면을 떠올려보라. 작은 술집 무대를 전전하며 노래하는 아들의 모습을 보고 아버지는 신이 준 목소리를 더럽힌다고 생각한다. 그가 벨트를 풀어 아들을 때리려 하자 아내가 말리며 애원한다. 이러한 가족의 갈등은 영화에서만 볼 수 있는 장면이 아니다. 가라앉는 자동차의 경우와 달리, 이런 경우에는 남편과 아내가 서로 다투며 갈등하는 것이 바람직하다. 성공적인 결혼생활을 하는 사람들을 보면, 자녀가 잘못된 길로 들어서지 않기만을 바란다는 점에서는 부부 사이에 이견이 없다.

그럼에도 부부간의 충실성에 아이들이 만들어낼 수 있는 혼란은 대부분, 오히려 부부간의 유대를 강화하는 것으로 결론이 난다. 아이들이 유발하는 모든 스트레스는, 오히려 (문자 그대로) 부모의 단합을 구체화하고 부부간의 헌신을 강화하는 데 도움을 준다. 물론 아동범죄가 점점 사회문제가 되고 있는 현실을 보면 알 수 있듯이, 아이의 존재가 부부관계를 이어주지 못하는 경우도 많다.

그 사람이 내게 얼마나 중요한지 보여주는 방법은 정조밖에 없다?

충성은 결혼을 함께 지켜나가기 위한 열쇠일 수 있지만, 사랑에서 충성은 무슨 의미일까? 그저 다른 유혹을 뿌리치기 위한 수단에 불과할까? 아니면 어떤 상황에 처하든, 심지어 사랑하는 이에 의해 문제가 생기더라도 사랑과 결혼의 유대는 흔들리지 않을 만큼 강렬한 것일까?

존 오하라의 소설 『사마라에서의 약속』에서 줄리언 잉글리시가 불쌍한 아내를 버린 뒤 겪는 비참한 모습을 떠올려보라. 하루종일 마을을 돌아다니며 술을 먹고 싸움질을 하면서 파멸하는 삶에 대한 분노를 견뎌내던 그가 마침내 아내와 마주한다. 그는 자신이 아내에게 무슨 짓을 했는지는 정확하게 이야기하지 않고, 그저 아내에게 버림받지 않았다는 증거를 필사적으로 찾고 싶어한다. 그는 아내에게, 자신이 어떤 행동을 하든 무조건 편을 들어주는 것으로 남편에 대한 충성을 보여달라고 요구한다. 줄리언은 말한다.

"당신이 내게 매달릴 수 있는 아주 좋은 기회야."

"내가 왜 당신에게 매달려야 하지?"

"답답하긴, 뭘 모르는군, 나한테 매달릴 수 있다니까. 당신이 진정한 아내라면 그렇게 해야 해. 무슨 설명이 필요해?"[41]

분명히 이것은 충성이 의미하는 것 중 하나다. 특히 이러한 충성의 정의는 이성 간의 흥정에서 결론이 나지 않을 때 자주 등장한다. 이는 물론 소설에만 나오는 이야기가 아니다.

마크 샌퍼드는 아르헨티나의 예쁜 처자와 밀월을 즐길 때 금지된 사랑에 대한 씁쓸하면서도 달콤한 고뇌를 탐닉하면서, 자신의 절친한 친구이자 정치적 동지였던 아내에게 정부와 자신의 관계에 대해 조언을 해달라고 부탁했다. 그는 아마도 '소울메이트'라고 간주하던 여성과의 불륜까지 너그럽게 받아들이고, 심지어 조언까지 해주는 것이 아내의 충실함에 포함된다고 생각했던 모양이다.

그의 아내는 얼마나 놀랐을까? 결혼할 때 그는, 장차 사우스캐롤라이나 주지사가 될 남자로서 전통적인 결혼맹세에서 한 가지 조항을 바꾸자고 고집했다. 결혼생활에 충실하겠다는 맹세를 할 수 없다고 거부한 것이다. 하지만 결혼서약을 바꾸어 바람피울 수 있는 여지를 공식적으로 인정받았다고 생각했다면, 이는 부부의 정조에 대해 우리가 갖고 있는 기대가 얼마나 근본적인지 이해하지 못한 것이다. 자기가 정부에게 어떻게 구애하는 것이 좋을지 물었을 때, 아내가 지지하거나 이해하는 태도를 보이지 않자 그는 큰 충격을 받았다.

그레이엄 그린이 마크 샌퍼드의 유별난 충성 개념을 뒷받침해줄 지도 모른다. 그린은 아마도 진정한 충성이란 관계의 아픔을 기꺼이 참고 상대방의 배신까지도 받아들여야 한다고 생각하는 듯하다. 그가 쓴 「남편 좀 빌려도 되겠습니까May We Borrow Your Husband」라는 단편소설에서 신부는 남편이 바람피우는 꼴을 보고 사느니 차라리 죽는 것이 낫겠다고 생각한다(누가 그녀를 비난할 수 있겠는가? 하물며 그들은 신혼여행중이었다).

그린은 끝없이 유혹이 펼쳐지는 작은 드라마 속에서 그녀에게 남편이 바람을 피워도 신경쓰거나 절망하지 말고 그냥 솔직히 털어놓으라고 이야기하고 싶어한다. "섹스로 맺어지는 모든 관계 속에서 유일하게 지속되는 사랑은 모든 것, 모든 좌절, 모든 실패, 모든 배신을 감내하는 사랑이다." 잠자코 있는 것이 훨씬 가치 있다고 그린은 말한다. 그것이 결혼을 유지하는 유일한 현실적인 방법이며, "어쨌든 타인과 교제하고 싶어하는 단순한 욕망처럼 깊은 욕망은 없기 때문이다".

맹목적인 사랑이 우리가 일생에서 누릴 수 있는 위대한 경험이라는 것은 의심할 여지가 없지만, 그렇다고 해서 그런 경험을 누리기 위해 사람들이 과연 '모든 것'을 감내할까? 실망할 것이다. 실패할 것이다. 그것은 배신에 불과하다.

사랑의 핵심은 단순히 애정의 대상을 소유하는 것이 아니라 사랑을 되돌려받는 것이다. 적지 않은 경우, 우리가 사랑을 주는 이유는 돌려받기 위한 것이다. 사랑을 주었더니 상대방이 진정으로 소중하게 여기는 것이 무엇인지 솔직한 감정을 드러내는 것으로 보답한다면 그다지 만족스러운 거래가 될 수 없다. 소설가 레너드 마이클스

Leonard Michaels는 이렇게 말한다. "불륜은 낭만과 섹스에 관한 이야기가 아니라, 우리가 서로에게 얼마나 별 볼 일 없는 존재인지 알려주는 이야기다."[42] 이 이야기는 곧, 어떤 사람이 자신에게 얼마나 중요한지 보여주는 유일한 방법은 정조밖에 없다는 뜻이다.

기꺼이 자신을 낮추고, 바람피우는 배우자의 경솔함에 애써 눈을 감는다고 하더라도 그런 관계는 오래가지 못한다. 혼외정사를 저지르는 사람들은 대개 결혼생활을 오래 지속하려는 마음이 없다는 것이 사회학적, 심리학적 연구를 통해 이미 입증되었다. 부정은 곧 "함께할 미래에 덜 헌신하겠다는 태도와 밀접하게 연관되어 있다".[43] 배우자에게 충실하지 않은 결혼은 불행한 결혼이다. 부정이 불행을 낳았든 불행이 부정을 낳았든, 어떤 경우든 결론은 똑같다. 어찌 되었든 근본적으로 금이 가고 나면 그 결혼은 조만간 파경에 이른다. 혼외정사는 결혼을 파탄내는 매우 좋은 구실이며, 또 그런 결혼이 불행한 결말로 이어지지 않는 경우는 매우 드물다.

라디오 진행자이자 저자인 샌드라 칭로Sandra Tsing Loh의 예를 들어보자. 2008년 아이를 키운 경험을 쓴 회고록 『불 위의 엄마Mother on Fire』에서 그녀는 남편이 너무나 균형 잡히고 현실적인 사람이라, 자신이 갈망하는 뜨거운 사랑을 주지 못한다고 한탄한다. 이런 진술이 어디로 향할지 우리는 쉽게 예상할 수 있다. 다음해 여름 칭로는 자신이 이혼하게 된 과정을 『애틀랜틱The Atlantic』 지면을 통해 자세히 설명한다. 뜨겁고 진한 불륜의 스릴을 만끽한 뒤, 그녀는 지루하고 답답한 남편과 '고된 집안일과 자기개선 프로젝트'로 돌아가지 않기로 결정한다. "불륜을 저지른 남자와 나눈 낭만적인 기억에 비할 만한 이미지를 남편에게서는 전혀 떠올릴 수 없다."

불쌍한 남편. 어떤 이는 바람을 피우는 아내를 감내하는 것이 남자다운 모습이라고 생각할지 모른다. 하지만 비난의 칼날을 돌리기 위해 그녀는 남편이 열정을 불러오지 못하기 때문에 자신의 결혼이 실패했다고 독자들에게 설명해야 했다. 이것은 우리 고해성사 세대를 괴롭히는 또다른 잔인한 배신이다. 칭로는 자기 결혼의 은밀한 이야기를 드러내고 싶어하는 무수한 엉터리 잡문가 중 한 명에 불과할 뿐이다.

최근 유행하는 새로운 장르는 자신의 남성편력을 늘어놓으며 "그게 다야?" 하는 투로 성적인 실망을 털어놓는 여자들의 글이다. 반면 자신의 책에서 아내에 대해 이야기하는 남자들은 이제 거의 찾아볼 수 없다. 하지만 시간을 두고 기다려보라. 요즘은 개인적인 문제를 공유하는, 조금 더 큰 자유를 즐기는 것이 유행이기 때문이다. 이제 경솔함은 그다지 문제가 되지 않는다. 한 유명한 인터넷 여성잡지 사이트에서는 크리스마스에 받고 싶은 선물로 남편의 정관수술을 꼽았다. 어느 여성 유명인은 "내가 크리스마스에 원하는 건 다름이 아니라 남편이 정관절제술을 받는 건데, 벌써 했더라고요!"라는 말을 공개적으로 하기도 했다. 이처럼 지극히 개인적인 남편의 이야기를 공개적인 자리에서 떠벌리는 것은 결국 남들의 이목을 끌고 싶은 욕심 때문이다. 인터넷에 떠도는 글은, 커피숍에서 수다를 떠는 여자들의 이야기에 비하면 아무것도 아니다. 칭로와 같은 여성작가들에 따르면, 여자들끼리 모인 자리에서는 남편과 얼마나 잠자리를 하는지 거침없이 이야기한다고 한다.

2009년 출간된 줄리 파월Julie Powell의 『한 몸 되기Cleaving』라는 책은 이러한 장르 중에서 가장 야만적인 사례를 제공한다. 표면적인 줄

거리는 푸줏간 일을 배우는 과정이지만, 그 내용은 '기절할 정도로 거친' 불륜에 빠지는 과정을 낱낱이 털어놓는 것으로 채워져 있다. 오쟁이 진 남편에게는 극도로 고통스럽고 거슬리는 멸시를 쏟아내지만, 남편은 꼼짝없이 당할 수밖에 없다. 반면에 그녀를 완벽하게 홀리는 기괴하고 열정적인 섹스를 제공하는 파트너는 'D'라는 이니셜로만 제시되며, 그에 대해서는 완벽하게 예의를 갖춰 묘사한다. 파월이 충성의 우선순위를 제대로 판단하지 못하고 있다는 것을 알 수 있다.

성적인 불륜을 뒤로하더라도, 관계의 은밀한 이야기를 공유하는 것이 일상화된 상황은 사랑에 얼마나 파괴적일까? 로맨스 소설가 바버라 테일러 브래드퍼드 Barbara Taylor Bradford는 이러한 추세에 대해 분명하게 비판한다. 그녀는 충실성은 '관계를 굳건히 만드는' 요소이며 '다른 어떤 것보다' 우선해야 한다고 말한다. 하지만 흥미롭게도 그녀는 성적인 부정의 문제보다는 친밀성을 가능하게 만드는 일상적인 믿음직한 행동에 초점을 맞추어, 충실성이 사랑을 어떻게 뒷받침해주는지 자세히 설명한다. 그녀는 '자기 파트너의 비밀을 지키라'고 호소한다. "베갯머리에서 나누는 이야기나 행동을 누설해서는 안 된다. 이 규칙에는 예외가 없다. 어머니에게든 가장 친한 친구에게든 이야기해서는 안 된다."[44]

이러한 충실성은 코르셋을 벗기는 열정을 불러일으키지는 않지만, 사랑에 대한 가장 진실한 이야기일지도 모른다. 비밀을 지킨다는 개념이 아무리 낡고 상투적이라 해도, 나는 다른 무엇보다도 그런 기초적인 충실성을 지키지 않는 행동이 더욱 애정을 시들게 만든다고 생각한다.

충성은 섹시하다

살인은 '탐정 이야기에서 해결할 가치가 있는 유일한 범죄'라고 토머스 셸링Thomas Schelling은 말한다.[45] 이 말의 핵심은 위협이 그 정도로 크지 않은 한, 삶과 죽음의 문제가 아닌 한 하나의 줄거리, 과정, 증거를 살피며 꼼꼼히 읽을 만큼 중요한 문제는 없다는 것이다. 사랑에 대해서도 비슷하게 이야기할 수 있다. 죽음만이 멈출 수 있다고 생각하는 헌신이 아니라면, 로맨스는 사소한 장난에 지나지 않는다.

영속의 가능성에 대한 영감이 없는 사랑은 절대 사랑이 아니다. 아무도 언젠가 '바람피울 수 있기를' 꿈꾸지는 않는다. 자신들의 관계가 영원할 것인지 아닌지에 관심이 없는 연인의 이야기는 사람들의 관심을 끌지 못한다. 사랑의 진정한 기준은 신음소리의 횟수가 아니라 헌신의 정도다. '헌신하는 것이 두렵다'라고 말하는 것은 다시 말해 사실은 전혀 사랑하지 않는다고 말하는 것과 같다. 영화 〈해리가 샐리를 만났을 때〉에서 맥 라이언은 자신의 옛 남자친구가 비서와 결혼한다는 사실을 알고는 빌리 크리스털 앞에서 엉엉 울면서 말한다. "그가 결혼하고 싶어하지 않는다고 말했잖아." 울음을 삼킨 뒤 그녀는 핵심에 도달한다. "진실은, 그가 결혼하고 싶어하지 않은 사람은 바로 나였다는 거야. 그는 날 사랑하지 않았어."

그렇다면 사랑에 빠질 때 오는 아찔한 감정은 어디에 남아 있는 것일까? 그것은 경이롭고 유쾌할지 모르지만 단순한 느낌일 뿐이며, 절대 지속될 수 없다. 더 나아가 그런 감정이 지속되기를 진정으로 바라는 사람도 없다. 루이스C. S. Lewis는 묻는다. "그런 흥분이 5년 동안 지속된다면 누가 견딜 수 있을까? 우리의 일, 식욕, 잠, 친구들은 어떻게 되겠는가?" 짜릿한 감정적 각성이 오래 지속될 수 있다는 환상은 네 시간 이상 발기를 지속시켜준다는 비아그라처럼 매력적이긴 하지만, 그 이면에는 심각한 부작용이 뒤따를 수 있다는 것을 잊어서는 안 된다.

그렇다고 해서 사랑에 열정이 없어야 한다고 말하는 것은 아니다. 열정만이 우리가 삶을 공유할 수 있게 하는 강렬한 감정이기 때문이다. "결혼이라는 엔진은 평온하고 꾸준한 사랑을 연료 삼아 달리지만, 사랑이 시작되기 위해서는 폭발이 먼저 일어나야 한다"라고 루이스는 말한다.[46] 또는 우주시대에 맞는 은유를 찾을 수도 있다. 우주로 로켓을 쏘아 올리기 위해서는 거대한 추진체가 필요하지만, 일단 우주에 올라가고 나면 위성은 지구의 중력에 의존하여 일정한 궤도를 계속 돈다. 이 비유에서 로켓을 발사하는 힘은 열정이고, 궤도에서 이탈하지 않도록 지켜주는 안정된 힘은 충실성이다.

열정을 좇는 사람들은 전력질주만이 기분을 들뜨게 만든다고 생각하는 듯하다. 하지만 마라토너들을 연구해보면 안정적으로 장시간 달릴 때 오히려 엔도르핀이 솟구친다는 사실을 알 수 있다. 지속적인 사랑은 그저 음울하고 지루한 반복이 아니라는 뜻이다. 오히려 달리면서 황홀감을 느낄 수 있다. 곧 쓰러질 것 같은 순간에, 주저앉을 수밖에 없을 듯한 절박한 상황에 한 발 더 내딛는 의기양양한 행동에서 행복한 느낌을 얻을 수 있다. 실제로 UC 샌타바버라의 신경과학자들은 오랫동안 결혼생활을 해온 사람들 중 3분의 1이 배우자를 볼 때마다 즐거운 감정을 느낀다는 것을 밝혀냈다. 그리고 이때 분비되는 호르몬은 사랑에 처음 빠졌을 때 나오는 호르몬과 같다.

여전히 미칠 듯한 욕망이 활활 타오르는 것이 사랑이라고 생각하는 사람들은 결혼생활에 싫증을 느낄 확률이 높다. 드니 드루즈몽은 이렇게 말한다. "사랑은 본래 불안한 것이다. 그런 사랑 위에 결혼이라는 성을 쌓으려고 노력하는 사람은 결혼식장과 이혼전문 변호사들의 영원한 고객이 될 것이다."[47] 열정의 뜨거운 불길이 금방 일어났다 사라지는 것이라면, 도대체 왜 결혼을 하는 것일까? 충직하고 믿음직한 사랑을 보상으로 받기 위해서는 결혼하는 수밖에 방법이 없기 때문이다. 하지만 그런 보상은 눈에 띄게 두드러지지 않기 때문에, 오늘날 신경생물학이나 진화심리학과 같은 학문의 도움을 받아야만 확인할 수 있다(오늘날 그런 학문들이 유행하는 이유이기도 하다).

고대의 전기 작가 플루타르코스는 결혼을 '위대하고 신성한 미스터리'를 소통하고 공유하는 우정의 출발점이라고 묘사했다. "결혼에서 일상적으로 일어나는 상호적인 사랑과 충성은 우정이라는 이름으로 남자와 여자를 이어준다"라고 그는 말한다. 뜨겁고 진한 로맨스보다 훨씬 깊고 만족스러운 믿음에서 친밀감이 나온다는 고대인들의 지혜다.

영속하는 우애적인 결혼에 육체적인 만족이 없는 것은 아니다. 열정을 좇다보면 지조는 자라나기 어렵지만, 믿음으로 헌신하는 관계에는 로맨스가 자랄 수 있는 상당한 여지가 있다. 많은 사회학자들이 오래되고 지루한 부부들이 독신들보다 침실에서 훨씬 쾌락을 즐긴다는 사실을 계속해서 밝혀내고 있다.[48]

플루타르코스는, 우애적인 결혼의 신성한 미스터리가 유지되는 한 석탄은 차갑게 식을 수 없다고 말한다. 그는 위대한 입법자 솔론이 공포한 '부부는 한 달에 세 번 이상 잠자리를 해야 한다'는 율령을 찬양한다. 이것은 쾌락을 즐기라는 단순한 조치가 아니라 "국가 간에 서로 맺은 조약을 수정하는 시간을 갖듯이, 부부끼리도 일상에서 쌓인 불화를 둘만의 즐거운 시간을 통해 해소하고 부부관계를 새롭게 정립하라"는 조치다.[49]

솔론은 단순한 정치인이나 시인이 아니라 아테네의 심리치료사였던 것으로 보인다. (그런 면에서, 화해하기 위한 방법으로 섹스를 활용한 전통은 2,000년 전부터 내려온 셈이다.) 솔론의 조언에는 단단하고 실질적이며 탁월한 분별력이 담겨 있다. 그렇기에 이 조언은 낭만을 꿈꾸는 사람들을 위한 것이 아니다. 열정을 꿈꾸는 풋내기들, 화려한 꽃만 좇는 열렬한 추종자들이 충실성을 경멸하고 그것을 진부한 관계를 유지하기 위한 침울한 방부제라고 폄하하는 것은 얼마나 우스운 일인가?

사랑에서도 충실성은 시적인 챔피언이자, 서사시에서 중요한 주제를 차지해왔다. 미국 시인 리처드 왓슨 길더Richard Watson Gilder는 이렇게 노래한다.

"사랑은 여름날 스쳐가는 기분이 아니라네

뇌 속에 떠다니는 환영도 아니라네."

여기에는 인간의 나약함에 대한 일상적인 관찰은 담겨 있지 않지만, 예로부터 많은 시인들이 노래한 친근한 감정이 담겨 있다. 19세기 영국 시인 존 키츠John Keats는 흔들리지 않고 변하지 않는 밝은 북극성이 되고 싶다고 노래했다. 17세기 영국 시인 에이브러햄 카울리Abraham Cowley는 자신의 사랑이 "사랑스러운 북쪽을 저버리지 못하는 나침반 바늘"처럼 안정되어 있다고 노래한다. 하지만 가장 뛰어난 노래는 셰익스피어의 소네트 116에서 찾을 수 있다.

> ……사랑은 사랑이 아니로다.
> 변한다고 해서 변하는 사랑은,
> 사라진다고 해서 굽히는 사랑은.
> (……)
> 오! 사랑은 영원히 불변하는 지표로다.
> 폭풍우에 맞서도 절대 흔들리지 않으리.
> (……)
> 사랑은 시간의 놀림감이 아니로다.
> 장밋빛 입술과 뺨은 구부러진 낫에 쪼그라들지라도,
> 사랑은 몇 시간, 몇 주 만에 변하는 것이 아니다.
> 심판일까지도 견디어나가니……[50]

이것이 바로 사랑 속의 충성이다. 물론 이는 상앗빛깔 부리를 가진 딱따구리를 목격하는 것처럼, 본능이 꿈틀대는 우리 심장에서는 찾기 힘든 것일 수도 있다. 하지만 충성이 '섹시'하다는 것은 의심할 여지 없는 진실이다. 어쨌든 충실성 없이 사랑은 사랑이 될 수 없기 때문이다.

당신의 친구는 누구인가

진정한 우정의 조건

제인 오스틴의 소설 『노생거 사원Northanger Abbey』에서 이사벨라 소프는 이렇게 말한다. "진정한 친구를 위해 내가 하지 못할 일은 하나도 없어. 사람을 반만 사랑한다는 건 내게 있을 수 없는 일이야." 그녀의 말은 친구 사이에 요구되는 충성을 오롯이 인정한다는 뜻이며, 또한 여자도 강한 유대를 맺을 수 있다는 것을 보여주려는 것이다. "남자들은 우리가 진정한 우정을 맺을 수 없다고 생각하잖아. 난 그렇지 않다는 걸 보여주고 싶어."[1]

하지만 이사벨라는 그런 충성의 모범과는 거리가 멀다. 결혼을 약속한 다음에도 그녀는 자기 약혼자보다 부유한 사람을 찾기 위해 여러 남자들에게 꼬리를 친다. 약혼자에 대한 헌신을 수치로 측정한다면, 그녀야말로 사람을 반만 사랑했다. 어떤 망설임이나 양심의 가책 없이 친구를 사랑하는 일이 얼마나 어려운지 오스틴은 이 작품을 통해 아주 잘 보여준다. 이것이 바로 『노생거 사원』을 관통하는 테마라고 할 수 있다. 충성스러운 우정이라는 개념이 얼마나 모순된 것인가 하는 대담한 문제의식을 의도적으로 수다쟁이의 입을 통해 풀어낸 것이다.

물론 이사벨라의 주장은 자신의 허영심을 채우기 위한 것이었지만, 거기엔 우정과 그에 따르는 의무에 관해 어느 정도 타당한 생각이 담겨 있다. 그녀가 그토록 자신만만하게 떠벌리지만 않았다면, 우리는 대부분 그 말에 동의할 것이다. 자기에게 유리하고 좋은 것만 챙기려는 마음을 기꺼이 넘어서지 못한다면, 우정이 과연 무슨 의미가 있겠는가? 우정의 핵심은 바로 충실함, 즉 자발적으로 불편을 무릅쓰는 충성이다. 이는 고대로부터 지금까지 줄곧 반복되는 테마다. 하지만 우리가 친구를 위해 감내해야 하는 고통은 정확히 무엇일까? 불편함? 물론 그렇다. 고난? 힘들어도 그렇게 해야 한다. 범죄 공모? 흠, 이건 아닐 수도 있다.

친구가 나를 특히 필요로 할 때, 친구를 위해 가던 길을 잠시 벗어나야 한다고 많은 사람들은 생각한다. 또한 나를 위해 친구들도 그렇게 해주길 기대한다. 하지만 이런 거래에 정해진 조건은 없다. 보통 우리는 수치스럽거나 창피한 일을 당했을 때 친구가 곁에 있어주기를 바란다. 하지만 그게 범죄에 해당하는 일이라면 친구로서의 거래는 대개 끝난다. 남녀가 결혼하기 전에 혼인계약서를 작성하는 경우는 있지만 친구 사이에는 그런 것도 없다. 누구도 이해관계, 도덕적 조항, 상호헌신의 한계를 명시적으로 구분하지 않는다.

만약에 혼인계약서처럼 '우정계약서'를 작성한다면 다음과 같은 계약문이 나올지 모른다.

"당신이 당신의 아내와 잠자리를 하여 나를 실망시킨다고 하더라도 당신 편에 설 것이다. 당신이 내 아내와 잠자리를 하는 경우 모든 계약이 무효가 된다. 당신이 횡령으로 고소된다고 하더라도 당신 편에 설 것이다. 국가에 대한 반역을 저지른 것으로 입증되는 경우에는 모든 계약이 무효가 된다."

하지만 충성을 시험하는 곤란한 상황을 일일이 예상하기는 힘들 것이다. 그래서 어떤 상황이 닥치든 우리는 그저 친구의 됨됨이, 다시 말해 어떻게 행동하는 것이 올바른지 판단하는 친구의 능력에 의존할 수밖에 없다. 그렇기 때문에 곤란한 상황에 처했을 때 우정에 배신당하기 쉬운 것이다. 곤란한 상황에서 어떤 행동이 올바른지 판단하는 기준은 서로 다를 수 있다. 자신의 생각과 상대방의 기대가 어긋나는 경우, 자신은 옳다고 확신하더라도 상대방은 배신당했다고 느낄 것이다.

친구 사이에 지켜야 할 의무에 적절한 경계를 합의하지 못한 상태에서, 의리까지 요구한다는 것은 위험한 도박이나 마찬가지다. 도움이 필요한 상황에서 어떤 친구가 도움을 줄지는 100퍼센트 확신하지 못한다. 하지만 위기상황에서 자신에게 도움을 주는지 그러지 않는지는 중요한 우정의 척도가 된다. 의리가 진정한 우정의 충분조건은 아닐 수 있지만, 필요조건인 것은 분명하다. 무엇보다도 가장 큰 문제는, 위기의 순간이 오기 전까지는 어떤 우정이 필요조건을 충족하는지 그렇지 못한지 알 수 없다는 것이다.

진정한 우정에는 의무가 수반된다

빌리 홀리데이가 노래에서 불평했던 것처럼 돈이 있으면 친구도 많이 꼬이지만, 돈이 없으면 친구도 별로 남지 않는 법이다. 17세기까지 거슬러올라가는 영어속담은 이런 세상사를 냉소적인 대구를 이용해 재치 있게 표현한다.

"In time of prosperity friends will be plenty

In time of adversity not one amongst twenty."

번창의 시기에는 친구들이 넘쳐나지만 역경의 시기가 오면 스무 명의 친구 중에서 한 명도 남지 않고 모두 도망가버린다는 뜻이다.

그 이전으로 거슬러오르면, 셰익스피어는 훨씬 차갑고 퉁명스러운 어투로 이렇게 표현한다.

"모든 사람이 당신의 친구가 될 것이오,

당신이 돈을 가지고 있는 동안에는."

동시대에 살았던 영국 시인 리처드 반필드Richard Barnfield는 이렇게 노래한다.

"하지만 왕의 창고가 비어 있다면

아무도 당신이 원하는 걸 하지 않을 것이오."

물론 풍요의 시기에 넘쳐나는 친구들은 진정한 친구가 아니다. 벤저민 프랭클린은 이런 구별을 정확하게 한다.

"가짜 친구와 그림자는 해가 빛날 때만 나타난다."

고대 세계에도 가짜 친구들이 많았다. 그리스와 로마의 경구에서도 고난의 시기가 닥쳤을 때는 진정한 우정을 찾기 어렵다는 이야기가 많이 나오기 때문이다. 플루타르코스는 이런 말을 했다고 한다.

"풍요로운 시절은 저울이 될 수 없다. 역경만이 누가 진정한 친구인지 가늠할 수 있는 유일한 저울이다."

키케로는 변덕스러운 행운만이 친구의 신뢰성을 테스트할 수 있는 유일한 기회가 된다고 말하면서 초기 로마 시인 엔니우스Ennius의 말을 인용한다.

"불안한 시절에 진정한 친구가 나타난다."

이와 같은 주제는 친구에게 배신당한 쓰라린 감정을 통해서도 자주 나타난다. 음탕한 시로 황제의 노여움을 사 로마에서 추방당한 오비디우스는 우정과 파멸에 대해 사색하며 이렇게 한탄한다.

"모두가 운명의 친구일 뿐이다. 그 운명이 나를 버리는 순간 친구라는 무리는 순식간에 사라져버린다. 슬픈 경험을 통해 이제야 깨달았노라."

오비디우스는 진정한 우정을 야금술에 비유한다.

"불 속에서 금이 걸러지듯 역경 속에서 우정은 걸러진다."

오비디우스는 자신의 슬픈 경험을 통해 정말 불 속에서 금을 찾아낸다. 그 테스트를 통과한 친구가 있었다. "내가 불행에 처하자 맨 처음 나를 위로해준 사람"이자 추방되고 난 뒤 자살하지 못하도록 만류해준 사람이다. 나는 그 친구가 오비디우스에게 특별한 격려를 하거나 도움을 주지는 않았을 것이라고 상상한다. 그가 진짜 친구라는 사실을 알게 된 것만으로도 오비디우스는 상당한 위안을 받았을 것이다. 다시 돌아올 수만 있다면 추방도 훌륭한 경험이 된다고 묘사할 정도로 진정한 친구는 부활의 힘이 되었다. "불행을 겪지 않았다면, 자네의 소중한 의리를 나는 절대 발견하지 못했을 걸

세."[2]

　우리가 위기에 처했을 때 친구가 곁에 있어주기만 한다면, 어떤 도움을 주는지는 중요하지 않다. 2008년 버지니아에 있는 한 학교의 교감 팅이 외이Ting-Yi Oei가 겪은 고난을 예로 들어보자. 그는 어느 날, 교장에게서 학생들 사이에 휴대전화로 누드사진을 주고받는 '섹스팅'이 성행한다는 소문의 진상을 조사해보라는 지시를 받았다. 그는 재빨리 문제 학생을 찾아냈다. 속옷만 입고 있는 여자의 사진을 모든 반 친구들에게 뿌린 남학생이었다. 이 학생은 사진을 보낸 것을 시인했고, 자신이 뿌린 사진을 증거 삼아 교감에게 이메일로 보냈다.

　사건은 모두 정리된 듯 보였다. 하지만 문제 학생은 며칠 뒤 교실에서 한 여자아이의 팬티를 잡아당겨 벗기는 사고를 저질렀다. 외이는 이 학생을 정학 조치했고, 이 결정은 학생의 엄마를 분노케 했다. 그녀는 외이가 아동포르노물을 거래하고 있으며, 그래서 자신의 아이가 뿌린 사진까지 수집해왔다고 주장하며 경찰에 신고했다. 터무니없는 주장이었지만, 수갑이 채워진 채 이름표를 단 외이의 상반신 사진이 워싱턴 포스트 웹사이트에 게시되고 말았다.

　외이는 친구들이 자신을 의심하거나 거리를 두려는 모습에 상당한 '충격'을 받았다고 회고한다. 하지만 그를 '끝까지 믿어준' 친구들도 있었다. 이후, 분별 있는 판결로 모든 혐의에서 벗어날 때까지 재판에 계속 참석하며 끝까지 그의 곁을 지킨 사람들이었다.[3] 그 친구들이 그를 위해 특별한 행동을 한 것은 아니다. 판사에게 어떤 부탁이나 항의를 하지도 않았다. 외이는, 보석금을 모아줄 친구들이 필요했던 것이 아니다. 단지 그들이 자신의 친구라는 사실, 그의 곁백을 믿는다는 사실, 그를 버리지 않았다는 사실을 분명하게 보여주는 것 이상의 어떤 행동도 필요하지 않았다. 그것만으로도 그를 절망에서 구하기에 충분했다.

이것이 어떻게 우리가 친구를 갖는 궁극적인 이유가 될 수 있을까? 친구는 잡담을 나누기 위해서가 아니라, 페이스북 친구목록에 올리거나 디너파티를 즐기기 위해서가 아니라, 억울한 누명을 쓰거나 몰락하는 운명에 처했을 때 우리 곁에 서주는 것이다. 그런 점에서, 진정한 우정의 유대를 찾아야 할 필요가 없는 사람들은 오히려 행복할지 모른다. 하지만 고대 그리스 시인 테오그니스가 혁명에 실패하고 추방당하면서 "어려운 상황에 처하면 믿을 수 있는 동무라고 생각할 수 있는 사람은 찾기 힘들다"라고 한탄했듯이 실망할 확률이 높다. 이것은 지극히 당연한 진실이다. 하지만 더 운좋은 사람들도 있다. 오비디우스와 팅이 외이는 고난을 거치며 친구의 존재를 깨달았으며, 그것이 우리가 상상할 수 있는 어떤 피조물의 가치보다 훨씬 위대하다는 것을 깨달았다. 드라이든은 그런 점에서 우정을 "고난의 시기에 검증되는 것을 넘어, 신성한 가치로 승화하는 성스러운 유대"라고 말했다.[4]

에우리피데스의 비극 『오레스테스』의 핵심테마는 '어떤 사람을 의지할 수 있느냐' 하는 질문이다. 앞에서 우리는 아가멤논이 딸 이피게네이아를 제물로 삼은 이야기를 했다. 옳든 그르든, 이 행위는 도미노처럼 치명적인 불행을 몰고 왔다. 이피게네이아의 엄마는 딸의 복수를 하기 위해 자신의 남편 아가멤논을 죽인다. 이피게네이아의 오빠 오레스테스는 아버지의 복수를 위해 어머니를 죽인다. 결국 오레스테스는 살인혐의로 재판정에 선다. 삼촌 메넬라오스가 막후에서 힘을 써 자신을 풀어줄 것이라 기대했지만, 메넬라오스는 못 본 체하며 전혀 도움을 주지 않는다.

오레스테스가 절망에 빠졌을 때, 그를 도와주러 온 사람은 친구 필라데스가 유일했다. "자네의 파멸은 나의 파멸이기도 하네. 친구는 모든 것을 나눠야 하니까." 그에게 감동을 받은 오레스테스는 이렇게 외친다. "가족보다 동무가 소중할 때가 있다고 하더니 정말 그렇지 않은가." 에우리피데스에게 '가장 소중한 사람'은 '어려움 속에서도 믿을 수 있는 사람'이었고, 그것은 가족이 아니라 친구였다(오레스테스의 가족사를 고려할 때 이런 결론은 놀라운 것이 아니다). 오레스테스는 상황이 잘 풀릴 때 무엇 때문에 친구가 필요한지 묻는다. 필라데스는 단순히 그의 곁을 지켜주는 것이 아니라, 그 기회를 즐기고 위험을 줄여주는 것처럼 보인다. "긴박한 불행에서 자네를 지켜주지 못한다면, 어떻게 내가 자네 친구라는 것을 증명할 수 있겠는가?"

에우리피데스가 '믿을 수 있는' 사람을 가장 소중한 사람이라고 묘사할 때, 그가 사용하는 단어는 'pistos'이다. 그리스어에는 '의리'라는 말이 없다. 우리가 '의리'라고 표현하는 것은 그리스어에서는 '믿을 수 있다'는 의미다. 어쩌면 그것이 더 나은 단어일 수 있다. 친구로서 갖춰야 할 것을 더 명백하고 정확하게 포착하고 있기 때문이다. 동료가 아무리 많다 하더라도 진정으로 의지할 수 있고 의지의 대상이 될 수 있는 믿을 만한 친구는 많지 않다.[5]

많은 도덕주의자들이 우리에게 믿음직하게 행동하라고, 의지할 수 있는 친구가 되라고 요청한다. 로마의 시인 루카누스는 이렇게 말한다. "힘든 상황이 닥치더라도, 좋은 시절 찾던 친구를 뿌리치지 말라."[6] 누구보다도 충성에 대한 굳건한 지지자였던 고대 그리스 철학자 에피쿠로스는 현명한 사람은 "친구를 버리지 않는다"라고 말한다. 그래서 불행은 "운명과 대면할 수 있고" 주변 사람의 가치를 판단할 수 있는 기회가 된다.

하지만 그런 옛 시대에도 친구의 신뢰를 완전히 확신하지는 않았다. 오레스테스와 필라데스의 이야기가 연극무대에서 그처럼 주목을 끄는 작품이 된 것은 그러한 우정이 일상에서 흔히 보기 힘든 특별한 예외였기 때문일 것이다. 이후 몇백 년 동안 극작가들은 에우리피데스의 이야기를 개작했다. 특히 로마의 시인 마르쿠스 파쿠비우스는 클라이맥스를 새로운 형식으로 변형했다. 파쿠비우스의 연극에서 오레스테스와 필라데스는 함께 왕 앞에 불려 나간다. 왕은 오레스테스를 사형에 처하려 하지만, 둘 중 누가 오레스테스인지 모른다. 그때 필라데스가 한 발 내디디면서 말한다. "내가 오레스테스다." 그러자 오레스테스도 나선다. 그렇게 서로 자신이 오레스테스라고 주장한다.

"극장 전체에 그들의 외침이 울려퍼지고, 청중들은 일어나 허구 속 사건에 환호한다." 키케로는 이 연극의 대단원을 이렇게 묘사하며 덧붙여 묻는다. "현실에서 그런 일이 일어났을 때, 정말 그렇게 행동하는 사람이 있을까?" 우리는 그런 모습에 그토록 환호하지만, 정작 그런 이상을 위해 목숨을 걸 수 있는 사람이 얼마나 될지 그는 의심한다. "청중은 자신이 하지 못하는 것을 다른 사람들이 해내는 모습을 보고 환호하는 것이다."[7]

그처럼 우정을 시험할 수 있는 극단적인 상황은 많지 않다. 우리에게 믿음직한 친구가 되는 것은 사실 사소한 일에 불과하다. 크든 작든 핵심은 호혜, 즉 기브 앤드 테이크다. 친구를 돕는 사람은 자신도 그런 도움을 받을 것이라고 확신하기 때문에, 적어도 그런 기대가 있기 때문에 돕는 것이다.[8]

우리가 우정이라고 이야기하는 모든 것, 즉 함께 있으면 즐거운 느낌, 관심의 공유, 인격에 대한 상호존중, 비슷한 생각 등이 성립할 수 있는 근본은 바로 호혜다. 이는 고대나 지금이나 우정의 근본적인 토대다. 또한 호혜는 선물을 주고받는 단순하고 직접적인 일에서도 중요한 덕목이다. 내가 아는 기자는 아주 큰 부자와 친하다. 그 부자는 라스베이거스에 가서 한 번씩 흥청망청 돈을 쓰고 오는 것을 즐긴다. 어마어마한 그의 재산에 비하면 그것은 아주 작은 일부분에 불과하다. 그는 여행에서 돌아와서는, 기자 친구를 초대해 자신이 포커 한 판에 20만 달러를 날려버린 이야기를 즐겁게 늘어놓는다. 곁에서 듣고 있던 그의 아들은 이렇게 이야기한다. "아빠, 그 돈이면 BMW를 네 대나 살 수 있잖아요. 친구한테 차 한 대 사주시는 건 어때요?" 그 부자는 이렇게 대답했다. "그가 나처럼 부자라면 BMW 한 대 정도는 선물로 사줬겠지. 그러면 나도 비슷한 선물을 받을 테니까. 선물은 주고받는 것이야. 그래서 부자는 부자가 아닌 사람에게 비싼 선물을 주지 않는단다."

부의 격차가 큰 경우 친밀한 관계를 유지하는 것은 매우 어렵다. 그래서 르네상스 시인 페트라르카는 "운명의 불균형은 우정의 파멸"이라고 말했다. 하지만 돈이 많은 부자와 어울릴 수 있는 재능을 가진 경우에는 등식이 성립할 수 있다. 재능을 베푸는 것은 친구 사이에 믿음을 구축할 수 있는 방법이다.

고대 세계에서 우정을 구축하기 위해 주고받는 기본적인 화폐는

‘호의’였지만, 이는 오늘날에도 크게 달라지지 않았다. 오늘날 우정은 훨씬 난잡해졌다. 극단적으로 부유하거나 가난한 사람들이 아니라면, 사소한 혜택을 주고받는 교환을 중심으로 폭넓은 가벼운 관계까지 우정에 포함시킨다. 소셜네트워크를 통해 알게 되는 무수한 사람들이 모두 ‘친구’라는 이름으로 연결된다. 소셜네트워크 ‘링크드인LinkedIn’을 설립한 리드 호프먼Reid Hoffman은 『비즈니스위크』와의 인터뷰에서 이렇게 말한다. “링크드인에서 친구는 가벼운 동맹과 비슷한 것입니다.” 소셜네트워크에서 우정은 ‘호의를 교환하는 시장’과 같은 것이 되었다.[9]

진정한 우정은 소셜네트워크에서 말하는 것보다 훨씬 단단한 동맹이다. ‘네트워킹’할 때 우리는 일반적으로 자신이 가진 사회적 자본을 활용하지 않는다. 그보다 ‘아는 사람’의 경계를 확장하고 네트워크를 키움으로써 상호혜택을 주고받을 수 있는 ‘접촉대상’을 넓혀간다. 하지만 네트워크가 커질수록, 아는 사람의 무리를 ‘친구’라고 말하기는 어려워진다. 진정한 우정은 단순한 접촉이 아니라 다양한 의무가 수반되어야 한다. 혼란의 순간이 닥쳤을 때, 친구를 위해서 우리가 도움을 줄 것이라는 암묵적인 보장이 있어야 한다. 그것은 친구를 위해 호의를 베푼다는, 즉 친구를 위해 스스로 위험을 감수한다는 의미이기도 하다.

그렇다면 우리는 얼마나 많은 사람의 특별한 이해를 포용할 수 있을까? 우리는 앞에서, 상충하는 헌신 속에서 갈등하는 사람들을 무수히 보았다. 그렇게 ‘넓고 얕게’ 친구를 늘려나갈수록 무수한 의무들이 충돌하는 곤란한 상황에 빠질 위험도 커진다.

배신이 배신당한 사람만 파괴하는 것은 아니다

우정이 단순히 잡담을 나누고 모여서 노는 문제라면, 정말 중요한 순간에 우정은 그다지 의미가 없을 것이다. 의리만으로 친구가 어떠해야 한다고 정의하기는 어렵지만, 의리 없이 어떤 우정이 가능하겠는가? 우리가 지금 오레스테스-필라데스와 같은 의리를 찾는다면 실망할 확률이 크다. 하지만 극적인 의리가 더이상 존재하지 않는다고 해서, 의리 없이도 우정이 성립한다고 말할 수는 없다. 의리는 여전히 우정의 가장 기초적인 바탕이다. 조지프 엡스타인 Joseph Epstein은 『우정Friendship』이라는 책에서 어떤 관계든 기본적인 신뢰가 존재하지 않으면 진정한 관계라 할 수 없다고 말한다. "진정한 친구에게 어떤 의무감을 느끼는 것은 최소한, 그들 사이에 의리가 있다는, 적어도 배신이 존재하지 않는다는 뜻이다."

넓은 개념으로 보면 배신은 친구를 적에게 넘겨주는 악의적인 행동에서부터 특별한 상황에서 친구가 기대하는 행동을 하지 않는 단순한 실수에 이르기까지 모두 포괄할 수 있다. 간단히 말해서 배신은 의리의 반대개념이다. 우리가 의리를 얼마나 소중히 여기는지 이해하고 싶다면, 그와 반대개념인 배신을 얼마나 혐오하는지 생각해보라. 배신만큼 관계를 갈라놓는 것이 어디 있는가? 배신은 마치 독이 밴 가시면류관과 같다. 고통스럽게 머리를 찌를 뿐만 아니라, 스며든 독은 우리를 두고두고 아프게 한다.

검소한 집에서 즐기는 소박한 저녁을 노래하는 로마의 시인 유베날리스Juvenalis의 노래를 들어보자. 이 위대한 풍자시인은 저녁을 가장 즐겁게 보낼 수 있는 방법에 대해 이렇게 조언한다. "걱정은 던져버리고 만사의 근심은 잠시 접어두어라." 잠시 돈 걱정은 멈추어라. 밤새 나가 놀다가 다음날 아침 들어온 아내의 옷이 주름지고 젖어 있다 하더라도, 얼굴과 귀가 붉다 하더라도 의심하지 말고 그냥 잊어버려라. 생각을 어지럽히는 것들을 밖으로 밀어내라. 성가신 집안일과 게으르고 서툴러 자꾸 비싼 접시를 깨는 하인들과의 끝없는 말싸움도 잊어라.

여기서 한걸음 더 나아가 유베날리스는 "무엇보다도 친구의 배신을 잊으라"고 조언한다.[10] 장황하게 불행들을 나열한 뒤, 불행 중에서도 가장 불행한 것으로 그가 꼽은 것이 바로 친구의 배신이다. 하지만 그것도 가장 단순한 배신에 불과하다.

소설가 헨리 필딩Henry Fielding은 "한 사람에게 일어날 수 있는 가장 큰 고통은 친구의 몰인정한 태도"라고 말한다.[11] 친구와 나누는 애정이 쉽게 변한다는 잔인한 진실을 어릴 적 처음 깨닫는 순간부터 우리는 고뇌에 빠진다. 특히 여고시절은 고뇌의 연속이다. 이번 주에 친했던 친구가 다음주가 되면 심술궂은 적으로 변하는 위험한 나이, 진정한 우정을 확인하기 위해 죽음을 선택하기도 하는 나이, 하지만 누구나 한 번쯤은 우정에 배신당하고 절망에 빠진다.

사춘기는 어른으로 살아가는 데 필요한 기술을 가르쳐주기 위해 우리를 두들겨 패고 주먹으로 연달아 내려치는 고통스러운 고문과 같다. 누군가의 바람처럼 어린 시절이 믿음을 배우는 시기라면, 사춘기는 배신을 배우는 시기다. 운이 좋다면 우리는 사춘기를 거치면서 진정한 친구와 거짓 친구를 구분하는 법을 배울 수 있다.

하지만 끔찍하게도, 배신은 쉽게 경험할 수 있다. 정치학자 주디스 슈클라는 묻는다. "배신당하지 않고, 배신해보지 않은 사람이 어디 있겠는가? 배신은 너무나 흔한 것이어서 그 영역을 상상하기 힘들다." 슈클라는 오히려, 그토록 일상적이고 빈번하고 진부한 배신이 여전히 끔찍한 상처를 남길 수 있다는 사실이 놀랍다고 말한다. 배신의 경험에 무디어지기는커녕 오히려 우리는 배신에 "강렬하고 깊은 상처를 받는다. 누구도 배신당하고 싶어하지 않는다".[12]

우리가 배신당하지 않을까 그토록 두려워하는 것은, 배신을 당했다는 사실이 곧 자기 삶을 스스로 안전하게 지키지 못하는 무능함과 나약함의 증거이기 때문이다. 배신이 주는 상처도 아프지만, 무엇보다도 배신은 우리가 예상치 못한 부분을 기습적으로 파고들기 때문에 싫어하는 것이다. 벤저민 프랭클린은 이렇게 말한다. "공공연한 적은 우리에게 상당한 피해를 줄 수 있지만, 친구인 척하는 적은 그보다 훨씬 큰 재앙을 몰고 온다."[13] 식민지 시대 미국에서는 거짓 친구의 위험을 구약에 등장하는 이야기로 비유했다. 갈대를 지팡이 삼아 의지하면 쓰러질 수밖에 없고, 부러진 갈대의 뾰족뾰족하고 날카로운 잎과 줄기가 칼날처럼 손바닥을 뚫을 것이라고 경고한다.[14] 또한 19세기 영국의 유명한 시인 일라이저 쿡^{Eliza Cook}은 우정을 구명보트에 비유한다. "친구는 마치 구명보트와 같다." 구명보트는 그것이 정작 필요하기 전까지는 그 가치를 판단하지 못한다. "친구 역시 가장 필요할 때 그 가치를 깨달을 수 있다."[15] 하지만 올라타려고 하는 순간 배에 구멍이 났다는 사실을 깨닫는다면 어떨까? 배에 올라타기 위해 줄을 선 여자들과 아이들은 얼마나 황망하겠는가?

우리는 평생 수없이 배신을 당한다. 그것은 기본적으로 인간의 숙명이다. 예수가 유다에게 배신당할 수밖에 없었던 것도 그 때문이다. 날마다 사원에서 사람들을 가르치던 예수는 언젠가 군인들에게 잡혀갈 것을 스스로 알고 있었다. 굳이 유다에게 묻지 않아도 들은 누가 예수인지 알 수 있었다. 하지만 이 이야기가 우리에게 일깨워주고자 하는 것은, 그가 유다에게 배신당했다는 사실이 아니라 인간적인 번민을 경험했다는 사실이다. 그는 지극히 고통스러웠다. 그는 유혹의 노예가 되었다. 하지만 그의 인간적 여정은 쓰디쓴 모욕이라 할 수 있는 배신이 아니고는 결코 완벽한 피날레를 장식하기 어려웠을 것이다.

배신은 다양한 모습으로 다가온다. 잠깐 동안은 친구였다고 해도, 경쟁에서 앞서나가려는 마음에 친구를 모른 척하는 것도 배신이라 할 수 있다. 둘만의 비밀스러운 이야기를 발설하여 상대방을 난처하게 만드는 행위도 배신이라 할 수 있다. 구두로 약속을 한 다음 법적 구속력이 없다는 이유로 자신에게 유리한 것만 취하는 행위도 배신이라 할 수 있다.

또한 친구 사이의 돈 문제는 오랫동안 민감한 주제이다. 돈거래는 친구관계를 끊어버리는 용광로와도 같다. 러디어드 키플링 Rudyard Kipling은 악성 부채자산을 면제해주는 것이야말로 가장 보기 드문 우정이라고 말한다.

"아무 말도 하지 않고 친구의 지갑을 쓸 수 있다

친구가 내 지갑에서 가져가는 돈은 별로 없다

길을 걷다 마주쳐도 그저 즐겁기만 하다

아무것도 빌려준 일이 없었던 것처럼."

하지만 지나치게 웅장한 개념을 떠벌리는 키플링보다는 마크 트웨인의 기발한 관찰이 우리의 진솔한 경험에 훨씬 가까워 보인다.

"우정의 성스러운 열정은 너무나 달콤하고 한결같고 충실하고 끈질긴 본성을 지니고 있기 때문에, 평생 영속될 것이다. 돈을 빌려달라고 요구하지만 않는다면 말이다."[16]

배신당하는 것이 고통스러운 만큼, 친구를 배신하는 경험도 고통스럽다. 정신과의사 에런 라자르Aaron Lazare가 쓴 『사과 솔루션On Apology』이라는 책을 보면 마누엘이라는 이름의 환자가 옛 친구에게 사과하는 이야기가 나온다. 그는 어릴 적에 난처한 상황에 처한 친구를 도와주지 못한 적이 있는데, 그 부끄러운 기억에 오랫동안 죄책감에 시달렸다고 말한다. 마누엘은 어릴 적 친구 집에 따라갔다가 그가 이웃집 아이들에게 심하게 놀림을 받는다는 것을 알았다. 아이들은 '계집애처럼 행동한다'는 고전적인 이유로 친구를 놀렸다. 곁에 서 있던 마누엘은 한 걸음 앞에 나가 머뭇거리다가…… 친구 편이 아니라 괴롭히는 아이들 편에 섰다. 마누엘은 사과하는 편지에서 그때 일을 이렇게 묘사한다.

나는 네 곁에 서지 않았어. 내 목구멍은 굳어버렸지. 너나 그애들이나 모두 친구였기에 어느 한쪽을 선택해야 했어. 나는 네 편이 아니라 상대 아이들 편에 섰지. 나의 마음은 혼란에 빠졌고 나는 그 길 위에 영원히 남겨지고 말았어.[17]

사과를 통해 마누엘은 구원의 길을 찾았고 '그 이후 오랫동안 다양한 시기에 그를 계속해서 찾아온 그 장면'에서 해방되었다. 그는 자신이 겁쟁이라는 인식에 반세기 이상 시달려왔다. 이처럼 배신은 배신당한 사람만 파괴하는 것이 아니다.

배신은 사람들과의 관계에서 우리를 작고 초라하게 만드는 어두운 그림자와 같다. 고대 그리스에서는 고결함을 갖추려면 개방성, 즉 믿지 못하는 의심을 거둔 열린 마음가짐을 가지라고 말한다. 배신은 관용과 개방성을 포기하라고 요구하며, 모든 사람의 동기를 의심하여 자신을 보호하라고 강요한다. 우리는 의심하는 법을 익힌다. 마사 누스바움은 "배신의 경험은 미덕의 기반을 천천히 침식한다"라고 말한다. 누군가 '죽는 순간까지' 함께할 수 있는 사람이 된다는 것은 얼마나 즐겁고 신나는 경험인가? 소위 친구들에게 전혀 불편하지 않은 사람이 된다는 것은 영적으로 얼마나 충만한 경험인가?

아마도 친구에게 배신당한 경험을 가장 뼈저리게 느낀 사람은 욥일 것이다. 그는 세속적인 물건을 모두 버리고 처음에는 두드러지게 훌륭한 영혼으로 남았다. "신이 주신 것을 신이 가져가신 것뿐이야. 아무 문제 없어!" 그러다가 친구에게 의지할 수밖에 없을 만큼 급박한 상황에 처한다. 하지만 그 절실한 상황에서, 진정한 친구라고 생각하던 옛 친구를 찾았을 때 '기대하던 애정 어린 환대와 도움'(히브리 성서에 이 말은 '헤세드hesed'라고 표기되어 있었는데, 이 말은 '사랑'과 '충성'을 모두 포괄하는 말이다)은커녕 문전박대를 당한다. 그토록 굳건하던 욥은 결국 절망에 굴복하고 만다. 불행에 처했다고 해서 의리를 저버릴 사람들이었다면, 처음부터 그들을 친구로 여기지 않았을 것이었기 때문이다. 의리를 지키지 않는 것은 그를 사랑하지 않는다는 뜻이다. 이러한 깨달음은 욥을 한방에 날려버렸다. 자신이 믿던 우정도, 사랑도 모두 거짓이었다. 그는 배신당한 것이다.

친구를 위해 얼마나 멀리 갈 수 있는가

욥을 문전박대한 친구의 시점에서 이 사건을 재구성해보자. 그들은 그가 고난에 빠진 것은 신의 저주라고 생각했을 것이다. 불행해졌다는 것 자체가 신에 대한 불경을 저질렀다는 것을 입증하는 증거인 셈이다. 욥의 편을 드는 것은 신에 대해 반기를 드는 것이고, 그것은 쉽게 할 수 없는 일이다. 변명에 불과하다고 생각하는가? 자기들 편한 대로 신앙심을 갖다붙인다고 생각하는가? 아마 그럴지도 모른다.

하지만 현실적으로 그런 판단도 가능하다. 곤란에 처한 친구를 버리지 말라는 도덕적인 요구는 다른 도덕적 요구와 정면으로 부딪칠 수 있다. 이러한 복잡한 상황은 의리를 가치 없는 미덕으로 만든다. 충직하고 진실한 인물로 존경받는 필라데스를 예로 들어보자. 그런 타이틀을 그는 어떻게 얻었는가? 그렇다. 오레스테스가 살인 혐의로 기소되었을 때 친구를 버리지 않았기 때문이다. 하지만 그는 오레스테스가 자신의 어머니를 살해하는 것을 도와준 공범이기도 했다. 당연히 그를 신뢰할 수밖에 없었다.

철학교수 저넷 케넷Jeanette Kennett과 딘 코킹Dean Cocking은 우정이 어떻게 우리를 도덕적 위험으로 몰아넣을 수 있는지 이야기하면서, 이런 농담으로 문제를 정리한다. "평범한 친구는 이삿짐을 옮기는 것을 도와주겠지만, 좋은 친구는 우리 몸을 옮기는 것을 도와줄 것이다."[18]

이처럼 친구는 위험할 수 있다. 그렇다면 우정이라는 정의를 받아들이고 친구를 돕겠다는 믿음을 준다고 하더라도, 그것이 어느 지점까지만 유효하다고 말할 수 있을까? 실제로 나쁜 일을 부탁하는 사람은 친구가 될 수 없다고 말할 수 있다. 그리고 이로써 우리는 그 사람에게 가져야 하는 의무를 모조리 벗어버릴 수 있다.

이것도 그럴듯한 주장이지만, 우정에 대한 우리의 이해와는 맞지 않는다. 어쨌든 비난받지 않는 상황에서만 포용해줄 친구를 가지는 게, 과연 무슨 소용이겠는가? 마크 트웨인은 이렇게 주장한다. "친구란 잘못을 저질렀을 때에도 자기편에 서주는 사람이다. 옳은 일을 했을 때는 친구가 아니라도 편들어줄 사람이 많다." 맞다. 하지만 우리는 친구를 위해서 얼마나 멀리 갈 수 있을까? 도덕적 위험을 어디까지 감수할 것인가? 물론 범죄를 저질러야 하는 상황까지 나아간다면 그런 의리는 파기하는 것이 가장 좋은 선택일 것이다.

아마도 친구 사이의 의리를 가늠할 수 있는 바람직한 척도는 친구의 잘못을 기꺼이 수용하는 것이리라. 1821년 월터 스콧은 멜빌에게 법적으로 곤경에 처한 몇몇 치기 어린 젊은 정치초년생들을 호의적으로 봐달라고 요청한다. 그들은 과격한 당파적 유인물을 뿌려 중상모략을 했다는 혐의를 받고 있었다. 스콧은 그들이 잘못은 저질렀지만, 그럼에도 동지에 대한 믿음이 있어야 한다고 주장한다. "내가 옳을 때뿐만 아니라 다소 잘못된 일을 했을 때에도 내 곁에 서 있어줄 친구가 필요하다."[19] 여기서 스콧이 사용한 '다소'라는 한정을 눈여겨보라. 그것은 정확하게 측정할 수 있는 것은 아니지만 어느 정도 이해할 수 있는 것이다. 아리스토텔레스도 비슷한 기준을 제시하는데, 그는 친구가 죄를 지었을 때조차 버리지 말아야 한다는 쪽으로 좀더 치우친다. 아리스토텔레스는 '사악함이 과도하지' 않은 한 친구를 비난하지 말라고 말한다.

실제로 이런 조언이 어떤 결정을 내리는 데 유용한 도구를 제공하진 않지만, 무엇이 '다소' 잘못된 것인지, 무엇이 '사악함이 과도한' 것인지 실제상황을 통해 판단해보자. 예컨대 친구가 탈세하는 것을 목격했다고 하자. 우리는 친구가 잘못된 행동을 하지 않도록 설득할 수도 있고 안 할 수도 있지만, 그를 국세청에 신고하는 사람을 친구라고 할 수 있을까? 한편, 친구가 살인하는 장면을 목격했다고 해보자. 이 경우 살인을 못 본 척한다면, 우정은 머지않아 끝나고 말 것이다.

또 이러한 경우를 모두 포함한 상황을 생각해보자. 자신의 소중한 친구가 협박을 받는다고 하자. 그의 경력, 결혼, 명예가 위태로운 상황에 처했다. 친구의 협박범에게 우리는 어떻게 대항할 수 있을까? 협박범의 약점을 안다면, 거꾸로 협박범에게 협박편지를 보내 맞불을 놓을 것인가? 협박범에 대해 전혀 모르는 경우에는 어떻게 할 것인가? 그 협박이 친구에게 별 위협이 되지 않을 것이라고 생각하고 아무 조치를 취하지 않겠는가? 우리가 무엇을 할지 물을 수는 있지만, 그것은 수많은 변수에 따라 달라질 것이다. 하지만 친구의 적에게 칼을 찌를 정도까지 나갈 사람은 없을 것이다. 어쨌든 우리는 어떤 상황에서든 의리라는 매력적인 불굴의 코드를 찾기 위해 노력한다.

이처럼 임기응변식 기준은 친구나 국가를 배신할 것인지 말 것인지 판단해야 하는 포스터의 딜레마를 해결하는 데 어떤 이야기를 해줄 수 있을까? 친구가 소련의 스파이로 활동하며 조국을 배신한 영국의 정보요원 킴 필비와 같은 사람이라는 사실을 알게 되었을 경우, 우리는 어떻게 행동할까? 반역에 공모한다는 것은 곧 다른 친구들을 모두 배신한다는 의미이기 때문에, 스파이에게 의리를 지키려 하지는 않을 것이다.

명확하고 애매하지 않으며 보편적으로 적용할 수 있는 도덕규칙이 있다면 얼마나 좋을까? 이것이 바로 플라톤과 칸트가 그토록 매료되었던 도덕성의 유형이다. 이는 타협하지 않고 엄격하게 적용되며 어떤 곤란한 상황이 닥쳤다 해도 달라지지 않는 도덕성이다. 그러한 확고한 도덕성을 칸트는 '정언명령'이라고 했다. 하지만 그런 정언명령 속에는 우리가 살면서 가치 있는 것이라고 인식하는 무수한 것들이 포함되지 않는다. '우정'과 같은 너절한 개념은 끼어들지 못한다.

친구와 의리를 지키기 위해서는 어쨌든, 크든 작든 잘못된 행동을 해야만 하는 상황에 처할 수 있다. 그리고 잘못된 행동에 대한 요구가 어느 선을 넘어가면 더이상 우정이라는 유대를 유지하기 힘들다고 판단한다. 하지만 우정이라는 유대를 온전히 지키고 싶다면, 도덕원칙과 친구에 대한 의리가 충돌하는 상황에 맞닥뜨리고 싶지 않다면, 우정은 끝까지 지켜야 한다. 케넷과 코킹이 말했듯이 "실수를 저지르고 문제를 일으키고 도움을 요청하는 사람들을 모두 배제한다면, 친구로 남아 있을 사람이 없을 것이다".[20]

법의 규율을 철저히 지키는 사람들조차 의리 있는 우정을 위해 어느 정도는 유연하게 대처한다. 오 헨리의 소설 「20년 후After Twenty Years」에는 이슬비 내리는 캄캄한 밤, 20년 전의 약속을 지키기 위해 재회하는 친구의 이야기가 나온다. 20년 전 그들은 앞으로 어떤 운명을 만들어나갈지 모르는 상태에서, 그날 만나기로 약속한다. 하지만 한 친구는 경찰이 되었고, 다른 한 친구는 현상범이 되었다.

경찰은 친구를 보는 순간 한눈에 그가 현상범인 것을 알았지만, 그를 체포하지 않았다. 그 대신 다른 경관을 시켜 그를 체포하도록 하고, 그를 통해 쪽지를 전달한다. "자네가 시가에 불을 붙이기 위해 성냥불을 붙였을 때, 시카고에서 현상수배하는 사람이라는 걸 알았네. 하지만 내 손으로 직접 자네의 손에 수갑을 채울 수는 없었네. 대신, 돌아오는 길에 다른 경찰에게 부탁했네." 친구에 대한 의리와 임무에 대한 충성 사이에서 경찰은 의무를 선택했다. 하지만 그 역시 친구의 손에 수갑을 채우는 일은 하고 싶어하지 않았다. 자신이 처한 도덕적 난처함을 피해 가기 위한 판단이었다. 그는 아가멤논처럼 그러한 난처함을 모른 척하고 행동하지는 않았다.

마하트마 간디가 친밀한 우정이 도덕적 순결을 위협할 수 있다며 멀리하라고 경고한 것은 바로 이 때문이다. 그는 이렇게 말했다. "자기들끼리 친밀한 관계는 경계해야 한다." 친구는 실제로 우리에게 미덕을 불어넣어주기보다 우리를 실수와 잘못으로 이끌 확률이 높다. 토마스 아 켐피스의 금욕적인 조언에 공감하면서 간디는 "신과 친구가 되고자 하는 사람은 반드시 홀로 남아야 한다"라고 결론 내린다.[21]

간디는 어떻게 그렇게 인간관계에 대해 금욕적인 관점을 갖게 되었을까? 그것은 젊은 시절 겪은 충격적인 사건, 그의 삶의 방향을 바꾼 사건에서 비롯한다. 간디가 풋내기 변호사로 일할 때, 형이 공직을 남용한 혐의로 기소된 적이 있다. 간디는 이 사건에 영향을 줄 수 있는 영국 관리를 알고 있었다. 하지만 그의 형은 이렇게 말했다. "네가 아는 관리에게 가서 나를 위해 좋은 말을 해주는 것은, 네 의무를 회피하는 일이니 하지 말거라."

하지만 간디는 죄책감을 느끼면서도 그 관리를 찾아가 형에 대해 선처해달라고 호소했다. 하지만 그 관리는 무례하다고 화를 내며, 젊은 변호사를 내쫓아버렸다. 굴욕과 모욕을 느낀 간디는 이렇게 다짐했다. "다시는 그런 비굴한 위치에 서지 않겠다. 절대 이런 식으로 우정을 이용하지 않겠다." 몇 년 뒤 그는 이렇게 말할 수 있었다. "그날 이후로 그 결정을 한 번도 저버리지 않았음을, 한 점 부끄러움 없이 말할 수 있다."[22]

이 사건에서 재미있는 사실은, 특별한 배려를 부탁하는 것이 잘못된 행동이라는 것을 간디 스스로 알고 있으면서도 영국 관리에게 거절당했을 때 심한 모욕을 느꼈다는 것이다. 왜 잘못을 저지른 자가 거절당한 것을 수치스럽게 여기는 것일까? 간디는 친구의 부탁이라면 잘못된 행동도 들어줘야 한다고 생각했기 때문이다. 간디는 영국 관리가 자신의 친구라고 자만했다. 하지만 그 우정을 이용하려고 했을 때 그는 거절당했다. 간디는 친구의 부탁을 거절해서는 안 되며, 따라서 그 관리는 자신의 친구가 아니라고 결론 내렸다. 더 나아가, 당황스럽고 언짢은 경험을 해소하기 위해 간디는 영국인은 절대 진정한 친구가 될 수 없다고 결론 내렸다.

자신이 친구라고 생각했던 사람이 사실은 친구가 아니었다는 경험은 매우 고통스러운 것이었고, 그는 관계를 시험해야 하는 그러한 상황에 다시 들어갈 필요가 없는 윤리체계를 구축하기 위해 애썼다. 그는 '친구'라는 개념을 싸잡아 비난하고, 그런 관계는 어떤 식으로든 공정하지 않은 행동으로 이어진다고 공언했다. 그는 모든 사람의 친구가 되는 한편, 누구와도 가까운 친구가 되지 않기 위해 노력했다.

조지 오웰은 이러한 간디의 주장은 거창한 핑계에 불과하다고 생각했다. '친구에 대한 의리가 잘못된 행동으로 이어질 수 있다는 것은 의심할 여지 없는 진실'이지만, 그런 위험은 친구라는 혜택을 누리기 위해서는 어쩔 수 없이 지불해야 하는 비용에 불과하다. 우리는 앞에서 친구를 위해 역경을 기꺼이 감수하는 많은 사람들을 보았다. 오웰은 이러한 의리가 '도덕적인 위험'까지 감수해야 한다고 말한다. 친구를 돕기 위해 다양한 손해를 기꺼이 감수하는 것처럼, 진정한 친구를 위해서는 도덕적인 손실도 기꺼이 감수해야 한다는 주장이다.

오웰이 생각하는 측면에서 보자면, 간디는 우정을 비난함으로써 복잡한 의리가 엉켜 있는 험난하고 불편한 길을 버리고 쉽고 탄탄한 길로 나아갔다. "인간됨의 본질은 완벽한 인간이 되는 데 있지 않다. 때로는 의리와 충성을 지키기 위해 기꺼이 죄도 저지를 줄 아는 인간이 되는 데 있다." 그렇지 않으면 우리는 가까운 유대를 전혀 형성하지 않는 세상, 지극히 비인간적인 디스토피아로 빠져들 수밖에 없기 때문이다. 오웰은 이렇게 말한다. "우리는 살면서 깨지고 파멸할 준비를 해야 한다. 그것은 다른 인간, 다른 개별자와 사랑의 감정으로 하나가 되기 위해 지불해야 하는 대가이기 때문이다."[23]

진실 vs 의리

아리스토텔레스는 『니코마코스 윤리학』에서 플라톤주의자들처럼 보편적인 단 하나의 선이 있느냐 없느냐 하는 질문을 던진다. 아리스토텔레스는 여기서 윤리가 세상을 살아가는 방식일 뿐, 내세의 이상(플라토닉 이데아)에 비추어 어떻게 살아야 한다는 문제가 아니라는 것을 보여주고자 노력한다. 우정의 중요성을 강조한 아리스토텔레스는 스승의 가르침을 거스르는 자신의 생각도 어떤 면에서 배신이라는 것을 알았다. "그런 탐구가 이데아라는 교리를 설파한 스승과 맺은 우애라는 관점에서 보면 유쾌한 것만은 아니다. 하지만 우리는 불안을 무릅쓰고 이것이 올바른 길이라고 생각한다. 진실을 위해서 우리는, 특히 스스로 철학자라고 생각하는 사람들은, 가장 가까운 것조차 희생해야 한다. 양쪽 다 우리에게 소중하지만 진실을 우선시하는 것은 철학자의 신성한 의무다."

어쩌면 이것은 갈등이 아니라고 생각하는 사람도 있을 것이다. 플라톤은 아리스토텔레스에게 진리를 사랑하라고 가르쳤고, 아리스토텔레스가 스승의 가장 중요한 가르침을 실천함으로써 우애를 지켰다면 이들 사이에는 전혀 갈등이 존재하지 않았다고 할 수 있다. 하지만 아리스토텔레스는 그렇게 생각하지 않았다. 그것은 진리와 우애 중 하나를 선택해야 하는 문제였다. 그리고 그는 진리를 선택했다.

이것은 진리와 우정이 충돌할 때 언제나 진리를 선택해야 한다는 엄격한 규칙을 말해주는가? 그렇지 않다. 갈등하는 충성은 단순히 친구를 위해 무릅써야 하는 물질적 손해가 아니고, 도덕적인 고뇌로 이어질 수도 있으며, 더 나아가 상당한 지적 혼란까지 초래할 수 있다.

아동포르노물을 수집했다는 혐의로 체포된 교감처럼, 우리가 친구들에게 바라는 것은 믿음이다. 친구들이 자신의 행동을 공평하게 판단해주기를 바라는 것이 아니라, 자신의 편을 들어주기를 바라는 것이다. 나중에 거짓으로 판명이 날지라도 친구가 무조건 옳다고 믿어주기를 바란다. 바로 이것이 키플링에게 의리 있는 우정의 의미였다.

"그의 잘못은 나의 잘못이요, 그의 옳음은 나의 옳음이라

때가 왔든, 때가 지나갔든

모든 사람이 보는 앞에서 결연히 일어나 지지하라—

그것만이 나에게 유일한 이유이기에!"

의리 있는 친구는 혐의를 쓴 친구 편에 설 정당한 증거를 찾지 않는다. 그에게 중요한 것은 오직 '친구를 위해' 무엇이 옳은가 하는 것이다. 그에게는 그것이 옳은 것이다.

그런 태도가 매력적으로 느껴지는 것은 당연하다. 하지만 의리를 비판적으로 바라보는 사람들에게 그들은 계약파기자에 불과하다. 친구가 무조건 옳다고 가정하면, 아무 이해관계가 없는 사람조차 반대결론에 도달할 수밖에 없는 증거를 눈앞에 들이대도 아무 소용이 없을 것이다. 이성과 사실이 전혀 작동하지 않는 전혀 다른 세상의 판단에 도달한다. 현대의 지식인들은 이러한 판단을 '인식론적 오류'라고 비난할 것이다. 철학자 세라 스트라우드^{Sarah Stroud}는 이렇게 말한다. "우정은 우리의 느낌이나 동기뿐만 아니라 '믿음'과 믿음을 형성하는 수단 위에 요구를 올려놓는다."[24] 다시 말해 의리는 친구가 틀렸을 때조차 친구를 도와야 한다는 생각을 하게 만들 뿐만 아니라, 그들이 틀렸다는 '생각'조차 하지 말라고 요구한다.

판단을 보류하고 믿는 태도는 친구는 물론 연인, 가족, 그 밖에

모든 우리 삶의 영역에서 기준이 되는 의리의 지표라 할 수 있다. 고등학교 1학년의 먼지 날리던 뜨거운 어느 오후, 야구를 하던 생각이 난다. 나는 원래 우익수로 수비를 했는데, 그날은 2루수를 맡게 되었다. 2루수를 맡던 아이가 무릎을 다치는 바람에 그다지 주목을 받지 못하던 우익수 자리에서 2루수로 옮겨온 것이다. (우익수는 사실 그냥 서 있기만 해도 되는 자리였다.)

이윽고 땅볼이 잔디밭을 가르며 나를 향해 쏜살같이 굴러왔다. 나는 공을 받으려고 웅크렸지만 공은 다리 사이로 빠져 외야로 뻗어나갔다. 게임이 끝난 뒤 집에 돌아가기 위해 나는 아버지 차에 올라탔다. 아버지는 처음부터 경기를 지켜보고 있었다.

"땅볼 놓친 걸 부끄러워할 필요는 없어. 바운드가 정말 이상했거든."

다른 아이들이 공을 잡지 못했을 때도 아버지의 눈에 야구장 지면이 그렇게 울퉁불퉁하게 보였을까? 나는 의심스러웠다. 아버지는 단순히 내 기분을 풀어주기 위해 그렇게 말한 게 아니었다. 나에 대한 의리 때문에 게임을 전혀 다른 방식으로 인식한 것이다.

의리가 강력한 미덕인 이유는 그것이 어느 정도 합리적인 의사결정을 대체하기 때문이다. 친구를 배신해서 큰 보상을 얻을 수 있는데도 그렇게 하지 않는 이유는 바로 의리 때문이다. 의리는 눈앞의 합리적인 계산을 왜곡하고, 죄수의 딜레마도 무의미하게 만든다. 하지만 우리는 이제, 의리가 또다른 종류의 비합리성이 될 수 있다는 것을 깨닫는다. 편견 없이 증거에만 기초하여 믿음을 구축하는 것이 아니라 헌신과 관계에 기초하여 판단할 때, 이성은 쉽게 운전석에 앉지 못한다. 스트라우드는 이런 상황을 완전히 잘못된 것이라고 생각하지 않았다. 실제로 그녀는 의리와 충성의 끌어당김이 우리에게 앎의 소중한 방식, 표준적인 논리기법과 맞지 않는 지식의 유형을 제공한다고 주장했다.

친구를 나쁘게 판단하면 안 된다는 단순한 이유로 우리 스스로 명백한 사실조차 믿지 않으려 하는 것을 어떻게 받아들여야 할까? 수많은 도덕적, 정신적 절대론자들은, 이것이 충성과 의리가 파멸할 수밖에 없는 이유라고 주장한다. 진실에 헌신하지 않는 사람의 말을 누가 믿을 수 있겠는가? 충성이 우리의 정확한 판단능력을 훼손하고 타락시킨다면, 그런 특성을 '미덕'이라고 할 수 있을까? 토머스 페인Thomas Paine은 그렇지 않다고 말한다.

"자신에게 정신적으로 충실한 것이 바로 인간의 행복에 필수요건이다. 충실하지 않다는 것은 믿고 믿지 않고의 문제가 아니라, 자신이 믿지 않는 것을 믿는다고 고백하는 것이다." 혁명의 사상가답게 그는 목사들이 실제로 믿지 않는 신학 교리를 믿는다고 생각하고, 더 나아가 자신이 신실하다고 생각하도록 스스로를 기만한다고 주장한다. 결국 그들은 자신이 신앙에 헌신한다고 생각하며 진리를 배신한다. "도덕적 장난을 이성으로 재단하는 것은 불가능하기에…… 정신적 거짓말이 사회 안에서 계속 생산되고 있다." (페인은 거짓이라는 것을 알면서도 어떤 것을 믿는 행위를 '정신적 거짓말mental lying'이라고 정의한다.)

실제로 수많은 성직자들이 신앙에 대한 회의로 고통받는다. 테레사 수녀가 신의 존재를 느끼지 못한다고 고백한 것은 빙산의 일각에 불과하다. 하지만 잘못된 확신은 종교적인 차원에만 국한되는 것이 아니다. 신앙은 물론이고 우정의 맥락에서도 수많은 사람들이 스스로 정신적 확신을 가지고 진실을 왜곡하고 타협한다. 실제로 '정신적 거짓말'에 얼마나 기꺼이 순응하느냐 하는 것이 의리 있는 우정을 입증하는 전제조건처럼 보이기도 한다. 그렇다면 친구에 대한 쓰라린 진실을 부인하는 충성주의자들은 과연 어떤 사람들일까? 토머스 페인은 이렇게 말한다. "스스로 믿지 않는 것을 믿는다고 서약할 만큼 마음의 순결성을 팔아먹고 타락했다는 것은, 어떤 범죄라도 저지를 준비가 되어 있다는 뜻이다."[25]

현대의 철학자들은 좀더 차분하다. 사이먼 켈러Simon Keller 교수는 이렇게 말한다. "인식론적인 규범을 따르지 못한다는 점에서 우리는 언제나 손해를 보고 후회를 하는 법이다." 하지만 그런 손해와 후회는 우정이라는 혜택을 누리기 위해 지불해야 할 정당한 대가일지도 모른다. 그는 이런 조건을 덧붙인다. "우정을 위해 요구되는 인식론적인 실수의 책임이 어느 한계를 넘지 않는 한, 이런 상황은 계속된다."[26]

켈러는 예를 들어 설명한다. 아마추어 농구대회에 참가했다고 상상해보자. 당신의 실수 때문에 팀이 우승을 하지 못했다. 의리 있는 친구는 '코트에서 당신이 저지른 실수'를 기억하기 싫어할 것이다. 또는 '당신이 패배의 원인이었다는 사실'을 떠올리기 싫어할 것이다.[27] 그럴 경우 그들은 내가 2루수로서 저지른 실책에 대해 아버지가 했던 말처럼 게임에 대한 평가를 왜곡할 것이다.

하지만 그 정도까지 갈 필요도 없다. 그들의 충성은 켈러가 생각하는 것처럼 판단을 보류할 만큼 지극하지 않을 수도 있다. 어쨌든 내가 자유투를 넣지 못하는 바람에 팀이 패배했다면, 나에게 잘한다고 말하기 위해서 자신의 믿음을 속이는 동료들이 얼마나 되겠는가? 오히려 그들은 가슴 아픈 말로 내가 우승을 날려버렸다는 사실을 각인시킬 것이다. 어쨌든 그들이 내 친구라면 적어도 나에게 적대감을 갖지는 않을 것이다. 게임의 승패나 우승이 우정보다 중요한 의미를 지니지는 못할 것이다.

의리 있는 우정에 대한 할리우드의 찬가라고 할 수 있는 영화 〈멋진 인생It's a Wonderful Life〉을 예로 들어보자. 은행가 조지 베일리가 예금을 횡령했다는 혐의로 난처한 상황에 빠졌다는 소식을 듣고 많은 친구들이 모여든다. 그 혐의를 거짓이라고 생각하는 것은 그가 좋은 사람이라는 단순한 믿음 때문이었다. (어쨌든 그가 그렇게 많은 친구를 얻을 수 있던 것은 이타적인 덕성과 관대함 때문이었다.) 아니, 그들은 혐의가 뭔지 전혀 상관하지 않았다. 친구가 곤란에 처했다는 것, 그것이 그들이 아는 전부였다. 자신들이 어떻게 행동해야 할지 판단하기 위해 혐의 내용을 살피지도 않았다.

조지의 아내 메리가 남편을 구하기 위해 돈이 필요하다고 하자 친구들은 곧바로 돈을 모으기 위해 마을 전역으로 흩어진다. 그리고 불과 몇 시간 만에 베일리의 집에 다시 모인 친구들은 테이블 위에 돈을 한가득 쌓아놓고 즐거워한다. 메리는 놀라움과 고마움에 울음을 삼키며 말한다. "그분들은 어떤 질문도 하지 않았어요. 조지가 어려움에 처하면 언제든 찾아오라고만 했어요."

그런 우정은 우리에게 감동을 준다. 그것은 감상적인 눈물을 자극하는 소중한 충성이다.

이런 우정은 이성적인 근거를 찾으려 하지 않는다는 점에서 비합리적이다. 『오만과 편견』에서 엘리자베스 베넷은 적절한 이유를 제시하지 않는다는 이유로 친구의 부탁을 들어주기를 꺼리는 다시를 꾸짖는다. 그녀는 친구의 부탁은 언제든 서슴없이 들어줘야 한다고 주장한다. 다시는 '알지도 못하고 무조건 들어주는 것'은 친구를 존중하는 태도가 아니라고 반박하지만 엘리자베스는 동의하지 않는다. 그녀는 이렇게 말한다. "부탁하는 사람을 진정으로 배려한다면, 정당한 이유를 제시하지 못하더라도 서슴없이 들어줄 수 있어야 한다."[28]

의리 있는 우정은 또한 우리에게 거짓말을 하도록 유도하기도 한다. 악의 없는 의리는 1949년 발표된 베티 허턴Betty Hutton의 〈그건 충성That's Loyalty〉이라는 노래에서도 찾을 수 있다. 노래에서 그녀는 남자친구가 자신의 옷차림, 춤, 화장에 대해 늘 잔소리한다고 불평한다. 하지만 그 남자친구는 그러면서도 다른 사람들에게는 모두 그녀를 여왕처럼 대하도록 요구한다. 자신은 그녀의 모자가 마음에 안 든다고 말할 수 있지만, 다른 사람들이 그런 이야기를 하면 불같이 화를 내며 그녀의 모자가 마을에서 제일 예쁘다고 주장한다.

로마시대 작가이자 인기 있던 작사가였던 푸블릴리우스 시루스도 이러한 감정을 한마디로 정리한다.

"친구를 나무랄 때는 사적으로, 칭찬할 때는 공적으로."

이 금언은 2,000년이 지난 지금까지도 빛을 발한다. 하지만 이것은 충성과 의리가 우리에게 거짓말도 할 줄 알아야 한다고 이야기하는 것이다.

우리는 정직하지 않은 태도를 관계의 타락이라고 비난할 수 있다. 또한 그것을 자신에 대한 관심의 척도로 간주할 수 있다. 킹즐리 에이미스Kingsley Amis의 소설『러시아 소녀The Russian Girl』에서 러시아문학 교수 리처드 베이지는 젊은 러시아 여류시인과 사랑에 빠진

다. 문제는 그녀의 시가 전혀 훌륭하지 않다는 것이다. 그녀의 작품
은 그를 울린다. "싸구려. 깊이도 없고, 우둔하고, 천박하다. 시인
으로서 재능은 전혀 찾아볼 수 없고, 문학으로서 어떤 느낌도 주지
못하는 무수한 단어들의 나열에 불과하다."

그녀는 황금의 여신이었지만, 그녀의 시는 '납'으로 빚어져 있었
다. 베이지는 그 사실을 말하지 못하며, 그녀의 소망을 깨지 못한
다. 결국 그녀가 자신의 생각을 솔직하게 말해달라고 했을 때, 거짓
말을 하지 않으면서 가장 훌륭한 거짓말을 지어내기 위해 더듬더듬
이야기한다. "작품 낭송이 끝나기도 전에 눈물이 울컥 솟구치더군.
지금까지 그만큼 나를 울린 시는 없었어."

그녀가 마침내 놓아줄 때까지 그는 속마음을 털어놓지 않는다.
결국 그녀는 이렇게 고백한다. "당신이 내 시에 대해 좋게 생각한다
고 말했을 때, 나는 금세 그것이 거짓말이라는 걸 눈치챘어요. 하지
만 그 거짓말은 나에 대한 당신의 사랑이 얼마나 큰지 알려주었어
요. 그리고 그건 당신에 대한 내 사랑이 영원할 거라는 뜻이지요."[29]

모순된 미덕, 의리

의리가 그저 문제를 일으키기만 하는 것일까? 의리는 친구를 위해
편파적이 되라고 요구한다. 하지만 도덕성은 일반적으로 모든 사람
을 공평하고 평등하게 대하라고 요구한다. 의리는 규칙은 물론 법
마저 위반하라고 요구하며, '사소한' 잘못은(때로는 사소한 것 이상의
범죄라도) 친구와 공모하라고 요구한다. 의리와 충성은 이성적 사고

를 제압하고 거짓이라고 생각되는 것도 기꺼이 믿고, 거짓말도 서슴없이 하라고 요구한다.

하지만 여기서 중요한 것은 친구들이 나를 위해 의리가 요구하는 행동을 하지 않았다는 것을 알았을 때 우리가 분노한다는 사실이다. 이런 감정은 무엇을 이야기하는 것일까? 어쩌면 우리 자신이 그만큼 타락했다는 것을 알려주는 지표일지도 모른다. 의리의 진정한 의미가 그런 것이라면 의리는 미덕이라기보다 악행이며, 우리는 악행에 의지하는 비열한 사람이라는 결론에 도달할지도 모른다. 아니면 그런 분노를 우리 삶에서 의리를 정당화하는 의미로 포용할 수도 있다. 의리가 수반하는 모든 도덕적 위험에도 불구하고 우리는 여전히 의리를 가치 있게 여기고, 친구들이 나에게 의리를 지켜주기 바라며, 나 역시 스스로에 대한 의리를 지키기 위해 노력한다. 이것은 모순된 미덕을 무조건적으로 포용하는 것이다.

미덕이라고 하는 것이 우리를 부도덕한 행동으로 이끌 수 있다는 골치 아픈 문제를 풀기 위해 씨름하면서, 우리가 우정을 가치 있게 여기는 것은 그것이 우리의 도덕적 기준을 높여주기 때문이 아니라 그것 자체로 동경과 호감의 대상이기 때문이라고 결론 내릴 수 있다. 의리 있는 우정은 현실에서 쉽게 접할 수 없기 때문에 그토록 우리의 마음을 끄는 것인지도 모른다. 러디어드 키플링은 이렇게 노래한다.

"솔로몬이 말하길, 1,000명 중에 한 남자만이

형제보다 더 가까울 것이다."

변덕스럽고 겉만 번지르르한 999명은 잊어라.

"모든 세상이 당신과 맞설 때

1,000번째 남자가 당신의 친구가 되어줄 것이다."

의리가 초래할 온갖 손해와 인식론적 실수와 도덕적 위험을 무릅써야 한다고 해도, 1,000번째 남자를 찾고 싶어하지 않을 사람이 있을까? 키플링이 말하듯 "그런 사람을 찾기 위해 인생의 절반을 써버린다 해도 그것은 그만한 가치가 있다." 하지만 더 중요한 질문은 이것이다. 스스로 그 1,000번째 남자가 되고 싶지 않을 사람이 어디 있겠는가?

충성하는
고객

충성마케팅의 신화

충성이 케케묵은 유물로 취급받고 있는 오늘날, 그것이 여전히 뜨거운 이슈가 되는 분야가 있다. 바로 마케팅이다. '충성고객'을 만들어내는 기술을 설명하는 경영서적들도 많이 나와 있다. 지난 20년 동안 기업들은 '충성마케팅'에 몰두해왔다. 충성마케팅이란, 현재의 고객들이 빠져나가지 않도록 붙잡아둠으로써 새로운 고객을 끌어들이기 위한 비용을 최소화할 수 있다는 시장접근방식이다.

1980년대 경영 구루 프레드 라이켈트 Fred Reichheld에 의해 본격적으로 논의되기 시작한 기업의 충성마케팅은 특별한 방식으로 고객을 끌어들인다. 라이켈트는 이를 '황금률에 기반한 사업'이라고 불렀다. 누가 이런 사업방식을 반박할 수 있겠는가? 이익을 위해 비굴

해지지 않고도 돈을 벌 수 있다는데 싫다는 사람이 어디 있겠는가? 라이켈트의 주장은 그들에게 거의 구세주와 같은 것이었다. "상호혜택과 상호책임은 기업을 살찌울 것이다."[1] 기업들은 충성이라는 덕목을 활용하여 수익을 개선할 수 있다고 확신하기 시작했다.

하지만 믿음과 신뢰를 활용하여 현대자본주의의 잉여수요를 잡을 수 있다는 주장은 그럴듯하게 들리기는 하지만, 충성이라는 덕목은 기업세계와는 본질적으로 맞지 않다. 더 나아가 충성을 그대로 사업원칙이나 사명社命으로 삼는 기업도 있는데, 이는 기업에 상당한 문제를 초래할 수 있을 뿐만 아니라 충성이라는 덕목조차 타락시키고 만다. 맘몬mammon(물욕)을 높은 차원으로 끌어올려주기는커녕, 충성의 가치를 끌어내릴 뿐이다.

충성마케팅에 배신당하는 고객

가장 흔히 볼 수 있는 충성마케팅은 '마일리지' 프로그램이다. 호혜의 원칙을 적용하여 단골고객에게 혜택을 준다는 것이다. 정말 여기에 충성이라고 할 수 있는 가치가 담겨 있을까? 앞에서도 살펴보았듯이 진정한 충성이란 역경, 즉 관계의 혜택이 완전히 사라진 상황에서도 흔들리지 않고 유지된다. 충성프로그램은 그런 약속을 하지도, 그런 마음을 자아내지도 못한다. 마일리지 프로그램을 종료한다고 발표하는 순간, 고객들은 떠나간다. 예컨대 많은 항공사들이 무료탑승기회를 최대한 축소하고, 마일리지를 활용할 수 있는 최소 마일리지 수준을 높이고, 사용가능횟수를 제한하고, 성수기

에는 마일리지 발급을 제한한다. 이런 항공사들의 행태에 고객들은 자신이 속고 있다고 생각한다.[2]

조앤 코프먼은 칼럼을 통해 최근 마일리지 프로그램 때문에 경험했던 속상한 일을 자세히 이야기한다. 그녀는 집에서 가까운 소매 체인점을 이용하며 열심히 쿠폰을 모았다. 하지만 그 체인점이 다른 유통체인에 인수합병되면서 쿠폰으로 약속한 보상의 일부가 사라져버렸다. 또 열 번 먹으면 한 번은 공짜로 음식을 제공한다는 레스토랑 쿠폰을 부지런히 모아서 갔더니 "지난달에 영업방침이 바뀌었습니다. 이제 15개를 모아야 공짜 메뉴를 드립니다"라는 설명을 듣고 발길을 돌려야 했다. 마라톤에서 결승테이프 앞에 다가섰더니 결승선이 10킬로미터 뒤로 변경되었다고 말하는 것과 뭐가 다르냐며 그녀는 불평한다. "나의 충성은 그들에게 배신당했다."[3]

고객들의 '충성심'을 키우는 것은 20년 동안 기업의 경구가 되어왔지만 상거래 영역에서 '충성'이라 할 수 있는 것을 얻으려면 얼마만큼 헌신해야 할까? 하지만 충성고객을 만들기 위해 노력하는 기업의 달콤한 이야기와 달리, 실제로 충성고객들은 거의 예외 없이 불리한 대우를 받는다. 신용카드를 예로 들어보자. 20년 동안 한 가지 신용카드만 사용해왔다면, 정말 놀라운 제품충성도라 할 수 있다. 하지만 그런 고객에게는 오히려 가장 높은 이자율이 적용될 확률이 높다.

이것은 내가 직접 경험한 일이다. 나는 신용카드의 이율이나 혜택에 대해 거의 신경쓰지 않고 살았다. 별로 관심이 없었으므로 더 좋은 혜택을 준다고 해서 이곳저곳 옮겨 다니지도 않았다. 결제일에 맞춰 꼬박꼬박 사용대금을 납부했고, 돈이 없으면 다른 신용카드에서 돈을 끌어다 메우기도 했다(바로 여기에서 은행은 진짜 수익을 낸다). 다시 말해, 나는 오늘날 충성고객을 만들어내려 노력하는 기업들이 가장 이상적으로 생각하는 고객이었다.

기업들은 어떤 방식으로든 고객들이 가치 있다고 여기는 것을 제공함으로써 충성고객을 만들고자 노력한다. 나도 그동안 수많은 신용카드 가입권유 전화를 받았다. 그들은 하나같이 매력적인 조건을 제시했다. 그들이 제시하는 이율이나 6개월 무이자할부 같은 혜택은 내가 지금 사용하는 신용카드회사에서 받지 못하는 것이었다. 나는 마침내 내가 거래하는 신용카드회사에 전화했다. 20년 동안 충성한 나에게, 한 번도 거래하지 않았던 은행들이 내게 제공하겠다고 약속하는 것과 동일한 혜택을 달라고 요구했다. 그러자 어처구니없는 대답이 돌아왔다. "해지담당자와 이야기를 하셔야 할 것 같습니다."

"무슨 의미죠?"

"고객님께 저희가 제공할 수 있는 혜택은 전혀 컴퓨터에 뜨지 않는군요. 그런 혜택은, 신용카드를 해지하려는 분들에게만 적용됩니다. 그러니 신용카드를 해지하겠다고 말씀하시기 바랍니다. 그러면 고객님께서 원하는 혜택을 얻을 수 있는 자격이 됩니다."

나에게 호의를 베푸느라 의도하지 않게 고객센터의 영업비밀을 알려준 상담원 덕분에, 나에게 적용되었던 두 자릿수 이율이 순식간에 0퍼센트로 설정되었다. 결국, 6개월마다 한 번씩 신용카드회사에 전화를 해서 신용카드를 해지하겠다고 협박해야 한다는 사실을 깨달았다. 지금 내 신용카드에는 지난 20년 동안 지불했던 이자율에 비하면, 매우 적은 이자율이 적용되고 있다.

내가 사는 제품이 내가 누구인지 말해준다?

BBC에서 〈탑기어 Top Gear〉를 진행하는 제러미 클라크슨 Jeremy Clarkson 은 이렇게 말한다. "동네 생선가게에서 내 이름을 알고, 금요일에 내가 어떤 생선을 즐겨 먹는지 알던 때 '브랜드충성'은 의미가 있었다. 하지만 슈퍼마켓과 기업밖에 없는 지금, 그것은 신이 만든 초록 지구에서 가장 어리석은 짓이다."[4] 하지만 그는 리바이스, 알파로메오, 오메가 등 특별한 브랜드를 애용하고 있다고 스스럼없이 인정한다. "나는 오메가를 찹니다"라고 그는 말한다. 처음 학교에 가는 날 부모님이 선물한 시계가 오메가였기 때문에 줄곧 오메가만 고집한다. 심지어 오메가가 "흑백 TV를 보는 사람이 디자인한 것처럼 평범하기 그지없고 보기에도 지루한" 제품으로 전락한 뒤에도 여전히 뿌리치지 못한다. 더욱이 오메가는 이제 독자적인 회사도 아니고, 스위스시계산업연합에 소속된 제품일 뿐이라는 사실도 그에게는 아무런 의미를 주지 못한다.

클라크슨은 자신의 일부를 자신이 충성하는 제품으로 규정한다. 이것이 아마도 브랜드충성이 의미를 가지는 가장 강력한 이유일 것이다. 브랜드를 선택하고 그것을 고집하는 것으로 자신을 정의할 수 있다는 태도에는 어떤 의미가 숨어 있다. 충성은 예로부터 정체성의 문제였다. 자신의 가문이나 국가를 배신하면 추방당한다. 충성하지 않는 것은 곧, 우리가 어떤 부류의 사람인지 규정하는 데 중요한 역할을 하는 가족과 친구와 맺은 유대를 파괴하는 것이다. 베드로가 자신이 예수의 제자가 아니라고 세 번 부인할 때 그는 단순히 예수를 버린 것이 아니라, 자신의 정체성을 부인함으로써 자기 자신을 버린 것이다. 그렇다면 이전의 구매습관을 버리는 것도 이와 비슷하게 세속적인 정체성을 잃는 것이라고 말할 수 있을까? 수많은 여성잡지들이 하나같이 말하는 것은, 내가 사는 제품이 '내가 누군지, 어디에서 왔는지' 많은 것을 이야기해준다는 것이다.

하지만 어떤 회사나 브랜드에 충성하는 것은 그다지 현명한 행동이 아니다. 당신이 어떤 브랜드를 구매함으로써 자신의 정체성을 표현한다는 사실을 파악하는 순간, 기업은 당신을 이용해먹을 수 있는 무수한 방법을 떠올린다. 영리한 마케터들은 언제나 눈에 불을 켜고 인간의 기본적인 욕구를 악용할 방법을 찾는다. 구매행위를 통해 정체성을 찾는 우리의 끝없는 여정은, 마케터들이 특히 좋아하는 지렛대라 할 수 있다.

그렇다면 브랜드에 의존하여 자신이 누구인지 표현하고자 할 때, 우리가 얻을 수 있는 정체성은 어떤 것일까? 시골에 사는 중산층 아이가 폴로 랄프로렌을 입는다고 해서 동부 백인 엘리트 집안의 아이가 될 수 있을까? 브랜드가 선사하는 정체성이란 이처럼 거짓 정체성에 불과하다. 하지만 브랜드와 잘 어울리는 사람이라 하더라도, 다시 말해 동부 백인 엘리트 집안의 아이가 폴로 랄프로렌을 입는다고 해도, 브랜드 정체성은 더이상 자신의 진정한 모습을 보여주지 못한다.

팝스트양조회사Pabst Brewing Company의 브랜드전략을 예로 들어보자. 이 회사는 '양조'라는 이름을 내걸었지만 맥주를 직접 만들지 않는다. 1980년대 제조업이 망하면서 공업도시에서 인기를 끌던 지역맥주들도 함께 망했다. 다국적 맥주브랜드만 남은 상황에서 예전의 지역맥주 애호가들은 갈 곳을 잃고 말았다. 팝스트는 이런 애호가들의 수가 적지 않다는 것을 포착했다. 그리고 죽은 맥주브랜드들을 하나둘 사들이기 시작했다.

하지만 팝스트는 개별 브랜드의 소규모 양조장을 가동하지 않았다. 더 나아가 자신이 원래 운영하던 양조장마저 폐쇄했다. 팝스트는 전국의 양조장 문을 모두 닫고 나서 거대 맥주기업 밀러쿠어스MillerCoors에 생산을 위탁했다. 더이상 지역공동체와는 아무 상관 없는 맥주에 지역마다 친숙한 라벨을 붙여 판 것이다. 브루클린의 옛정취를 추억하는 사람은 셰퍼Schaefer 맥주를 찾겠지만, 그 맥주는 더이상 브루클린과는 아무런 관계가 없다.

적어도 기업의 눈에는, 이러한 지역맥주 애호가들이 브랜드충성의 상징처럼 보일 것이다. 어릴 때 확보한 고객일수록 정체성의 중요한 일부로 만들 수 있다. 평생고객이 되면, 제품이 특별히 좋지 않을 때에도 떠나지 않고 계속 제품을 구매할 것이다. 바로 이것이 마케터들이 믿고 싶어하는 각본이다. 하지만 충성구매를 하는 고객들은 기업이 바라는 만큼 그리 많지 않다. 그리고 이러한 착각은 엄청난 결과를 초래할 수도 있다. 평생 충성하는 고객을 구축할 수 있다는 믿음은 끝없이 엉터리 영업전략을 만들어내는 원인이 되었다. 광고의 대상을 계속해서 젊은 층에 맞추는 실책을 범하는 것이다.

충성마케팅의 본질적 오류

비싼 물건은 돈이 많은 사람만 살 수 있다는 사실에 비춰볼 때, 인구학적으로 돈을 잘 버는 중년 이상을 대상으로 한 TV프로그램의 광고비가 가장 비쌀 것이라고 예상할 수 있다. 하지만 그것은 착각이다. 광고인들은 젊은이들을 쫓아다닌다. 온갖 호기심과 구매욕을 자극하는 형용사를 나열하며 18세에서 34세 사이의 젊은이들에게 제품을 노출하기 위해 터무니없는 프리미엄도 기꺼이 지불한다. 이들이 많이 보는 TV프로그램의 광고비는 다른 프로그램에 비해 두 배 이상 높다. 돈이 있는 곳에 사람들이 모이기 마련이라고 생각할지 모르지만, 돈을 지불할 수 있는 능력은—특히 비싼 물건일수록—45세 이상의 소비자에게 있다.

하지만 기업들은 맹목적으로 젊은 층만 쫓는다. 이런 태도는 값비싼 마케팅 실수로 이어질 수 있다. 젊은 자동차 구매자들을 끌어들이기 위해 엄청난 돈을 쏟아부은 미쓰비시자동차를 예로 들어보자. 2005년 TV에 등장한 터보차저를 장착한 쿠페 이클립스 광고는 모자를 쓴 매력적인 젊은 여성이 조수석에 앉아 로봇처럼 테크노댄스를 추는 모습을 슬로모션으로 보여준다. 광고는 멋진 영상으로 젊은 층의 구매욕을 끌어모으는 데 성공했다.

하지만 한 가지 문제가 있었다. 이 차를 사고 싶어하는 10대와 20대 초반 여성들은 자동차를 살 만한 돈이 없었기 때문에 미쓰비시는 엄청난 신용할부 프로그램을 제공해야 했다. 어떤 보증도, 이자도, 지불기한도 정하지 않고 자동차를 팔았다. 미쓰비시는 매달 번 돈을 엑스터시와 형광막대를 사는 데 쓰는, 계획 없이 사는 군중에게 자동차를 팔면서 값을 지불할 능력이 있는지 없는지 전혀 묻지도 않았다.

결국 6개월 만에 자동차 구입대금으로 빌려준 돈 5억 달러가 부실대출로 판명되었고, 미쓰비시는 이 돈을 고스란히 날렸다. 이 회사는 고객층을 좀더 나이 많은 구매자들에게로 이동하기 위해 노력했지만 뜻대로 되지 않았고, 결국 영화에 등장하는 자동차 모형을 축소한 장난감을 사은품으로 제공하며 아이를 둔 엄마들을 집중공략하기 시작했다. 결국 미쓰비시는 이때 입은 손실을 미국시장에서 아직도 메우지 못하고 있다. 그럼에도 18~34세의 신화는 계속되고 있으며, 많은 기업들이 이에 속아 눈물을 삼키고 있다.

광고인들이 10대와 20대 고객에 초점을 맞추는 가장 큰 이유는, 감수성이 강한 젊은 시절에 장기적인 브랜드충성이 구축된다고 믿기 때문이다. 문제는 그런 믿음이 40년 전 이루어진 시장조사를 바탕으로 만들어졌다는 것이다. 뉴욕에서 오랫동안 광고업에 종사하다 마케팅컨설턴트로 전업한 앨 리스는 이렇게 말한다. "평생고객을 만들 수 있다는 생각은 허황된 착각에 불과하다. 사람들은 성장하면서 브랜드를 바꾼다." 영국의 광고인 앤드루 크랙넬은 이렇게 말한다. "한번 얻은 고객이 평생 간다는 믿음은 웃기는 소리다."

사람들이 이 브랜드에서 저 브랜드로 그냥 옮겨 다니는 것은 아니다. 사람들은 나이가 들어가면서 자신이 한때 즐겨 사용했던 브랜드를 버리고 다른 브랜드로 옮기는 경우가 많다. 이전에 사용했던 브랜드는 이제 세련되지 않은 기존의 자아를 떠오르게 한다. 대학에 합격해 기숙사에 들어가면서, 방에 붙여놓았던 걸 그룹의 브로마이드를 떼어가지고 가는 사람은 많지 않을 것이다. 10대 아이들이 아이돌 가수를 열광적으로 쫓아다니는 것은 그 시기에만 일어나는 일시적인 현상에 불과하다.

대학에 들어가면 대부분 엄청난 양의 술을 마시기 시작한다. 하지만 대학을 졸업하고 회사에 들어가 돈을 벌기 시작한 뒤에도 그

술을 계속 마실까? 더이상 싸구려 술을 마시지는 않을 것이다. 또 학자금대출을 갚는 동안에는 쉐보레 아베오를 자랑스럽게 몰고 다니겠지만, 그렇다고 해서 평생 GM 자동차만 사지는 않을 것이다. 앨 리스는 이렇게 말한다. "승진을 하고 월급이 올랐다고 해서 더 비싼 쉐보레를 사는 사람은 없다. BMW를 사지."

많은 기업들이 기발한 광고전략으로 평생고객을 낚기 위해 엄청난 노력을 기울이지만, 사실 충성고객을 얻기 위해 노력하는 것은 쓸데없는 짓이다. 가장 충성스러운 고객과 가장 가치 있는 고객은 다르기 때문이다. 기업충성컨설턴트 티머시 케이닝햄은 충성고객이라 해도 '어떤 고객이 수익성이 있는지 그렇지 않은지' 냉철하게 판단해야 한다고 주장한다. 오랜 시간 한 기업만을 맴돌다보면 언제 어떻게 하면 제품을 싸게 살 수 있는지 알게 된다. 더 나아가 '지불하지도 않은 초과서비스를 요청하는 경우'도 많다.[5] 충성스러운 고객은 '닻'처럼 기업을 안전하게 붙잡아주기도 하지만, 이동하려고 할 때 움직이지 못하게 얽매는 '덫'으로 작용하기도 한다.

충성고객들은 이제 브랜드를 구매하여 자신의 정체성을 규정하는 수준을 넘어, 자신이 애용하는 브랜드의 정체성에 영향을 주기도 한다. 몇 년 전 샴페인 제조사 루이뢰더러의 구매담당자 프레데리크 루조는 『이코노미스트』와의 인터뷰에서 자신들의 충성고객에 대한 불편함을 표현했다. 이 회사의 대표적인 샴페인 '크리스털'은 수많은 힙합에 등장하면서 상당한 인기를 끌었는데, 이것이 크리스털을 포도주 애호가를 위한 고급술이라는 인식을 심어주는 데 방해가 된다고 불평했다. 힙합 가사에 자꾸 인용되어서, 입에 넣고 음미하며 삼키는 샴페인이 아니라 벌컥벌컥 들이켜는 싸구려 술처럼 여겨진다는 것이다.

크리스털을 가사에 인용한 힙합 래퍼 제이지Jay-Z는 인종차별적인 발언이라고 루조를 비난했지만, 루이뢰더러에서 인종주의적 혐의는 찾을 수 없었다. 제품브랜드가 힙합 랩 속에 갇혀 있다면, 5년이든 10년이든 시간이 지나면서 랩이 기억에서 잊히듯 그 제품도 잊히고 말 것이다. 팝 음악의 유행에 의지하여 제품을 마케팅하다보면 200년 이상 가는 회사는 존재할 수 없을 것이다.

돈으로 살 수 있는 가장 충직한 사람

음악계는 직원들과 장기적인 관계를 유지하기 위해 기업들이 겪는 문제의 축소판과도 같다. 비틀스가 높은 수익을 보장하는 계약조건을 제시하는 기업에 더 충성했다면, 어떤 음악을 만들었을지 생각해보라. 하지만 그 파트너십은 그들을 모두 슈퍼스타로 만들어주었고 제각기 자신만의 길을 갈 수 있는 토대를 만들어주었다. 단 한 명만 배신하더라도 기업은 망할 수 있다.

비브라폰 연주자 테리 깁스는 1940년대 말 우디 허먼 밴드에서 '레몬드롭'이라는, 재치 있게 읊조리는 기법으로 노래를 했다. 레코드는 엄청난 히트를 기록했고, 이 밴드는 무수한 연주 초청을 받았다. 매일 밤 '레몬드롭'을 서너 번씩 공연하며 일주일을 보낸 뒤 깁스는 밴드의 리더 우디 허먼에게 찾아가 월급을 올려달라고 요구한다. 허먼은 곤란해졌다. 깁스 없이는 그 엄청난 인기를 이어나갈 수 없었기 때문이다.

뛰어난 재즈보컬이자 트럼펫 연주자였던 디지 길레스피가 별 볼일 없는 밴드를 계속 이끌어나간 것도 바로 이 때문이다. 재즈역사 연구가 스콧 놀스 드보는 이렇게 말한다. "길레스피는 정열적인 버드 파월이나 독창적인 텔로니어스 멍크와 같은 재즈피아니스트들에게 감탄하고 그들을 높이 평가했지만, 그들과 함께 밴드를 구성하지 않았다. 좀더 충직하고 믿을 수 있고 말 잘 듣는 보조인력을 원했기 때문이다."[6]

많은 경영전문가들이 충성스러운 직원이 효율적이고 헌신적이고 능력 있는 일꾼이라고 주장한다. 하지만 길레스피와 같이 많은 고용주들이 노동자의 능력보다는 충성을 더 중시하는 것을 보면 그렇지 않다는 것을 알 수 있다. 가장 뛰어나고 훌륭한 직원과 가장 충성스러운 직원이 일치하는 경우는 거의 없다. 뛰어난 직원일수록 끊임없이 경쟁업체에서 더 나은 조건을 제시하며 스카우트 제안을 해올 것이기 때문이다.

그래서 많은 기업들은 직원을 채용할 때, 무조건 우수한 인재만을 선호하지는 않는다. 오래 일할 사람을 찾는 데 더 관심을 기울이는 경우도 많다. (그러면 다시 직원을 뽑기 위해 힘들게 비용을 들일 필요가 없기 때문이다.) 충직한 사람이 효율적이고 유능하다고 생각하기 때문에 뽑는 것이 아니다. 또한 충성이 우월한 자질로 발휘될 수 있다고 생각하지도 않는다. 그런 기업이 원하는 것은 오래 일할 사람, 더 나아가 그 일을 할 수 있다는 것 자체를 고맙게 느끼는 사람이다.

이 역시 기업세계에 충성이라는 개념을 적용하는 것이 어리석은 일이라고 암시하는 듯하지만, 그렇다고 절대 접목될 수 없다는 의미는 아니다. 충성의 측면에서 20세기 팝 음악의 역사를 돌아보면 가장 눈에 띄는 밴드는 바로 듀크 엘링턴 페이머스 오케스트라이다. 이 밴드는 인기가 있을 때에도 멤버들이 더 많은 이익을 얻기 위해 싸우지 않았고, 인기가 떨어졌을 때에도 돈을 못 번다고 흩어지지 않았다.

밴드의 리더이자 작곡가였던 듀크 엘링턴은 언제나 수익을 공평하게 나누었고, 빅밴드가 쇠퇴하기 시작한 1950년대에도 작곡으로 벌어들인 개인의 돈으로 밴드를 계속 유지해나갔다. 하지만 무엇보다도 밴드를 유지하는 데 가장 큰 힘을 발휘한 것은 듀크 엘링턴과 그가 작곡한 노래에 대한 멤버들의 존경과 사랑이었다.

그러한 사랑은 1974년 듀크 엘링턴이 사망했을 때 분명하게 표현되었다. 1927년 오케스트라에 입단하여 인상적인 바리톤 색소폰 연주를 보여준 해리 카니는 그의 부고 소식을 듣고 눈물을 흘리며 이렇게 말했다. "오늘은 내 평생 최악의 날입니다. 이제 제가 살아갈 이유도 사라졌어요." 듀크 엘링턴이 세상을 뜬 4개월 후 카니도 세상을 떴다. 재즈칼럼니스트 휘트니 발리엣은 『뉴요커』에 그의 죽음을 이렇게 표현했다. "해리 카니는 먼저 세상을 떠난 듀크 엘링턴을 애도하다 따라서 세상을 떴다."

물론 듀크 엘링턴에 대한 카니의 헌신은 업무적 관계라기보다는 우정에 훨씬 가깝다. 카니는 듀크 엘링턴 페이머스 오케스트라가 아니라 듀크 엘링턴에게 헌신했다. 이것이 바로 우리가 고객이나 직원으로서 상업적인 조직에 헌신한다고 할 때 풀어야 하는 가장 중요한 문제다. 우리는 무엇과 ('누구와'가 아니라!) 관계를 맺는가?

회사는 개인을 특정한 법적 측면에서 고려하지만, 이것은 허구적인 거래에 불과하다.

기업이란 무엇인가? 개인사업체나 합자회사라면 몇몇 개인과 밀접하게 연관되어 있을 것이며, 그 사람과 맺은 유대가 그 기업에 대한 유대로 이어질 수 있다. 하지만 그런 개인이 죽으면 어떻게 되는가? 그가 이끌던 회사도 함께 망하거나, 많은 경우 다른 사람에게 넘어간다. 기업을 새로 소유하게 된 사람에게 중요한 것은 그 회사와 오래 관계를 맺어온 직원이나 고객과의 유대가 아니라, 구체적인 계약조건들이다.

기업의 창업주가 죽은 경우를 상상해보자. 회사를 물려받은 상속자들은 그동안 회사일에 거의 관여하지 않았으며, 회사를 운영하는 데에도 별로 관심이 없다. 결국 상속자들은 회사를 팔았고, 새로운 소유자들이 경영진으로 들어왔다. 새로운 경영진은 이 회사에서 오래 일하던 직원들에게 어떤 의무가 있을까? 인수계약서에 기존의 직원들을 어떻게 해야 한다는 구체적인 조건이 명시되지 않았다면, 아무런 의무도 없다.

실제로 새로운 고용주에게 기존의 직원들은 자산이 아니라 부채에 불과하다. 오랜 기간 한 가지 일만 하며 자리잡아온 사람들은 그 일을 끝까지 할 수 있기를 기대한다. 기민하게 경쟁에서 살아남고자 하는 경우, 기업은 이 직원들을 진정으로 원하지 않는다. 조직심리학자 에이드리언 퍼넘Adrian Furnham은 이렇게 말한다. "오래 일해온 사람들은 충직하지만 안주한다. 근속 연수에 기반한 보상시스템을 업무성과에 기반한 시스템으로 대체하면 이들은 머지않아 뒤처지고 낙오할 것이다."[7]

내가 아는 한 편집자는 최근 새로운 소유자에게 인수된 잡지사를 경영하는 임무를 맡게 되었다. 잡지사에는 직장을 집처럼 생각하며 오래 일해온 기자들이 많았는데, 그는 조직에 충직하게 헌신하며 기업의 성장을 이끌어온 사람들이 중요한 역할을 한다고 인식하지 않았다. 오히려 근속 연수가 많을수록 무능한 사람이라고 판단했다. 결국 그가 가장 먼저 한 인사조치는 바로 조기퇴직신청을 받고 새로운 피를 수혈하는 것이었다.

우리는 그런 경영방식에 대해 본능적으로 거부감을 느낀다. 사회학자 리처드 세넷^{Richard Sennett}이 주장하듯이, 충직한 장기근속자들은 대개 조직이 거쳐온 과정을 기억하고 있으며 이를 바탕으로 많은 이들과 신뢰관계를 구축하고 있다. 이것이 바로 결정적인 순간에 조직의 단결력을 이끌어낼 수 있는 힘이 된다.

하지만 직원의 경쟁력을 높이고자 하는 기업 입장에서 충성은 그다지 중요한 요인이 아니다. 예컨대, 두 후보자 중에서 한 명을 승진시켜야 하는 경영자의 입장을 상상해보자. 한 명은 충직하게 오래 근무한 직원으로, 승진하지 못해도 회사를 그만두지 않을 것이다. 다른 한 사람은 젊고 유능하지만, 적절한 급여나 직급을 보상받지 못하면 곧바로 경쟁회사로 자리를 옮길 것이다. 다른 조건은 모두 똑같다. 당신이라면 이 두 사람 중에서 누구를 승진시키겠는가?

정말 불공평한 현실이라고 생각할지 모른다. 기업의 성공과 무관하게 충성은 그 자체로서 명예와 보상으로 인정받아야 한다고 주장하는 사람도 있을 것이다. 하지만 당신이 자동차 사고로 다리뼈가 부서졌다고 상상해보라. 레지던트들이 모여 있는 수술실에 들어가서 집도의를 고를 수 있다면, 당신은 가장 우직하고 충직하다는 이유만으로 고용된 의사에게 수술을 받고 싶은가, 아니면 실적에 기초하여 높은 보상과 대우를 받는 자유직 의사에게 수술을 받고 싶은가?

피고용인은 충성의 모범이 될 수 없다. 경쟁업체에서 높은 보수를 제의해왔을 때, 지금의 회사를 떠나서는 안 된다는 어떤 의무나 죄책감을 느끼는가? 회사에 적극적으로 헌신하는 것뿐만 아니라, 경쟁기업의 매력적인 제안을 포기하는 것도 충성이라 할 수 있다. 어쨌든 현 직장은 몇 년이 되었든 그동안 나를 먹고살게 해줬으니 말이다. 하지만 이제는 회사에 대한 충성보다 자신의 경력을 우선하는 시대가 왔다.

하버드 경영대학 교수이자 경영 구루 존 코터 John Kotter 는 "한곳에서 오래 일할수록 오히려 덫이 되고, 경제가 빠르게 변화할 때는 그 때문에 위험한 상황에 처할 수 있다"고 조언한다. 마이클 루이스 Michael Lewis 의 『라이어스 포커 Liar's Poker』에는, 상당한 보수를 약속받고 살로먼브라더스에서 골드만삭스로 자리를 옮기는 유능한 트레이더 이야기가 나온다. 살로먼 경영진은 그를 붙잡으며 회사에 조금도 충성심을 느끼지 않느냐고 묻는다. 그 사람은 이렇게 대답한다. "충성을 원한다면, 코커스패니얼을 고용하시죠." 충성을 기준으로 그 사람을 평가한다면, 우리는 트레이더로서 그의 능력을 판단하지 못할 것이다.

우리는 이제 그런 주장을 조금도 낯설게 여기지 않는다. 일곱 시즌 동안 다섯 팀에서 공을 던진 투수 돈 서튼은 이런 말을 했다. "나는 돈으로 살 수 있는 가장 충직한 선수입니다."

계약 vs 충성

사랑, 가족, 우정에 대해 우리는 헌신하지만, 계약에는 헌신하지 않는다. 그렇다. 결혼도 일종의 계약이 될 수 있지만, 상거래에서 볼 수 있는 계약과는 다르다. 소프트웨어를 하나 다운로드할 때 우리가 동의해야 하는 수만 단어로 된 계약서를 떠올려보라. 이에 비해 혼인서약은 너무나 짧고 간결하다. 혼인서약은 어도비 애크로뱃리더 서비스약관보다 우리 삶에서 훨씬 중요한 계약 아니던가? 뛰어난 법률가들로 구성된 대기업의 법률팀이 나서서 혼인서약을 기업의 계약서처럼 구체적으로 만든다면, 우리는 그런 계약이 결혼의 정신을 훼손한다고 느낄 것이다.

우정에서도 마찬가지다. 그것은 계약으로 설정할 수 있는 관계가 아니기 때문이다. 실제로 어느 한쪽이라도 계약조건에 따라 행동하려 한다면, 그 순간부터 그들은 더이상 친구가 아니라고 우리는 생각한다. 반면 사고파는 행위를 통제할 수 있는 가장 적절한 방식은 모든 조건을 구체적이고 명료하게 진술하고, 거기에 동의한다는 뜻으로 서명하는 것이다.

충성은 앞으로 어떤 일이 벌어질지 모르는 상황을 서로 인식하고 이에 협력해나가겠다는 개방적인 유대를 약속하는 것이다. 반면에 계약은 앞으로 벌어질 수 있는 상황을 세밀하게 계획하고, 이에 대해 어떤 행동을 강제하는 조건을 구체적으로 명시함으로써 충성이 개입할 수 있는 조건을 없앤다. 기업이 오래 일할 직원을 채용하고 싶다면 장기간에 걸쳐 매력적인 보상을 하겠다고 보장하는 계약서를 써야 한다. 기업이 오랜 기간 충성고객을 확보하고자 한다면, 계속해서 훌륭한 제품과 서비스를 만들어내야 한다.

물론 다르게 생각하는 사람들도 있다. 기업에서도 충성이 중요한 가치라고 주장하는 사람들이 있다. 앨버트 허슈먼Albert O. Hirshcman은 『출구, 목소리, 충성Exit, Voice and Loyalty』에서 충성은 사람들에게 자신과 자신이 좋아하는 것을 위해서 말할 동기를 제공하며, 이는 조직의 생존에 핵심적인 역할을 한다고 주장한다. "품질에 가장 신경쓰는 고객들이나 직원들이 떠나가게 하는 것은, 기업의 단점을 개선하고 난관을 헤쳐나가는 데 가장 큰 도움을 줄 수 있는 사람들을 스스로 버리는 것과 같다." 하지만 그런 사람들을 충성으로 묶어둔다면 "이들은 기업 내부에서 개선이나 혁신을 달성할 수 있다는 희망, 아니 타당한 기대를 가지고 훨씬 오래 머물면서 잠재적으로 큰 영향력을 발휘할 것이다". 허슈먼은 충성이 조직을 발전시킨다는 결론을 내린다.[8]

하지만 그런 주장이 옳은지는 모르겠다. 불만에 찬 고객들이 항의를 통해 어떤 기업이 살아나도록 도와준다 해도, 자신이 추구하는 사업방향과 다른 길을 가게 된다면 기업은 고객을 달가워하지 않을 것이다. 내가 자주 가는 레스토랑이 있다. 지난 20년 동안 나는 이곳을 1주일에 거의 두세 번씩 찾았다. 하지만 2년 전쯤부터 서비스의 질이 떨어지기 시작했다. 예전에는 공짜로 주던 맛보기 음식을 이제는 구차하게 돈을 받고 판다. 가장 별미로 여겨지던 음식은 메뉴판에서 사라졌고, 요리는 간소하고 단순해졌다. 반면에 가격은 올랐다.

내 의지와는 상관없이 이 레스토랑에서 멀어지게 된 나는, 허슈먼이 이야기하는 '가장 큰 도움'을 주기로 마음먹었다. 나는 모든 불만을 자세하게 담아 지배인에게 편지를 썼다. 얼마 지나지 않아 레스토랑에서 무슨 일이 벌어졌는지 알게 되었다. 레스토랑의 원래 소유자가 고객들이 눈치채지 못하도록 레스토랑을 투자회사에 팔고 떠난 것이다.

이 회사는 자신이 투자한 돈을 한 푼이라도 더 뽑아내기 위해 안달했다. 이들은 오래된 단골손님들이 몇 달 안에 사라질 것을 이미 계산하고 있었고, 그 대신 새로운 고객을 붙잡기 위해 선진적인 마케팅기법을 도입했다. 로열티프로그램을 시작한 것이다. 누가 한 번의 공짜음식을 먹기 위해 열 번씩이나 맛없는 음식을 먹을지, 궁금하기는 했다. 어쨌든 오랜 단골 레스토랑에 대한 나의 충성은 그들에게는 거추장스러운 장애물에 불과할 것이다.

앞에서도 살펴보았듯 충성은 강력하고 소중하지만, 갈등을 유발하는 경우가 많다. 그렇다면 왜 충성이 필요하지도 않은 곳에 충성을 강요하여 갈등의 소지를 증폭하는 것일까? 우리가 기업과 관계하는 방식은 계약이다. 계약이 사랑과 우정을 관리하는 데 적절하지 않은 것처럼, 충성은 상업적인 자아들을 하나로 이어주는 데 적절한 덕목이 아니다.

충성을 다루는 리더의 자질

배신은 리더에게 필요한 자질이다?

제러마이어 라이트 Jeremiah Wright 목사의 설교내용에 대해 논란이 일었을 때, 버락 오바마는 몇 가지 대목에는 동의하지 않지만 여전히 그를 믿는다고 말했다. 2008년 3월 오바마는 라이트 목사와 매우 각별한 사이였다. 심지어 공식적인 자리에서 이런 말도 했다. "라이트 목사와 의절하는 것은 나의 백인 할머니와 의절하는 것보다 어려운 일입니다. 그 사람의 망상에 호소하는 행동을 용서할 수는 없다고 하더라도 설명할 수만 있다면, 나는 그를 영적인 인도자로서 계속 인정할 것입니다." 정치평론가 앤드루 설리번 Andrew Sullivan 은 블로그에 이런 글을 올렸다. "그가 라이트와 의절하기를 거부하는 것은 정치적 계산이 아니라 인간적 충성과 사랑에서 우러나온 것으로 여겨진다."

정치판에서 의리를 목격하기는 매우 어렵다. 특히 리더의 의리는 훨씬 보기 드물다. 난처한 상황에 처했을 때, 보스는 자신의 추종자들이 모든 비난을 짊어지고 쓰러지기를 기대한다. 그래서 자신의 오래된 친구이자 멘토에 대한 흔들리지 않는 믿음과 의리를 보여주는 오바마의 언급은 신선하게 다가왔다. "지금까지 보던 정치인과 전혀 다르다! 얼마나 신선한가!"

하지만 이것은 오래가지 못했다. 라이트는 전국으로 생방송되는 내셔널프레스클럽 기자회견에서 자신이 "빌어먹을 미국^{Goddamn America}"이라고 표현한 것은 미국의 흑인들이 처한 현실을 반영한 것일 뿐이라고 주장하며 다시 논란을 불러일으켰다. 앤드루 설리번은, 충성의 덕은 그 정도 보여주었으면 충분하며, 이제는 새로운 행동을 해야 한다고 오바마에게 조언했다. "공개적으로, 명확하게, 단호한 표현으로 그와 의절을 선언하라. 라이트는 이제 혐오의 대상일 뿐이라는 것을 분명한 말로 표현하라."

하지만 라이트를 혐오의 대상으로 만든 것은 무엇이었던가? 그의 서툰 인종 적대적 언행이었나? 아니다. 프레스클럽에서 노회한 목사가 논란이 되었던 "빌어먹을 미국"이라는 말의 의미를 해명하고자 했던 것인가? 아니다. 자신의 행동으로 인해 오바마가 위기에 처했다는 사실을 알면서도 용서할 수 없는 또다른 행동을 벌인다는 것은, 다른 의미로는 도저히 받아들일 수 없는, 오바마에 대한 직접적인 배신이었다.

오바마는 불과 며칠 전 비밀리에 그를 만나 언론의 관심을 끌지 말아달라고 부탁했다. 그럼에도 라이트는 기자회견을 했다. 그리고 그 자리에서 자신의 설교가 "해방신학에 기반을 두고 급진적 변화와 사회변혁을 추구하는" 흑인교회의 전통일 뿐이라고 선언했다. 다시 말해 라이트는 자신의 종교활동이 인종을 기반으로 한 좌익정치의 복음이라고 공표한 것이다.

이것은 오바마가 스스로를 정치적 중도성향의 후보, 인종에 기반한 구태정치를 초월하는 후보라고 포지셔닝한 전략에 엄청난 타격을 주었다. 충성의 신호를 보냈더니, 그에 대한 대답으로 무릎에 총을 쏜 것이다. 라이트는 자신의 언행이 오바마에게 어떤 영향을 주는지 분명히 알고 있었다. 그는 오바마를 보고 "한낱 정치인"일 뿐이라고 경멸하기도 했기 때문이다.

결국 오바마는 제러마이어 라이트와 의절한다고 선언했다. 선거 캠페인 과정을 기록한 리처드 울프에 따르면, 오바마는 보좌관들에게 이렇게 말했다고 한다. "나를 알던 사람, 내가 믿던 사람이 나에게 어떻게 이럴 수 있는가? 그는 전혀 망설임 없이 오랜 친구와 맺은 관계를 끊어버렸다." 오바마의 이런 결단은 오히려 '대통령직을 수행할 수 있을 만큼 냉철한 사람'이라는 그에 대한 평가로 돌아왔다.[1]

정치세계에서 가장 과대평가된 충성

리더가 추종자들의 충성을 기대하는 것은 당연하지만, 그러한 충성에 보답해야 할 필요는 없다. 리더는 개인적인 의리와 충성보다 리더로서의 의무와 책임을 우선시해야 하기 때문이다. 정치적 고려보다 우정을 우선시한다면, 머지않아 그 친구들로 인해 공적인 경력은 무너져버리고 말 것이다. 그래서 의리나 우정을 무엇보다 중요하게 생각하는 사람은 정치를 해서는 안 된다. 그럼에도 여전히 의리와 우정이 제공하는 기쁨과 혜택을 누리면서 정치인으로서 성공하고 싶다면, 워싱턴 정가의 오래된 금언처럼 '개를 키워라'.

"우정은 보통사람들이 누릴 수 있는 특권이다. 너무나 익숙하기 때문에 그것이 은총이라고 생각하지 못할 뿐이다."[2] 17세기 시인이자 극작가 나훔 테이트Nahum Tate는 이렇게 말했다. 그는 『리어왕』을 해피엔딩으로 고쳐 써 논란을 불러왔지만, 그 점에서는 전적으로 옳았다. 머리 위에 무거운 왕관을 쓰고 있는 고통을 보통사람은 알지 못한다. 우정이란 앞에서 보았듯이, 지위가 대략적으로 동등한 두 사람 사이에서 나오는 것이다. 왕이나 대통령이나 CEO와 어깨를 견줄 만한 동료를 찾기란 어려운 일이다.

절망적인 운명을 넘어서는 더 심오한 질문이 있다. 지배자는 공공의 이익을 위한 헌신보다 자신의 감상적인 애착이나 사적인 의무를 우선시해서는 안 된다. 이것은 리더의 자질을 가장 긍정적으로 표현한 방식이다. 현실정치에 맞게 말하자면, 권력을 유지하고 확장하고 방어하기 위해 필요한 일을 하지 않는 리더는 오래가지 못한다. 셰익스피어의 『헨리 4세』에 등장하는 할 왕자는 왕(헨리 5세)으로 등극하자마자 오랜 시종이었던 팔스태프를 해고한다. 그가 무슨 잘못을 했기 때문이 아니라, 왕이 된 이상 함께 술을 마시며 놀던 친구에 대해 더이상 의리를 지킬 여유가 사라졌기 때문이다. 물론 우리는 할 왕자를 무자비하다고 생각하며 팔스태프를 불쌍히 여긴다. 오든W. H. Auden은 할 왕자를 "자기 자신과 자신이 처한 상황을 지배하는 마키아벨리적 인물"이라고 묘사한다.

오든은 할 왕자를 개인적인 충성을 배신하는 전형적인 유형의 리더라고 조롱한다. "할 왕자는 우리가 흔히 볼 수 있는 대학총장이나 정부의 수장과 비슷한 인물이다. 사람들은 그런 사람을 본능적으로 싫어한다."[3] 관계를 맺는 데 필요한 우정과 충성에 몰입하는 능력이 없어서든, 그럴 자유가 없어서든, 사람들은 그들을 본능적으로 싫어한다.

하지만 할 왕자는 성 크리스핀의 날에 군대를 일으킨, 위대하고 영감을 주는 리더이다. 슬픈 진실이지만 리더십은, 옛 친구의 속상한 감정을 걱정해줌으로써 얻어지지 않는다. 슈루즈베리전투를 앞두고 팔스태프는 할 왕자에게 '친구로서' 조언을 한다. 싸울 때 등뒤를 조심하고, 엄폐물에 발을 올려놓으면 유리하다고 알려준다. 할은 그의 조언에서 거대한 적군을 물리칠 방법을 찾아낸다. 하지만 팔스태프가 왕자에게 친구로서 자신의 목숨을 지켜줄 수 있느냐고 물었을 때, 이렇게 대답한다. "마음속으로 기도하고 작별인사를 하라."[4]

우리는 그러한 마키아벨리적 인간을 본능적으로 싫어한다. 하지만 할 왕자가 팔스태프의 목숨을 지키기 위해 노력했다면, 해리 핫스퍼와 같이 뛰어난 적장의 목숨을 빼앗을 수 없었을 것이다. 훌륭한 리더는 할 왕자처럼 공적인 문제가 앞에 놓였을 때 우정을 배제한다. 조지 2세는 총리직을 수행하던 로버트 월폴을 그다지 좋아하지 않았다. 그들은 분명히 친구가 아니었다. 하지만 그를 신하로서 전적으로 신뢰했던 캐럴라인 왕비는 개인적인 감정을 고려하지 말고 조언자들을 선택해야 한다고 남편을 설득했다. 허비 경은 회고록에서 이렇게 말한다. "현명한 왕자는 언제나 분노보다 이해에 대한 사리분별과 열정을 우선시한다고 그녀는 말했다. 또 왕은 가슴에 품은 적대감이나 우정보다 정책을 우선해야 한다고 말했다.” 왕은 개인적인 적대감은 물론 사랑을 억누르고, 그 대신 “자신의 힘을 강하게 하고 권력을 공고히 하고 정부를 굳건히 하는 것을 무엇보다도 먼저 고려해야 한다”.[5]

이것은 무자비해 보일지도 모르지만 올바른 접근방식이다. 개인적인 충성을 중시하는 리더는 잘못된 정책을 펼치는 경우가 많다. 2005년 9월 2일, 허리케인 카트리나가 강타한 뒤 뉴올리언스가 물에 잠겼을 때 조지 W. 부시 대통령은 뒤늦게 이곳을 찾았다. 그는 모빌 리저널 공항에 내리자마자 응급관료들과 지역정치인들을 그곳에서 만나 격려하는 행사를 열었다. 그리고 그 자리에서 연방재난관리청(FEMA)장 마이클 브라운의 어깨에 손을 얹고 이렇게 말했다. “브라우니, 재난 대처를 아주 잘하고 있네.” 하지만 이것은 부시 행정부에 여론이 등을 돌리도록 만든 결정적 순간이 되고 말았다. 브라운 청장은 사태를 전혀 수습하지 못하고 우왕좌왕하다 결국 열흘 후 파면되고 말았기 때문이다.

상황은 수렁으로 빠지고 있는데, 애칭을 부를 정도로 가까운 부하에게 어깨를 두드리며 ‘잘하고 있다’고 칭찬한 것이, 자기들끼리 맺은 암묵적 충성의 표현이 아니라면 무엇이었을까? 분명한 사실은, 국정수행에서 충성은 그다지 효과가 (또 타당성이) 없다는 것이다. 온라인 잡지 『슬레이트』의 편집장 제이컵 와이즈버그가 말하듯 “충성은 정치세계에서 가장 과대평가된 덕목이다”.

사실, 정치에서 충성은 과대평가된 덕목일 뿐만 아니라 그 자체로 ‘악덕’이다. 와이즈버그는 이렇게 말한다. “린든 존슨, 리처드 닉슨, 조지 W. 부시처럼 부하들의 충성에 집착하는 대통령의 업무수행능력은 매우 나쁘다." 그런 대통령들은 고립될 뿐만 아니라 피해망상에 젖어 "조폭과 같은 패거리의 관점에서 정치를 바라보고, 결국 권력을 남용하게 된다".[6]

하지만 와이즈버그조차 어느 정도는 충성의 미덕을 인정해야 하는 상황이 왔다. 2010년 1월 칼럼을 통해 와이즈버그는 오바마에 대한 대중의 지지도가 떨어지는 이유를 설명하면서, 유권자들이 대통령의 '냉철하고 초연한 태도'에 정을 붙이지 못하고 못마땅해하기 때문이라고 진단한다. 오바마에 대한 존경심이 떨어진 것이 아니라 그와 친밀감을 느낄 수 있는 접촉을 전혀 경험하지 못한 것이 문제였다. 왜 그런 친밀감이 들지 않는가? 오바마는 '따뜻'하지 않고, 다른 사람과 '깊이' 관계를 맺지 않았다. 아마도 가장 큰 문제는 그가 '충성'하는 대상이 없다는 것이다.[7]

불과 8개월 전 와이즈버그는 '과대평가된 정치적 충성에 대한 건강한 멸시'를 이야기하며 오바마를 칭찬했다. 하지만 자신에게 불리한 사람을 가차 없이 버리는 오바마의 모습을 보면 '약간 소름이 돋을 정도'라고 인정했다. "쓸모 있는 사람이라면 그의 곁에 머물 수 있지만, 다소 부담이 된다고 느껴지는 순간 사나운 늑대들이 우글대는 소굴로 던져질 것이다."[8]

'인간의 충성과 사랑'을 중시하는 사람들의 지지를 받아 대통령이 된 오바마는 역설적으로 마키아벨리적 인간으로 빠르게 변신했다. 물론 그것이 리더로서 바람직하고 효율적이기는 하지만, 어쨌든 사람들에게는 매력적으로 보이지 않는다. 이것은 충성이 리더에게 얼마나 다루기 힘든 덕목인지 보여준다. 리더는 감상에 젖을 여유도 없고, 매력적이지 않을 여유도 없다. 개인적인 애착에 끌려다닐 여유도 없고, 냉철하거나 무자비하게 보일 여유도 없다.

강요된 저질 충성의 결말

리더가 부하에게 보여줄 충성과 달리, 부하가 리더에게 보여야 하는 충성은 어떤 것일까? 어떤 리더가 충성을 요구할까? 또 리더는 어떤 충성을 요구할까? 미국의 대통령 린든 존슨은 자신이 어느 보좌관에게 기대했던 것에 대해 이렇게 말했다. "난 단순한 충성을 원하는 게 아냐. 진짜 충성을 원한다고. 대낮에 사람들이 보는 앞에서 내 똥구멍을 핥으며 꽃 냄새가 난다고 말할 수 있는 놈. 자기 거시기를 잘라 나한테 바칠 수 있는 놈 말이야."[9]

존슨은 보좌관들의 조언보다는 충성에 관심이 있었다. 국방성 장관 로버트 맥나마라Robert McNamara에게 존슨은 이런 칭찬을 하기도 했다. "내각에서 일하는 저 녀석들이 대통령을 만나보려면 반드시 맥나마라를 먼저 찾아가 허락을 받아야 할 거야."[10] 맥나마라가 엉터리 베트남 정책의 불운한 집사가 되고 만 것은 이러한 유별난 충성 때문이 아니었을까? 맥나마라는 존슨 대통령의 측근들 중 하나였고, 그들은 제임스 레스턴James Reston의 말처럼 "국가에 대한 충성을 대통령에 대한 충성으로 바꿔버렸다".[11]

정치에서 충성이 과대평가되어 있다는 것은, 정말로 충성을 매우 높게 평가한다는 말이 아니다. 공공의 이해보다 개인적인 충성을 우선시하는 행정부들이 연달아 들어서면서 충성은 치명적인 불명예를 입었고, 이후 그 가치를 제대로 인정받지 못하고 있다. 충성을 강요하는 존슨의 형편없는 저질 발언이 아무렇지 않다는 듯, 다음 정권을 이어받은 닉슨 역시 강박적으로 충성을 요구했다. 그러한 충성제일주의는 워터게이트라는 초유의 사태를 일으키는 배경이 되었다.

닉슨과 그의 측근들은 일찌감치 충성심을 실무직원들을 기용하는 첫번째 척도로 삼았다. 조금이라도 충성심이 없어 보이는 사람은 가차 없이 잘랐다. 닉슨 정부 초기, 국방성에서 조달관리책임을 맡았던 어니스트 피츠제럴드가 의회에 나가 C-5A 비행기를 도입하는 데 계획보다 20억 달러를 더 썼다는 사실을 인정하는 실수를 저질렀다. 백악관은 즉시 피츠제럴드를 해고했고, 내부문건을 통해 보좌관 홀드먼에게 그를 해고하는 이유를 이렇게 설명했다. "피츠제럴드는 최고의 재정전문가임에 틀림없지만, 충성심 측면에서 매우 낮은 점수를 받았다. 어쨌든 우리 게임의 룰은 충성이다."

1971년 여름, 충성에 대한 닉슨의 강박은 갈수록 심해져 결국 '우리 대 그들'이라는 피해망상적 대결구도를 만들어냈다. 실업률이 조금 떨어졌는데도 이를 언론에서 크게 다뤄주지 않자, 이를 자신의 정부를 실패하게 만들려는 음모 때문이라고 확신했다. 그리고 닉슨은, 이를 통계적으로 크게 의미 없는 변동으로 간주하며 적극적으로 언론에 홍보하지 않는 노동통계국을 음모의 주범으로 지목했다. 심지어 노동통계국 국장이 자신을 실패하게 하려 한다는 이유까지도 만들어냈다. 그가 찾아낸 이유는 바로, 그가 어느 조직에도 충성하지 않는 기질을 타고나는 '유대인'이기 때문이라는 것이었다. 닉슨은 홀드먼에게 이렇게 말했다. "이 정부는 유대인 천지군.

유대인들은 대개 충성심이 없지. 일반적으로 말하자면, 그놈들은 믿으면 안 돼. 언젠가는 등에 칼을 꽂는다고."[12]

"맞습니다. 각하."

그의 말을 곁에서 듣던 예스맨 홀드먼과 에드 맥마흔은 그 명성에 걸맞게 계속해서 맞장구를 쳤다.

대통령은 기꺼이 직언을 하고 진실을 말하는, 더 나아가 반론을 제기하는 조언자들이 곁에서 뒷받침할 때 훨씬 나은 업무능력을 발휘한다. 닉슨이 점심을 즐기면서 편협한 유대인혐오증을 마음놓고 떠벌릴 수 있을 정도로 알랑거리는 예스맨들 속에 너무 오래 파묻혀 있던 것은 분명하다.

진실을 말하는 것은 동의하지 않는다는 의미였고, 대통령과 다른 의견을 내는 것은 충성심이 없다는 것을 스스로 입증하는 것이었다. 마약단속책임자였던 정신과의사 제롬 재피는 이렇게 말한다. "그들은 의견이 다른 것과 충성하지 않는 것을 제대로 구분하지 못했다." 그들은 대통령의 선택이 아닌 다른 의견에 관심을 갖는 사람은 모두 배신자로 치부했다고 그는 증언한다. "정말 비극적인 부분입니다. 동의하지 않는 것은 곧 충성하지 않는 것이라 생각했죠. 이것은 닉슨행정부에서 무수히 반복되어 나타나는 패턴이었습니다."

결국 닉슨행정부의 조직문화는 단순히 다른 의견을 거두지 않는 것만으로는 만족하지 못하는 차원으로 발전했다. 감히 다른 의견을 내는 사람은 반드시 처단했다. 대통령은 문제를 제기하는 사람을 정보기관들이 나서서 사적으로 처리해주기를 기대했다. 부당하게 피해를 입는 사람을 걱정하는 행동조차 용납되지 않았다. 재피는 이렇게 말한다. "그런 걱정은 닉슨에 대한 충성이 약하다는 것을 입증하는 치명적인 오점에 불과했습니다."[13]

워터게이트 사건이 터지고 난 뒤, 대통령의 측근들은 감옥에 가야 하는 신세가 되었다. 하지만 대통령 옆에서 딸랑거리며 국가적 재난을 초래하는 데 상당한 기여를 한 사람들은, 자신은 다만 '충성했을 뿐'이라는 변명을 늘어놓으며 선처를 요구했다. 예컨대 존 미첼의 변호사는 충성은 고귀한 것이며 그 결과와 무관하게 칭찬받고 보상받아야 한다고 주장했다. "충성은 그것이 잘못된 길로 가거나 잘못된 곳에서 발휘되거나 제대로 보상받지 못한다고 해도 고귀한 것이다." 윌리엄 헌들리는 연방법원 최종변론에서 이렇게 말했다. "충성이 그 자체로 범죄가 될 수 없다는 것에는 여러분도 동의할 겁니다."[14]

아마 그럴지도 모른다. 하지만 충성은 범죄를 저지르는 데 도움을 줄 수 있다. 정치에서든 기업에서든 충성을 요구하는 리더는 고작해야 간교한 아첨꾼이나 얻을 수 있을 것이다. 워터게이트 특별변호사 아치볼드 콕스는 대통령의 실각을 이렇게 회고한다. "대통령의 실각은 우리에게 필요한 충성에도 종류가 있으며 한계가 있다는 것을 일깨워준다."[15]

그렇다면 어떤 종류의 충성이 적절할까? 직원이나 보좌관에게 요구되는 충성은 무엇일까? 이에 대해 냉소적으로 대답하는 사람이 많을 것이다. 빌리 와일더의 영화 〈아파트 열쇠를 빌려드립니다 The Apartment〉에서 자기 아파트를 상사들에게 불륜과 외도의 장소로 빌려주는 잭 레먼을 예로 들어보자. 인사권자인 프레드 맥머리는 그 소식을 듣고 레먼을 방으로 부른다. "재미있는 이야기를 들었는

데 말이야." 맥머리는 말을 꺼내면서 레먼의 인사보고서를 읽는다. "충직하고 협동적이며 수완이 좋다." 여기서 '충직하다'는 부분을 의도적으로 소리 내어 인용하는 것은 '당신이 치사하고 사소한 공모에 기꺼이 참여할 사람이라는 것을 이미 알고 있다'는 압박이다. 레먼은 그 자리에서 맥머리에게 아파트 열쇠를 건네주고, 그 대가로 승진의 기회를 얻는다.

대선후보 존 에드워즈에 비하면 맥머리는 예의바른 영혼처럼 보인다. 그의 보좌관이 감히 그에게 리엘 헌터와 불륜관계를 끝내라고 주장하자, 에드워즈는 그것을 배신으로 몰았다. 에드워즈는 소리쳤다. "자네는 나를 위해 일하지 않았는가? 난 자네를 아들처럼 생각했는데 말이야. 자넨 내 믿음을 깼어."[16] 에드워즈가 경선에서 패배한 뒤, 많은 정치평론가들이 후보에 대한 보좌관들의 믿음이 깨진 것이 가장 결정적인 패배원인이었다고 결론을 내렸다. 그들은 후보에 대한 의무도 고려해야 하지만, 민주당에 대한 의무, 더 나아가 국가에 대한 의무도 고려해야 하기 때문이다. 국가적인 측면에서 보자면 또다른 위기를 초래할 저질 난봉꾼을 국정책임자로 앉히는 것은 바람직하지 않을 것이다.

이것은 내부고발자의 딜레마다. 자신의 상사에 대한 믿음을 지켜야 할까, 아니면 회사에 대한 믿음을 지켜야 할까? 아니면 그런 충성이 옳은 일을 하는 데 장애가 되는 것은 아닐까? 어떤 도덕원칙을 따르는 것이 언제나 올바른 선택이라고 할 수는 없다. 앞에서 보았듯이, 자신의 양심을 따른다는 이유만으로 상당한 피해를 입히는 반역이나 배신을 정당화하는 사람들이 많다.

자신의 원칙에 따라 내부의 비밀을 폭로하는 사람은 다른 사람

눈에는 믿는 사람의 등에 칼을 꽂는 배신자에 불과하다. 그런 사람을 어떻게 판단할지 명확하게 구분하는 방법은 없을 것이다. 하지만 충성을 중요하게 여기지 않는 집단, 조직, 사회가 몰락하기 쉬운 것을 고려할 때, 더이상 깨져서는 안 되는 조직의 근본적 토대로서 일정한 수준의 충성은 갖추어져 있어야 한다고 생각한다. 이처럼 리더에 대한 최소한의 충성을 유지하는 것은, 아리스토텔레스가 우정이 실수를 유발할 수 있지만 우정의 혜택을 누리기 위해서는 그런 실수는 감내해야 한다고 말한 것과 비슷한 방식으로 접근할 수 있다. 다시 말해, 우정과 마찬가지로 충성도 어느 수준 이상의 사악함을 드러내지 않는 이상, 지켜야 한다.

그럼에도 리더가 충성심을 노골적으로 요구하는 경우에는 고민스러운 상황에 빠질 수밖에 없다. 우선, 충성을 강요하는 것은 대개 사악한 일을 하고 있다는 증거이며, 옳은 일을 하고 있지 않다는 도덕적 불안을 충성의 힘으로 극복하려 한다는 증거이기 때문이다. 두번째, 충성을 강요하는 사람일수록 거의 예외 없이, 충성에 대해 이야기할 자격이 없는 몰염치한 사람들인 경우가 많다. 영국의 군사이론가이자 역사가인 바실 리델 하트Basil Liddell Hart는 이렇게 말한다. "자신의 상사에게는 충성하지 않는 사람들이 부하에게 충성을 강요한다는 것은 우리 역사가 증명하는 사실이다."[17] 자신의 아내에 대한 정절을 배신한 에드워즈가 그 사실을 덮기 위해 보좌관에게 충성과 신뢰를 강요했다는 사실은 이러한 부조리한 상황을 여실히 보여준다.

에드워즈가 요구한 충성은 자신에 대해서만 충직하라는 것이었다. 그는 잭 레먼과 같은 충직한 부하를 찾았고, 결국 앤드루 영을 찾아냈다. 그는 상사를 위해 에드워즈가 불륜으로 낳은 사생아의 아빠 행세를 했고, 결국 아내까지 거짓행세에 가담시켰다. 영은 기꺼이 에드워즈를 위해 사회적 수치와 조롱을 한 몸에 뒤집어쓰고 개인적인 몰락을 견뎌냈다. 바로 이것이 충성 아니던가!

하지만 그가 이런 고통을 참아낸 것은 순수한 의도가 아니었다. 영은 그 대가로 엄청난 보상을 약속받았다. 하지만 모든 작전이 끝나고 난 뒤 그가 겪은 고초에 대해 에드워즈가 보상한 것은 고작 직장추천서 하나였다. (아마도 그 추천서에는 "충직하고 협동적이며 수완이 좋은……"이라는 말이 들어 있었을 것이다.)

영은 만족하지 못했다. 그는 자신의 옛 상사와 맞섰다. "그래서 저는 섹스비디오를 가지고 있다고 협박했죠." 그는 에드워즈가 사생아를 낳은 정부와 희롱하며 즐기는 장면을 녹화한 테이프를 가지고 있었다. 그뿐만 아니라 영은 "관련된 문자메시지 몇 개와 보이스메일 녹음을 대량으로 뿌리겠다고" 위협했다.[18] 에드워즈는 그의 협박을 무시했고, 이로써 영은 자신의 옛 상사를 '몰인정하고 탐욕스러운 짐승'이라고 결론 내렸다. 공모자의 입에서 거친 말이 쏟아지기 시작했고, 마침내 그들의 관계는 타락한 저질 충성에 대한 강요로 맺어진 관계가 어떻게 끝나는지 제대로 보여주었다. 그 과정에서 앤드루 영은 엄청난 돈을 받고 회고록을 쓰기로 출판사와 계약했다.

새로운 충성서약서가 된 비밀유지서약서

기업에서든 정부에서든 충성은 위험할 수 있지만 적절한 충성은 조직에서 어떤 일을 해내는 데 꼭 필요하다. 콜린 파월^{Colin Powell}은 "성공은 피나는 노력, 실패를 통한 배움, 자신이 받드는 상사에 대한 충성, 끈기에서 나온다"라고 주장했다. 그에게 충성은 군인으로서 경력을 쌓을 수 있는 주춧돌이었다. 이후, 그는 리더에 대한 충성을 다음과 같이 설명했다.

어떤 문제에 대해 토론할 때 충성한다는 것은, 상사의 의견과 상관없이 자신의 솔직한 의견을 제시한다는 의미입니다. 이 단계에서는 매우 치열하게 의견이 대립할 수 있습니다. 하지만 일단 결정이 이뤄지고 나면 토론은 끝납니다. 그 순간부터 충성한다는 것은, 그 결정이 자신의 의견이었던 것처럼 몰입하여 실행한다는 의미입니다.[19]

이것은 상사가 듣고 싶은 것만 말하며 딸랑거리는 충성과는 차원이 다르다. 불편한 진실을 말할 수 있는 상당한 여지를 주고, 더 나아가 그렇게 해야 한다고 말한다. 적어도 토론에 참가한 사람들은 여기에 동의할 것이다. 어떤 의견이 옳은지 모든 사람이 동의하지 않을 수 있다. 또 어떤 조치를 취할 것인지 모든 사람이 동의하지는 않을 수 있다. 하지만 조직 전체가 어떤 조치를 실행에 옮기기로 일단 결정을 내렸다면, 그것을 실행하는 과정에는 모든 사람이 동의해야 한다.

이러한 맥락에서 충성은, 적절한 프로세스를 존중하는 헌신이라고 정의할 수 있다. 그것은 대통령후보경선에 나온 사람들이 지켜야 하는 기본적인 규칙과 다르지 않다. 우리 당의 대선후보가 되기 위해서는 상대후보를 기생충, 바보, 위험하고 멍청한 인물이라고 몰아붙일 수 있다. 하지만 경선에서 지면 패배를 인정해야 할 뿐만 아니라, 상대후보가 대통령선거에서 이길 수 있도록 지원하고 유세를 함께해야 한다. 조직에서도 마찬가지다. 기업이나 조직이 어떤 방향으로 가야 한다는 자신만의 의견이 있겠지만, 자신의 생각이 채택되지 않는다고 해도, 결정을 지지하고 따를 준비가 되어 있어야 한다.

아니, 꼭 그래야 하는 것인가? 스스로 옳다고 생각하지 않는 결정을 따르는 것은 옳은가? 철학자를 그토록 성가시게 하는 '잘못된 인식론적 행동'이 될 가능성은 없는가? 꼭 그렇지만은 않다. 조직의 의사결정과정에 참석한다는 것은 곧 그 결과에 대해 지원하겠다고 약속하는 것이다. 구성원들이 자신의 의견을 절대 포기하지 않고 조직의 결정을 거부한다면, 조직은 결국 분열되고 말 것이다. 우리는 '내 생각'이라는 이유만으로 자신의 의견을 애지중지한다. 그러한 의견을 폐기하고 다른 사람의 의견을 받아들여 전적으로 옹호해야 하는 상황은 어느 정도 고통스러울 수도 있다. 그런 사소한 불쾌함을 기꺼이 감내하는 것도 충분히 '충성'이라고 말할 수 있지 않겠는가? 그런 태도가 바로 리더나 조직에 대한 충성이다.

어쨌든 이러한 충성은 어떤 일을 완수하는 데 큰 힘이 된다. 그래서 영화계의 거물 새뮤얼 골드윈은 직원에게 이런 말을 했다. "나는 100퍼센트 충성을 얻기 위해 50퍼센트의 효율만 추구하네."[20] 자신이 추구하는 방향으로 조직을 이끌어나가기 위해 효율성만 추구하는 사람과, 다소 능력은 떨어지지만 서로 신뢰하며 박자에 맞춰 노를 젓는 사람들이 경주하면 누가 이기겠는가? 효율성은 충성에 비해 큰 격차로 뒤처진다.

하지만 충성이 조직을 하나로 묶어주고 까다로운 개인들이 힘을 모아 어떤 정책을 추진해나갈 수 있는 힘이 된다면, 그 결과가 문제 있는 것으로 판명될 때 충성은 비난의 대상이 된다. 그 순간, 충성은 더 나은 판단을 가로막는 수상쩍은 결정에 대해 모두 묵인하도록 만든 악덕이 되어버린다. 그러한 예측불허의 변화 덕분에 이 미덕은 덧없이 악덕으로 추락한다. 콜린 파월에게 충성은 군인으로서 성공할 수 있는 힘이었지만, 결국 그를 파멸로 이끈 것 역시 충성이었다.

2003년 조지 W. 부시 대통령의 이라크 침공계획을 반대하던 국무장관 파월은, 결국 자신의 의견을 굽히고 사담 후세인을 몰아내야 한다는 결정에 마지못해 동조한다. 그리고 파월은 UN연설에 나가 이라크가 대량살상무기를 개발했다고 주장한다. 전쟁은 개시되었고 그 주장이 전혀 사실이 아닌 것으로 판명되자, 파월은 공들여 쌓아온 모든 명예가 곤두박질치는 치욕을 경험했다. 이후 그는 대량살상무기가 존재한다고 스스로 확신했다고 주장했지만, 자신의 생각과 다른 조직의 결정에 무조건 헌신하는 그의 충성심이 아니었다면 온건파 파월이 그렇게 무리한 전쟁에 찬성하지는 않았을 것이라고 많은 사람들이 추측한다.

영리한 리더는 충성을 요구하지 않는다. 의무나 헌신에 굳이 호소하지 않고도 조직이 추구하는 방향으로 선원들 스스로 나아갈 수 있도록 한다. 더글러스 맥아더 장군은 부하들에게 자신의 결정을 무조건 따르라고 요구하지 않았다. 그는 어떤 결정이든 부하들의 의견에서 벗어나지 않는다는 인식을 심어주기 위해 많은 노력을 기울였다. 태평양에서 맥아더의 부하로 근무했던 조지 케니^{George} ^{Kenney} 장군은 이렇게 말한다. "맥아더는 토론을 이끌며 모든 참석자의 의견이 결론에 반영되었다고 믿도록 만드는 탁월한 솜씨가 있었죠. 회의를 마치고 나면 많은 장교들이 너도나도 흥분해서 '장군이 내 의견을 받아들였어'라고 이야기했습니다. 맥아더가 세일즈를 했다면 그보다 더 뛰어난 사람은 아마 없었을 겁니다."[21] 그것은 부하들의 충성을 쌓아올리는 기술이었다. 맥아더가 그런 기술을 자신의 최고명령권자였던 해리 트루먼에게 조금만이라도 적용했다면, 아마도 다음 대통령 자리가 보장되었을지도 모른다.

리더가 부하들에게서 자연스럽게 충성심을 이끌어냈다는 것은, 곧 의사결정을 따르도록 부하들을 제대로 설득했다는 증거다. 리처드 노이슈타트^{Richard Neustadt}는 자신의 고전 『대통령의 권력^{Presidential Power}』에서 리더가 갖춰야 할 최고 자산은 '설득의 힘'이라고 주장한다. 노이슈타트에 따르면 성공한 리더는 설득을 멈추지 않는다. 대중이든, 의회든, 관료든, 부하직원에게든 자신이 이루고자 하는 것을 그들의 최대관심사로 만든다. 훌륭한 대통령은 맥아더처럼, 자신의 결정이 곧 그들이 처음부터 원하던 것이었다고 믿게 만듦으로써 협력을 이끌어낸다.

물론 이런 접근이 권력정치^{power politics}로 이어진다고 우려하는 사람도 있다. 하지만 노이슈타트가 놓친 사실은 무엇보다도, 대통령이 언제나 모든 일에 모든 사람을 설득해야 한다면, 설득하는 데 힘을 쏟다가 과감하게 일을 추진해내기 힘들다는 것이다. 그렇다. 특별히 중요한 문제에 대해서만 그런 설득력을 발휘하면 된다. 그런 문제의 경우엔 관료와 협력자들을 모두 설득하여 하나가 되어 열정적으로 행동하게 만들어야 한다. 반면 일상적인 문제에서는 대통령이 하고 싶은 것을 사람들 스스로 하도록 맡겨야 한다. 행정부(그 자체로서 대통령의 명령에 복종해야 하는 헌법기관)의 권위를 존중하면서도 자신에 대한 직접적인 충성을 지렛대 삼아 적절히 활용해야 한다.

보좌관의 확신을 이끌어내지 못하는 것이 단지 차가운 열정과 비효율적인 업무처리만을 의미한다면, 대통령이 그토록 설득에 공을 들일 필요가 없을 것이다. 동의하지 않는 직원 한 명으로 인해 대통령이 중시하는 어젠다가 물밑으로 가라앉을 수도 있고 전혀 엉뚱한 결정으로 이어질 수도 있다. 비공개 국정회의에 참석할 수 있는 사람은 곧, 정책의 추진 자체를 망가뜨릴 수 있는 사람이다. 어떤 사람을 국정회의에 참석시킬 것인가? 기본적인 충성심이 없는 사람이라면 어떤 내용이든 쉽게 유출할 수 있고, 이로써 치명적인 훼방을 놓을 수 있다. 그런 사람의 은밀한 작업으로 대통령의 결정이 수포로 돌아가는 일이 몇 번이라도 반복되면 어떤 리더도 성공할 수 없을 것이다.

대통령이 정보유출을 차단하기 위해 노력하는 것은 놀라운 일이 아니다. 닉슨행정부는 실패를 예언하듯, 기밀유출자 때문에 줄곧 골머리를 썩었다. 유출자를 찾아내 엄중하게 처벌하는 것을 보여준 다음에도, 충성하지 않는 직원들에 의해 기밀유출이 계속되었다.

또한 아프가니스탄 정책을 수립하기 위해 오바마가 아프가니스탄 주둔 미군사령관 스탠리 매크리스털 장군에게 명령하여 작성한 대통령보고서를 누군가 유출했다. 오바마는 크게 화를 냈다. "아직 아무런 결론도 나오지 않은 검토 기간 동안 정보를 먼저 유출하는 것은 적절하지 않다고 생각한다." 오바마는 보고서를 유출한 행동에 대해 총살감이라고 했다.

매크리스털 대통령보고서는 미군을 추가 파병하지 않으면 아프가니스탄 전쟁은 실패할 것이라는 주장을 담고 있다. 이 보고서를 빼돌린 사람은 분명히, 군인들이 계속 죽어가는데 대통령은 여전히 고민만 하고 있다고 생각했을 것이다. 그리고 대통령이 빨리 추가 파병을 결정하도록 압박하는 것이 군대와 국가를 위한 최선의 선택이라고 생각했을 것이다. 그러한 행동은 실제로—기밀유출자들이 대개 그러하듯이—자신의 생각을 대통령이 받아들이도록 압박하기 위한 것이다. 하지만 어떤 권리로 그런 일을 하는 것일까? 우리는 기밀유출자를 선거로 뽑지 않았다. 정책을 결정하는 최고책임자는 우리 손으로 뽑은 대통령이지 이름 모를 기밀유출자가 아니다.

배신은 정치꾼들의 규범이 되었다. 한때, 보좌관들은 보스의 사적인 대화를 비밀로 지키는 것을 자신의 의무로 여겼다. 하지만 이제는 달라졌다. 사랑과 결혼에 대한 폭로나 불륜이야기가 난무하고 정치적 의리를 깨는 폭로나 회고록이 매력적으로 대접받는 시대에 우리는 살고 있다. 전 상원의원 밥 커리는 야심에 찬 젊은 고문들이나 보좌관들이 폭로를 통해 자신의 늙은 보스는 나쁜 사람으로 만들고 자신은 선한 사람으로 묘사하여 엄청난 정치자금을 모으는 오늘날의 현실을 개탄한다. 많은 젊은 정치인들이 회고록이나 TV프로그램을 통해 모든 비밀을 들추어낸다. 한마디로 "충성을 버리고 배신하여 돈을 버는 세상"이다.

정치적인 충성이 위험을 초래할 수 있다는 무수한 정황에 비추어 볼 때, 이러한 배신의 유행이 공공선을 증진시킨다고 말할 수 있을까? 그렇다. 지나친 충성은(적어도 잘못된 믿음에 기반을 둔 지나친 충성은) 문제에 대한 면밀한 토론과 고려를 하도록 도움을 주는 반대의견을 질식시키고 만다. 예스맨으로 둘러싸인 대통령은 자신의 관점을 뒷받침해주는 의견만 끊임없이 듣게 되고, 필요한 정보와 분석을 놓쳐 제대로 된 결정을 내리지 못한다.

그렇다고 충성이 지나치게 부족해도 안 된다. 그런 상황에서는 건강한 토론을 할 수 없다. 자신이 하는 말 하나하나가 신문이나 인터넷에 유출될 수 있다면, 누가 솔직하게 자신의 생각을 터놓고 말하겠는가? 유명한 블로거나 트위터러와 이야기를 나눠본 적이 있는가? 상대방이 어떤 내용이든 폭로할 수 있다는 생각이 드는 순간, 솔직하게 자신의 생각을 말하지 못한다. 또 신중하지 못한 자신의 말이 인터넷에 올라간 경험을 한번 겪고 나면, 다시는 솔직하게 자신의 생각을 터놓지 못할 것이다.

이런 우려는 정치인이 일반인에 비해 네 배나 높다. 뉴욕 타임스에서 커리는 이렇게 말한다. "우리는 이미 아무것도 기록으로 남기지 않는다. 회의에 들어가면 사람들은 자신의 발언이 책으로 만들어져 세상에 퍼질지 모른다는 두려움에, 자신의 생각을 말하면서도 상대방의 표정을 주의 깊게 살핀다." 물론 이러한 현상이 새로운 것이 아닐 수도 있지만, 커리는 문제점을 정확하게 지적하고 있다. 오스카 와일드는 100여 년 전에 이미 그런 말을 했다. "오늘날 모든 훌륭한 사람들 밑에는 문하생이 있지만, 가롯 유다만이 스승의 전기를 쓴다."[22]

연예인들은 자신의 사생활을 관련 종사자들이 타블로이드 신문에 팔지 못하도록 막기 위해 오래전부터 비밀유지계약서를 받았다.

그런 계약서를 이제 정치인들도 사용하고 있다는 사실은 그다지 놀랍지 않다. 정치인의 아내들조차 그런 법률만능주의에 의존한다. 루디 줄리아니Rudy Giuliani가 대통령선거에 출마한다고 선언한 뒤, 전략을 짜기 위한 저녁만찬을 열어 보좌관들을 모두 초대한 자리에서 그의 아내가 맨 먼저 한 일은 개개인에게 비밀유지서약서를 나눠주고 서명을 받은 것이었다. 지나친 피해망상처럼 보일지도 모르지만, 누가 그런 행동을 비난할 수 있는가? 물론 그렇게 서명을 한다고 해도 누군가는 나중에 책을 쓰는 작가에게 그날 저녁 오간 대화 내용을 모두 털어놓을 것이 분명하다.[23]

"비밀유지서약서는 눈앞의 이익을 위해 직업적인 충성을 거래하는 시대의 새로운 충성서약"이라고 기자 크리스틴 로젠Christine Rosen은 말한다.[24] 개인적인 예의와 충성의 신조만으로 충분했던 신뢰가 이제는 두꺼운 계약서의 조항들로 관리해야 하는 시대가 된 것이다. 과묵함을 현명함으로 받아들이는 시대는 끝났다.

충성이 없으면 리더십은 존재할 수 없다

그렇다면 부하들이 진심으로 자신을 따라주기를 기대하는 리더는 어떤 딜레마에 빠질까? 충성의 목표를 사람과 조직 중에서 어디에 두느냐에 따라 경쟁하는 의무 사이에 양립할 수 없는 갈등이 존재한다.

정치스릴러 〈5월의 7일Seven Days in May〉에 등장하는 해병대 대령 직스 케이시를 예로 들어보자. 그는 자신의 멘토이자 상사인 제임스 매툰 스콧 장군의 충직한 오른팔이다. 스콧 장군은 군사쿠데타를 계획하고 케이시가 동참해주기를 기대한다. 하지만 케이시가 거절하면서 극적인 반전이 펼쳐진다. 스콧 장군은 개인적인 배신감에 몹시 분노하며 이렇게 묻는다. "가룟 유다가 어떤 사람이었는지 알지?"

케이시는 지지 않고 대답한다.

"네, 가룟 유다가 어떤 사람인지 압니다. 제가 존경하고 보필하던 사람입니다. 하지만 자신의 군복에 달려 있는 네 개의 별을 더럽혔죠."

이러한 갈등은 극적이기는 하지만 그다지 복잡한 딜레마는 아니다. 도저히 빠져나갈 수 있는 선택지가 하나도 없었던 아가멤논과는 달리 케이시 앞에 놓인 경쟁하는 충성의 갈등은 쉽게 해소할 수 있다. 상사에 대한 자신의 충성이, 상사가 국가에 충성하지 않는 것으로 밝혀지는 순간 무의미하다고 판단한 것이다.

포스터는 국가와 친구 중 하나를 선택해야 하는 상황을 고민했지만, 케이시에게는 배신할 우정이 없다. 스콧 장군과 케이시는 상사와 부하의 관계일 뿐이다. 다만 스콧 장군은 인간적인 차원에서 케이시가 자신에게 충성한다고 착각한 것이었다. 하지만 그들의 관계는 군대를 이끄는 법적인 구조 안에서 만들어지고 구축된 것이다. 주고받는 명령을 통해서 구축된 유대였다. 그런 명령이 힘을 발휘한 것은 둘 다 군인으로서 서약을 했기 때문이다.

스콧 장군의 행동은 스스로 모순된 것이었다. 셰익스피어의 작품에서 리처드 3세는 헤리포드 경이 남긴 땅을 차지하기 위해 노력한다. 그의 삼촌은 그에게, 상속의 규칙과 권리를 무시하는 것은 곧

왕이 되는 길을 스스로 포기하는 일이라고 경고한다.

"왕이 되기 위해서는 자네 자신이 되지 말게

공정한 일의 순서와 절차를 따르게."

리처드는 삼촌의 사려 깊은 조언을 하나도 받아들이지 않았고, 결국 파멸하고 만다. 자신의 상사가 어떤 사람이든, 리더가 충성을 기대할 때 우리가 고려해야 하는 것은 단 하나다. 자신이 갖는 권위의 기초가 되는 제도와 법을 충실히 지키는 것이다.

이것은 리더가 충성할 만한 가치를 지녀야 한다고 말하는 것이 아니다. 영화 〈케인호의 반란The Caine Mutiny〉에 등장하는 영리하고 세련된 해군장교는 무능한 퀴그 선장에게 불만을 품고 선장이 미쳤다고 동료들을 선동한다. 마침 폭풍에 배가 난파되면서 선장은 심각한 스트레스 증세를 보이고, 이를 기회 삼아 선상반란이 일어난다. 우리는 폭풍 속에서 지휘권을 잡은 사람들을 심정적으로 응원한다. 퀴그가 지휘권자로서 부적절하다는 데 동의하고, 또한 군사재판 과정에서도 항명자의 편에 선다. 그리고 항명자들이 무죄판결을 받는 장면에서 박수를 친다. 하지만 이 작품은 그 지점에서 우리의 판단이 잘못된 것이라는 점을 일깨우며 충격을 준다. 무죄판결을 이끌어낸 변호사는 선상반란을 이끈 해군장교에게 술을 뿌리며 이렇게 말한다.

"한번은 퀴그가 도움을 요청하러 왔는데 자네가 거절했지. 그래, 퀴그는 자네에게 충성할 가치도 없는 사람이었겠지. 그렇게 자네는 퀴그를 미치게 만들었어. 퀴그가 아무것도 할 수 없게 만들었지. 자네가 퀴그에게 충실했다면, 처음부터 이런 일이 일어났겠나? 자네가 그 자리에 있었던 것은 퀴그 선장의 헤어스타일 때문이 아니라 그 직무를 가지고 있었기 때문이야. 그 따위로 살지 말게."

충성은 그 자체로 복잡하게 꼬이고 둘둘 말려 있으므로, 이러한 직접적이고 퉁명스러운 꾸짖음은 진실로 마음을 울린다. 우리는 본능적으로 충성에 대한 배신을 싫어한다. 그저 나쁘다고 여겨질 뿐이다. 여전히 우리는 충성에 대한 좋고 싫음의 이분법적 태도에서 벗어나지 못하고 있다. 우리가 충성을 존중하는 만큼, 또 배신을 나쁘다고 생각하는 만큼 우리는 충성을 중요하게 여기는 사람들을 그다지 믿지 않는다. 우리는 예스맨을 경계한다. 정치세계에서 우리는 그런 사람들을 조롱한다. 그들은 상상력 없이 무리 속에 묻어가는 사람일 뿐이다. 그런 사람들은 대개 닫힌 마음가짐으로 자만하고 잘난 체하며 살아갈 것이다. "정치인은 공공의 선을 제외하고 어떤 것에도 충성해서는 안 된다"라는 버나드 쇼의 말에 깊이 공감한다.[25] 하지만 공동의 노력이 필요한 일을 추진해야 하는 상황에서는 사람들이 제각기 자기 고집만을 추종하는 것이 오히려 공공의 선을 달성하는 데 방해가 될 수 있음을 명심해야 한다.

배에서든 국가에서든, 어느 정도 충성이 뒷받침되지 않고서는 어떤 리더십도 빛을 발할 수 없다. 우리는 그런 상황을 바라지 않는다. 아무것도 이루지 못할 것이며 상당한 위험에 처하고 말 것이다. 하지만 거기서 탈출할 수 있는 유일한 방법은 충성이다. 그래서 주디스 슈클라는 이렇게 말한다. "좋든 나쁘든, 충성이 없으면 리더십은 존재할 수 없다."[26]

반역의 이유

유행이 지난 국가에 대한 충성맹세?

알카에다가 여객기를 납치하여 세계무역센터와 펜타곤에 충돌한 9·11테러가 발생하고 한 달 정도 지났을 때, 아메리칸 대학 교수 악바르 아메드 Akbar Ahmed 는 '이슬람문화와 기독교문화의 이해'라는 주제로 강연을 하기 위해 클리블랜드로 떠났다. 당시 무슬림에 대한 긴장이 고조된 상태를 감안하여 강연을 취소할까 고민도 했지만, 그보다는 관용의 메시지를 전파하는 것이 더 가치 있다고 판단했다.

강연 전날 클리블랜드에 사는 파키스탄계 미국인 의사가 아메드의 방문을 기념하여 그 지역의 주요 무슬림인사 60명을 초대하여 만찬을 열었다. 의사, 변호사, 사업가 등이 모였다. 만찬중에 아메드는 사람들 앞에서 이야기할 기회가 있었고, 9·11테러는 "이슬람

율법에 맞지 않는 상당한 퇴행"이라고 생각한다고 말했다. 하지만 많은 사람들이 그의 주장에 크게 반발했다. 사람들이 한 말을 아메드는 이렇게 회상한다. "많은 사람들이 9·11을 이슬람세계의 영광스러운 사건이라고 생각한다. 9·11은 이스라엘과 이를 든든하게 뒷받침하는 미국에 맞선 전면전의 일환이기 때문에, 무고한 인명이 죽은 것은 어쩔 수 없는 일이다." 이것은 예외적인 경험이 아니었다. 아메드는 영국 무슬림문화원 만찬에서도 비슷한 주장을 들었다. "어디에 살든 무슬림들의 생각은 비슷했다."[1]

클리블랜드 만찬에서 논란이 된 주제는 테러공격이 이슬람세계에 좋으냐 나쁘냐 하는 것이었다. 아메드의 생각에는, 적어도 미국인에게 좋으냐 나쁘냐 하는 고려는 빠져 있었다. 무슬림들이 드러낸 충성은 움마ummah, 이슬람공동체–옮긴이를 향한 것이었지, 그들이 현재 살고 있는 국가를 향한 것은 아니었다.

미국에서도 한때 떠들썩하게 강요했던 국가에 대한 충성맹세는, 지금 돌이켜보면 아무리 잘 보아도 촌스러운 추억이며, 나쁘게 보자면 기만적이고 파괴적인 행위다. 1942년 1월, 일본계 미국인 수십 명이 만찬을 하며 진주만공격을 축하했다고 상상해보라. 꿈도 꿀 수 없는 일이다. 하지만 분열된 충성이 국가를 혼란에 빠뜨릴 수 있다는 두려움에, 미국정부는 일본계 미국인들을 모조리 사막 한가운데 지은 철책수용소로 몰아넣었다. 9·11이 발생하고 불과 한 달이 지난 시점에 무슬림들이 모여 공격을 지휘한 오사마 빈라덴에 대한 존경을 표현해도 잡혀가지 않을 만큼 시민권이 신장되었다는 것은, 그만큼 미국사회가 진보했다는 의미일 것이다.

분열된 충성에 대한 공포

이민자의 나라로서 미국은 오랫동안 분열된 충성을 우려했다. 제1차 세계대전은 독일계 미국인들이 독일제국을 위해 공모하지 않을까 하는 공포를 몰고 왔다. 그런 공포는 전쟁이 끝난 뒤 공론화되고 중심이슈가 되었다. 히틀러가 유럽을 정복한 뒤, 프랭클린 루스벨트는 전쟁이 대서양을 넘을지 모른다며 미국인에게 대비하라고 호소했다. 1940년 5월 26일 노변정담에서 루스벨트는 미군이 전쟁대비태세를 강화해야 한다고 말하면서, 총과 폭탄이 아닌 전혀 예상치 못한 방식으로 공격당할 수 있다고 경고하며 이렇게 말했다. "트로이의 목마, 즉 국내에서 활동하며 적국을 이롭게 하는 간첩, 사보타주, 반역을 일삼는 제5열에 대비해야 한다." 루스벨트는 독일의 선전이 민주정치로 위장해 분열의 씨를 뿌리려고 한다면서 국론통합을 주장했다. "분열을 자극하는 이러한 힘을 나는 주저 없이 무서운 독약이라고 확신한다."[2]

지금 돌아보면 그런 우려는 망상에 불과했다는 것을 알 수 있다. 순수한 정치적 이견을 억누르기 위해 권력자들은 이러한 원초적인 공포를 자극해왔다. 하지만 1930년대 독일계 미국인재단^{German American Bund}이 실제로 나치선동의 전위대 역할을 했다. 제1차 세계대전이 일어나는 동안, 독일계 미국인들은 대부분 새로운 고향에 전적으로 충성했지만, 몇몇 소수는 독일정부의 명령에 따라 사보타주를 모의하기도 했다. 이들은 뉴욕 항에서 연필 크기의 폭발물을 이용해 연합군에 보내기 위해 쌓아둔 탄약더미를 폭파하기도 했다. 이 폭발은 8킬로미터 떨어진 타임스퀘어 주변의 빌딩 유리창이 깨질 정도로 매우 강력했다.

　스파이로 활동했던 또다른 대표적인 독일계 미국인으로는 안톤 딜거Anton Dilger 박사가 있었다. 남북전쟁이 한창이던 때 독일에서 미국으로 이민을 온 그의 아버지는 게티즈버그에서 북부연방군으로 참전하여 명예훈장을 받기도 했다. 딜거는 미국에서 태어났지만, 독일에서 교육을 받았고 조직배양에 (그리고 사보타주에) 대한 전문지식을 갖춘 의사가 되었다. 1915년 미국으로 돌아온 딜거 박사는 워싱턴 근교 실버스프링에 실험실을 차리고, 이곳에서 탄저균을 배양했다. 그는 자신이 속한 사보타주 활동가그룹을 통해 볼티모어 외곽 축사에 탄저균을 살포하여 영국과 프랑스로 수송하기 위해 모아놓은 말, 노새, 암소를 감염시켰다.

　그러한 사보타주와 치안방해사건이 몇 차례 발생하자 이를 검거하기 위한 노력은 점차 신경질적으로 변해갔다. 제1차 세계대전에 참전한 뒤 우드로 윌슨 대통령은 공식적으로 독일계 미국인들에게 미국에 대한 충성을 분명하게 공표하라고 요구했고, 이후 전반적인 사회 분위기는 급속하게 반독일주의 광란으로 번져나갔다. 독일계 미국인들은 미국에 대한 충성을 격정적으로 선언하고 성조기를 들고 행진하는 등 자신들의 충성심을 입증하기 위해 노력했지만 독일어 신문, 독일음악, 독일계 노동자들이 주축이 된 노동조합, 심지어 맥주에 대한 미국정부의 탄압은 막을 수 없었다.

　이 당시, 몇십 년 동안 전면적인 금주정책을 주장해온 금주연합Temperance Union이라는 기독교단체가 있었다. 이들의 금주운동은 번번이 좌절되었는데, 그들을 가로막았던 주요세력은 바로 전국에 걸쳐 맥주를 만드는 독일계 미국인이었다. 독일계 양조업자들은 상당한 자금력이 있었을 뿐만 아니라 독일계 미국인들 사이에서 상당한 정치적 영향력을 가지고 있었다. 그들은 팝스트Pabst, 실츠Schiltz, 블라츠Blatz, 부슈Busch처럼 쉽게 눈에 띄는 독일식 이름을 가지고 있었으므로 언제나 금주주의자들의 타깃이 되었다.

미국이 마침내 전쟁에 참여하기로 선언했을 때, 안호이저-부슈의 창업자 아돌푸스 부슈Adolphus Busch의 미망인은 마침 독일 귀족과 결혼한 딸을 보기 위해 독일을 방문한 상태였다. 금주운동가들은 그녀가 적국에 있으며, 또한 적국의 이해관계에 깊이 연루되어 있다고 주장하며 안호이저-부슈의 자산을 외국인자산으로 처리해버렸다. 당시 안호이저-부슈를 이끌던 아우구스트 부슈는 자신의 어머니를 바로 미국으로 불러들였으나, 연방경찰은 그녀가 키웨스트 항구에 도착하자마자 연행했다. 그리고 며칠 동안 감금상태에서 강압적으로 심문하고, 독일에서 비밀문서를 가져왔을지 모른다는 터무니없는 의심으로 알몸수색을 했다.

아우구스트 부슈는 다른 독일계 미국인들처럼 "모든 것을 희생하여 국가와 국가의 영광에 충성을 다짐합니다. 전쟁에서 압도적으로 승리할 수 있도록 정부를 위해 복무하겠습니다"라고 공개적으로 맹세할 필요성을 느꼈다. 하지만 금주운동가들은 그가 군량미를 훔쳐 맥주를 만들어 적국을 돕는 파괴활동가라며 대대적인 비난을 퍼부었다. 『아메리칸 이슈』라는 잡지는 사설을 통해 맥주를 만들기 위해 "분쇄된 곡물은 곧 독일잠수함에 의해 바다에 가라앉은 우리 배처럼 독일제국을 위해 사용되는 것이다"라고 주장했다.[3] 결국 우드로 윌슨은 모든 양조장을 폐쇄하라고 명령했다. 그리고 맥주산업을 효과적으로 억제하기 위해 수정헌법 18조를 발의하여 전국금주령을 법으로 뒷받침했다.[4] 충성을 강요하는 캠페인은 이처럼 자유를 억압하는 결과로 쉽게 이어진다.

충성캠페인이 국가와 헌법의 정당한 요구를 왜곡하는 결과로 이어지면서, 국가에 대한 충성이라는 개념은 실패한 것으로 판명되었다. 이러한 충성의 남용은 국가에 대한 헌신과 친구, 가족, 양심과 배치된다는 현대적인 인식을 심어주는 데 상당한 기여를 했다. 하지만 그 이후에도 이런 권력남용은 계속되었다. 진주만공습이 발생하자 루스벨트 대통령은 일본계 미국인들을 모래먼지 날리는 사막 유치장에 감금했다. 국가에 대한 사랑과 충성을 요구하는 행동에 이보다 나쁜 인상을 심어준 권력남용은 없을 것이다.

일본계 미국인을 집단수용한 사건이 그토록 모욕적이었던 이유는 단순히 그것이 시민의 자유를 공격했기 때문만이 아니었다. 이 사건은 개인의 뿌리를 이유로 누구든 잠재적 범죄자로 취급될 수 있으며, 스스로 믿을 수 있는 사람이라는 것을 입증하지 못하는 한 국가에 충성하지 않는 사람으로 간주한다는 것을 보여주었다. 진주만공습 후 몇 달 뒤 캘리포니아 연방법무장관이 워싱턴에 "전쟁이 시작된 후 어떠한 사보타주나 제5열의 징후도 발견되지 않았습니다"라고 보고한 뒤에도 일본계 미국인 집단수용은 계속되었다.[5]

제2차 세계대전에서 일본계 미국인들이 겪은 가장 심한 고초는 무엇이었을까? 농장이나 기업 문을 닫음으로써 입은 재산손실일까? 수용소에 꼼짝없이 억류되어 자유를 잃은 것일까? 불충 혐의로 손가락질을 받으며 느낀 인간존엄성의 상실이었을까? 토끼몰이식 캠페인이 시작되자 일본계미국인시민연맹Japanese-American Citizens

League은 회원들에게 집단수용에 순순히 응하는 것이 애국이라고 선전했다. "이번 소환은 우리에게 범죄혐의가 있다고 의심하는 것이 아닙니다. 단지 우리 자신을 보호하기 위한 조치일 뿐입니다. 미국에서 우리는 누구라도 위험에 빠질 수 있기 때문입니다. 이것은 전쟁에 총력을 기울이는 데 기여할 수 있는 길입니다. 우리의 충성을 입증하기 위해 기꺼이 희생해야 합니다."[6]

하지만 이때 발견할 수 있었던 재미있는 사실은, 충성심을 입증하라는 요구가 없을 때 국가에 자발적으로 헌신하는 사람이 훨씬 많다는 것이다. 일본이 직접 공격한 곳이자, 일본계 미국인의 비중이 매우 높아 제5열 활동이 일어날지 모른다고 가장 우려되던 하와이에서는 본토와 달리 집단수용을 하지 않았다. 하와이에서는 일본계 성인남자 세 명 중 한 명이 군대에 자원입대했다. 이에 비해 본토의 일본계 미국인 집단수용소에서는 신병모집활동을 아무리 해도 열네 명 중 한 명만이 자원입대했다. 훌륭한 시민을 훌륭한 시민으로 정당하게 대우하면, 사람들은 더 많은 위험을 무릅쓰고 희생한다. 충성하지 않는다고 의심하고, 또 그런 식으로 대할수록 사람들은 거꾸로 파괴행동을 하거나 그나마 가지고 있던 열정마저 꺾어버리고 만다.

누구를 의심해야 하는가

이것은 물론 지나치게 모욕적인 대응이라 할 수 있지만, 분열된 충성의 문제는 여전히 그대로 남아 있다. 어떤 사람을 의심해야 하는지, 또 어떤 사람을 믿을 수 있는지 판단하는 것은 여전히 국방성의 중요한 임무다. 예전에는 간첩활동을 하는 가장 큰 동기가 이데올로기나 경제적인 보상이었다. 소련에 가장 큰 도움을 준 스파이들은 공산주의 사상을 신봉하는 미국인들과 영국인들이었다. 반면 CIA요원인 올드리치 에임스는 자신의 월급으로는 도저히 불가능한 호화스러운 생활을 즐기다 꼬리가 밟혔다. 하지만 이제 미국의 안보를 위협하는 가장 큰 동기는 이민자들과 그 아이들이 지니는, 자신의 출신국에 대한 유대로 밝혀지고 있다.

제2차 세계대전이 끝난 뒤부터 냉전이 종식될 때까지 자신의 고향에 대한 충성이 동기가 된 간첩사건은 전체의 20퍼센트 정도를 차지했다. 하지만 국방성 보고서에 따르면, 1990년 이후 이 비율은 57퍼센트로 급증했다. 방위시설을 짓는 건설회사에서 엔지니어로 일하던 중국계 이민자 치막Chi Mak도 그런 사람 중 하나다. 그는 1983년부터 20년간 중국으로 미국의 군사기밀을 보내다 붙잡혔다. 1985년에 미국시민권까지 얻은 그는, 오늘날 대표적인 반역자의 전형이다. "그는 미국시민권을 가지고 있으면서 외국인들(자신의 가족과 친구)과 교류하고, 외국과 거래하는 일을 하여 돈을 벌고, 외국문화를 즐겼다."[7]

40년대 후반 전쟁이 끝난 뒤 공산주의에 대한 두려움이 지배하던 시기에 아서 슐레진저Arthur Schlesinger, Jr.는 『뉴욕타임스 매거진』을 통해 진보적 관점, 심지어 사회주의적 관점을 가지고 있다고 해서 비미국적인 것은 아니라고 주장했다. "불충을 판단할 수 있는 유일한 기준은, 미국보다 다른 나라에 더 충성하는 것이다."[8]

다른 나라에 더 충성하는 것이 실제로 문제가 될 수 있지만, 그것만이 오늘날 불충의 유일한 원인은 아니다. 오늘날 급진적 이슬람 원리주의의 아버지라고 할 수 있는 사이이드 쿠트브^{Sayyid Qutb}는 이렇게 선언했다. "무슬림에게 국적은 없다. 자신의 믿음만 있을 뿐이다." 푸아드 아자미^{Fouad Ajami}는 쿠트브의 이데올로기에 동조하는 사람들을 '어디에도 속하지 않는 사람'이라고 불렀다. 그들은 실제로 어느 나라에도 충성하지 않으며, 더 나아가 국가에 충성하는 것을 신에 복종하는 의무를 저버리는 모욕적인 행동이라고 여긴다.[9]

이처럼 신이나 세속적인 가치나 이데올로기를 우선하는 믿음은 전혀 새로운 것이 아니다. 국가를 배신하는 사람들이 스스로 자신이 원칙에 충성하는 사람이라고 확고하게 믿는다는 사실은 전혀 놀라운 일이 아니다. 그들은 국가보다 더 중요한 어떤 것에 충성할 뿐이다. 토머스 칼라일은 이렇게 말한다. "세상에 타고난 본성이 나쁜 사람은 없다. 그저 자신이 옳다고 주장하는 정의가 다소 왜곡되어 있을 뿐이다."[10]

그런 자기만족적 환상은 언제나 간첩을 부리는 우두머리에게 훌륭한 기회를 제공한다. 그들은 소외된 신입직원, 격리된 삶 속에서 어떤 의미를 붙잡고자 절실하게 헤매는 사람들을 유혹한다. 또는 열렬한 지지자들, 자신의 믿음이 다른 무엇보다 중요하다는 것을 입증해 보이고 싶어하는 사람들의 마음을 사로잡는다. 1930년대 오스트리아 배우 헤드 매싱^{Hede Massing}은 소련을 위해 활동하는 워싱턴 간첩단을 조직했다. 간첩으로 끌어들일 때 "조국에 대한 충성을 포기하라는 것인가?"라고 물으면서 망설이는 사람에게 매싱은 이렇게 대답했다. "인류에 대한 충성이 어떤 충성보다 앞선다."

텍사스 포트후드에서 총기를 난사한 니달 말릭 하산 소령에게 행동지침을 하달하고 격려한 미국태생의 무슬림 설교사 안와르 아울라끼는, 예멘의 은거지에서 미국에 사는 무슬림들에게 미국을 공격하라고 호소하면서 비슷한 주장을 펼쳤다. "이슬람을 말살하고 무슬림을 죽이는 전쟁을 이끄는 정부에 어찌 충성할 수 있는가?" 이러한 상황은 우리가 심각하게 고민해봐야 할 문제이다. 우리는 충성에 대해 좀더 깊이 생각해야 한다. 최근 역사에서 충성에 대한 강요가 만들어낸 불쾌한 기억들 때문에 우리는 충성에 대해 이야기하기를 꺼리지만, 자연스럽게 발생하는 이러한 적들은 그러한 양심의 가책을 느끼지 않는다.

진정한 충성을 훼손하는 충성맹세

제2차 세계대전이 끝난 직후, 할리우드 스타에서 초등학교 학생들에 이르기까지 모든 사람들에게, 미국식 방식에 충성하겠다는 공개적인 고백을 요구하는 '충성맹세'가 국가적 유행이 되었다. 인디애나에서는 충성맹세에 서약을 하지 않으면 프로레슬러로 활동하지 못했다. 반공주의를 내세운 공화당의 공격을 무마하겠다는 계산으로 민주당의 해리 트루먼 대통령은 연방직원충성안보프로그램 Federal Employees Loyalty and Security Program 시행령에 서명했다. 연방정부에서 일하는 공산주의자들과 그 추종자들을 발본색원하겠다는 의지를 보여준 것이다.

하지만 진짜로 국가에 대한 반역을 저지르기로 마음먹은 사람이라면 충성맹세에 서명하라는 요구를 거부할 리가 없기 때문에, 이는 아무 의미 없는 행위였다. 공공연한 맹세행위에 필연적으로 따르는 이러한 모순은 이미 오래전부터 인식되어왔다. 1647년 영국 시민전쟁에서 혁명적 팸플릿작가로 활약한 존 릴번John Lilburne은 충성맹세는 "부정행위를 가려주는 망토이자, 마음놓고 싸움질하고 악행을 저지를 수 있도록 깔아주는 멍석에 지나지 않는다"라고 경고했다. 충성맹세에 순순히 서명하는 것은 그것을 아무 의미 없는 일로 여긴다는 뜻이고, 자신의 목적에 맞지 않으면 언제든지 깨버리겠다는 뜻이다. "반대로 충성맹세에 서명하기를 꺼리는 것은 오히려…… 세상과 가장 진지한 유대를 맺고 있다는 뜻이다."[11]

그럼에도 충성맹세는 이후 몇백 년 동안 자주 사용되었다. 물론 성공을 거둔 적은 거의 없다. 1940년대와 1950년대 미국의 충성프로그램의 경우에는, 연합군에 충성하라고 강요하는 것이 미국의 건국원칙에 어긋나는 것이라고 많은 사람들이 불평했다. 더욱이 170년 전 독립전쟁 때 충성맹세를 강요하던 광적인 접근방식에서 달라진 것도 없었다. 충성의 자발성은 철저히 무시되었다.

예컨대 조지 워싱턴은 충성심을 공개적으로 검증하는 것을 가장 열렬하게 지지하는 사람이었다. 1775년 그는 이렇게 말했다. "지금이 바로, 사람들 스스로 충성을 선언하라고 요구하는 검증조치를 실시할 가장 적절한 시기다. 이로써 우리는 적과 아군을 구별할 수 있을 것이다."[12] 토머스 페인은 충성맹세를 공공연하게, 모든 사람을 대상으로 해야 한다고 요구했다. "미국 독립을 누가 진정으로 원하는지, 누가 원하지 않는지 방방곡곡 거리마다, 시시각각 빈틈없이 검증해야 한다. 적군과 아군의 전선을 분명하게 구분할 수 있을 뿐만 아니라, 사람들이 무엇을 신봉하는지 누구나 알 수 있게 될 것이다."[13]

워싱턴이 밀어붙인 충성맹세는 새 국가에 대한 충성을 강화하는 것보다는 사람들의 마음속에 남아 있는 영국에 대한 충성을 깨뜨리는 데 초점이 맞춰져 있었다. 그는 자신이 이끄는 부대원들은 물론, 부대가 이동하며 마주치는 시민들에게 모두 충성맹세를 요구했다. 가장 흔히 볼 수 있던 충성맹세의 문구는 이런 것이었다.

"나는 영국의 왕 조지 3세에게 어떠한 충성도 복종도 하지 않는다. 나는 그에 대한 어떠한 충성도 복종도 부인하고 거부할 것을 선언한다."

워싱턴과 그의 동료 장군들은 이러한 충성선언을 공격적으로 활용하여, 대중들이 왕과 옛 조국에 대해 느끼던 유대를 끊어야 한다는 공론을 강화하는 상당한 효과를 거두었다. 워싱턴과 존 애덤스와 토머스 제퍼슨은 "충성맹세는 신성한 대의에서나 세속적인 대의에서나 기적을 행한다"라는 사실이 역사적으로나 경험적으로나 입증되었다고 확신했다.[14]

자신의 지지자들은 끝까지 워싱턴의 충성맹세를 거부할 것이라고 기대하던 영국보수당은 완전히 따돌림당한 느낌이었지만, 배신자들을 응징할 수 있는 수단은 하나도 없었다. 1776년 여름, 보수당 매음굴에 잠입한 한 마타 하리는 워싱턴의 경호원으로 일하던 윌리엄 히키라는 이름의 고객이 자신의 상사를 영국에 넘기려 한다는 음모를 밝혀냈다. 이로써 워싱턴 납치음모는 실패하고 히키는 교수형에 처해졌다. 히키 역시 몇 년 후 미국을 배신한 베네딕트 아널드와 마찬가지로 대륙군의 충성맹세에 거리낌 없이 서명했다.

시민전쟁을 준비하던 남부의 분리주의자들도 80년 전 워싱턴이 활용하던 충성맹세를 그대로 복원했다. 이들은 북부연방이 아닌 남부연합을 지지하겠다고 공개적으로 선언할 것을 강요했다. 하지만 시민전쟁에서 이 충성맹세를 제대로 활용한 사람은 링컨이었다. 그는 전쟁포로들에게 반란을 일으키면 포로수용소에서 풀어주겠다고 제안했다. 또한 북부군이 점령한 남부도시의 시민들은 음식과 다른 생필품을 얻으려면 맹세를 해야 했다. 연방정부에서 일하고자 하는 사람들은 모두 충성맹세에 서명해야 했다. 그리고 놀랄 것도 없는 사실이지만, 공직을 얻어 워싱턴에 침투하여 반란을 모의하던 스파이들이 누구보다 즐겁게 서명했다.

고대 그리스인들이 '충성'과 '믿음직함'을 구분했던 것은 훌륭한 통찰이었다. 우리는 믿을 수 없는 사람에게서 정직한 답변을 기대할 수 없다. 빨갱이사냥꾼으로서 둘째가라면 서러워할 리처드 닉슨은 충성맹세는 아무 소용 없다며 서명하기를 거부했다. (반면에 소련 간첩으로 활동한 앨저 히스는 기꺼이 서명했다.) 또한 닉슨은 부통령 시절 아이젠하워 대통령에게 연방정부 안보기관 이름에서 '충성'이라는 단어를 모두 빼고 그 대신 '위기'라는 말을 넣으라고 요구했다. 위기는 단순한 충성만이 아니라 외국요원에 의한 협박메일 같은 것까지 포괄하는 개념이기 때문이다. 이러한 변화는 "행동, 행위, 연상이…… 개인이 신뢰할 수 없고 믿을 수 없다는 것을 보여주는" 연방직원을 해고할 수 있다는 대통령령 10450호를 통해 실현되었다. 이것은 충성맹세보다 훨씬 강력한 곤봉 역할을 했으며, 닉슨은 1954년 중간선거에서 자신이 이러한 조치를 통해 수천 명의 '공산주의자들과 동조자들'을 정부에서 몰아냈다고 자랑스럽게 떠벌렸다.[15]

하지만 이것 역시 충성맹세와 마찬가지로 진짜 간첩행위에 대해서는 아무런 효력도 발휘하지 못한다는 근본적인 오점을 가지고 있었다. 제대로 훈련받은 간첩은 의심받을 수 있는 관계나 상황에서 쉽게 빠져나갈 것이며, 정말로 비타협적이고 파괴적인 활동가들은 맨 앞줄에 서서 국기에 대한 맹세를 크게 외칠 것이기 때문이다.

대법원은 결국 1950년대의 충성코미디에 제동을 걸었다. 미국에서 시행된 많은 충성맹세 규칙 중에서도 캘리포니아의 충성맹세는 눈에 띄었는데, 세금공제를 받기 위해서는 정부를 폭력적으로 전복하고자 하는 기도를 옹호하지 않겠다는 약속에 서명해야 했다. 대법원은 이런 조치가 헌법과 어긋난다고 판결했다. 휴고 블랙^{Hugo Black} 대법관은 존 릴번의 주장에 동조하며 이러한 노력이 아무 효과도 없는 무의미한 일이라고 말한다. "나는 '충성맹세'가 끝없이 확산된다고 해서 미국에 대한 충성이 높아질 것이라 생각하지 않습니다. 충성은 반드시 나라를 사랑하고 정부를 존중하는 사람들의 마음에서 자발적으로 나와야 합니다."[16]

이러한 맹세는 오히려 정부정책에 대한 정직한 비판을 처벌할 수 있는 구실이 되었고, 진정한 충성을 훼손하는 결과를 낳았다. 그리고 이것은 아주 오래된 질문을 다시 우리 앞에 끌어내는 역할을 했다. 애국심은 국가를 유지하는 미덕일까, 국가를 파괴하는 악덕일까? 우리를 하나로 묶어주는 모든 충성과 의리 중에서 국가에 대한 헌신은 가장 중요한 것인가, 아니면 가장 위험한 것인가?

충성의 덫

마크 트웨인은 스무 살 때(아직 새뮤얼 클레멘스로 살고 있을 때) 신
시내티의 하숙집에 잠시 머물면서 우연히 맥팔레인이라는 스코틀
랜드 출신의 사람을 만난다. 맥팔레인은 별다른 교육을 받지 않았
는데도 매우 박식했다. 듣도 보도 못한 수많은 일을 경험해온 것과,
사전을 처음부터 끝까지 읽어가면서 공부한 것이 전부였다.

맥팔레인은 다윈이 『인간의 계보On the Descent of Man』라는 책을 내
면서 세상에 논쟁을 불러오기 몇 년 전부터 이미 타고난 진화론자
였다. 하지만 그가 말하는 계보는 사람에 대해 사용하는 실질적인
용어였다. "사람의 심장은 동물의 왕국에서는 나쁜 심장이다. 사람
만이 악의, 부러움, 원한, 복수, 증오, 이기심을 느낄 수 있기 때문
이다." 그는 이렇게 말하며 진화의 과정을 마침내 사람에게 적용해
야 하는 순간, 발부리에 걸려 쓰러질 것이라고 예상했다. 그리고 이
에 덧붙여 타락한 피조물이 가진 모든 악덕 중에서도 가장 나쁜 것
으로 애국심을 꼽았다. "사람은 애국심이라는 기괴한 개념을 기본
적인 본능으로 발명해낸 유일한 동물이다."[17]

호언장담과 국가에 대한 과잉충성이 열광적인 지지를 받던 위대
한 19세기 말, 트웨인은 그러한 허세를 비꼬는 일을 즐겼다. 트웨인
이 애국적 충동에 대한 맥팔레인의 저주에 깊이 동감한 것은 전혀 놀
라운 일이 아니다. 무수한 독재정권들이 사람들에게 국기에 대한 경
례나 충성맹세를 강요했던 가혹한 20세기를 경험한 지금, 애국주의
에 대한 트웨인의 멸시는 더욱 크게 공명한다. 물론, 독재정권이 아
닌 합법적 정권이 들어선 이후에도 애국주의는 여전히 논란의 근원

이 되고 있다. 애국심은 이견을 꺾고 논란을 잠재우기 위해 사용하는 강압적 재갈에 불과하다는 비판이 여전히 이어지고 있기 때문이다.

대다수의 사람들은 애국심을 보여주기 위한 의례를 그다지 문제라고 생각하지 않고 당연하게 여기지만, 깊은 우려를 느끼는 사람들도 있다. 그들 눈에는 국기에 대한 경례나 애국맹세는 기껏해야 촌스럽고 천박한 야만성에 불과하며, 더 나아가 호전적 침략주의의 냄새를 풍기기도 한다.

애국의례라는 덫에 대한 오늘날 지식인의 혐오는 1946년 『뉴요커』에 실린 화이트 E. B. White의 글에서 잘 드러난다. "우리는 국가에 대한 의례를 통해 국가를 신비롭게 생각하도록 어릴 적부터 교육한다. 하지만 지금 개개인의 생각을 거창한 표현으로 경쟁하듯이 보여주라고 강요하는 세태는, 예민한 아이들에게 국기를 향해 맹세를 하는 자신의 행동이 과연 옳은 것일까 하는 의심을 안겨줄지도 모른다."

미국 애국가의 3류 시 같은 저질 가사와 거기에 담긴 호전성에 한숨짓는 사람들일수록 충성맹세를 구태의연한 것으로 여긴다. 평론가 니컬러스 본 호프먼 Nicholas Von Hoffman은 맹세에 별다른 가치를 두지 않는다. "시키는 대로 차려자세를 하고 서 있거나 생각 없이 맹세를 암송하는 행동은, 집단사고에 쉽게 빠지는 사람들을 복종시키기 위한 멍청한 짓이거나 정신박약자 특유의 행동에 불과하다." 그리고 국기는 "현란한 비합리성으로 머저리 같은 인간들을 꾀기 위해" 사용하는 미신적 숭배물(페티시)에 불과하다고 본 호프먼은 조롱한다. [18]

2008년 대통령경선에서 버락 오바마는, 국기를 국가에 대한 충성의 상징으로 삼는 것에 대해 의문을 제기하기도 했다. 양복 깃에 성조기 배지를 달고 나오지 않은 것에 대해 지적을 받자, 오바마는 이렇게 말했다. "제 생각에, 성조기 배지는 애국심을 대체하는 것일 뿐입니다. 진정한 애국자라면 정말 중요한 문제에 대해서 자신의 주장을 펼칠 수 있어야 하죠. 자신의 가치와 이상에 충실하다면, 따로 애국심을 보여줄 필요가 어디 있겠습니까?"[19] 하지만 오바마는 곧, 그런 감상이 하버드 대학이나 시카고 대학 안에서만 통한다는 사실을 깨달았다. 오바마는 결국 자신이 입는 옷에 모두 성조기 배지를 달았다.

트웨인은 외고집 노인이 되어서도 '국가에 대한 숭배'에 대해 씁쓸한 웃음을 지었다. "애국심은 종교에 불과하다."[20] 이 말을 그대로 따른다면, 트웨인은 애국심은 사악한 신앙이며, 국기는 그 신앙을 상징하는 불경한 우상이라고 간주한 것이다. 물론 트웨인이 말하고자 했던 것은, 애국심이 종교가 저지르는 잘못과 전혀 다르지 않다는 것이었다. 특히 비판능력을 마비시켜 어리석은 군중으로 만들어버리고자 하는 점에서 비슷하다.

트웨인은 애국심이 대다수 사람들에게 제공하는 것은 '안심과 안락'이라고 생각했다. 안전하고 편안하다고 느낄수록 사람들은 생각하지 않는다. 트웨인은 이렇게 말한다. "자신이 애국하는 실질적인 이유를 알고, 그것을 이야기할 수 있는 사람 세 명만 찾아보라. 그런 사람이 있는가? 애국심은 사람들 속에서 휩쓸리다 생겨나는 것일 뿐이며, 거기에 대해 스스로 생각하는 사람은 없다."[21]

하지만 트웨인이 애국심을 비난한 진짜 이유는 그것이 국가에 대한 헌신을 요구한다는 사실 때문이 아니라 사기꾼, 협잡꾼, 위선자,

3류 쓰레기 들이 그것으로 사람들을 이용해먹는다는 사실 때문이었다. 트웨인은 이런 상황을 훨씬 절묘하게 묘사했다. "사람들은 애국심을 말만 번지르르하고 생각도 논리적이지 않은 시급 6달러짜리 마을신문 보조편집자에게서 얻는다."

트웨인이 보기에 진짜 애국은 시민들 스스로 생각하도록 만드는 것이었다. "애국자는 양심에 따라 행동하는 사람이다. 자신의 확신을 진실하게 따르는 사람이다. 올바른 애국심은 자신의 머리에서 추론해내고 용광로에서 녹여내고 검증하고 자신의 양심으로 판단해낸 것이다."[22] 이는 우리가 흔히 생각하는 충성을 비판하는 것이다. 여기엔 반추적이고 정서적인 방식으로 헌신이 합리성을 밀어내서는 안 된다는 우려가 담겨 있다. 트웨인이 제시하는, 자기확신에 진실하기만 하면 된다는 새로운 애국심은 또한 호소력이 있다. 냉전의 찬바람이 매섭게 몰아칠 때 헨리 스틸 코머저 Henry Steele Commager는 50년 전 트웨인의 주장을 되풀이한다. "오늘날 미국인의 충성에는 지적인 확신이 빠져 있다. 다른 사람이 하는 대로 따르기만 하라는 요구에 불과하다."[23] 진정한 충성은 미국의 전통적인 "도덕률을 받아들이는 것, 법보다는 양심의 명령에 순종하는 것"이라고 그는 주장한다.[24]

하지만 '양심의 소리'가 아무리 존중받을 만하다고 해도, '양심의 명령에 순종하는 것'을 굳이 '애국심'이라고 말할 수 있을까? 양심과 이성에 따라 조국을 배신하는 사람, 도덕적 이유에서 조국을 버리는 사람을 애국자라고 할 수 있을까? 심지어 국가가 정말 사악하고 그가 진정으로 옳은 경우라 하더라도 그를 애국자라고 할 수 있을까? 그는 단지 자기 신념을 따르는 배신자에 불과하지 않은가?

이러한 전형적인 인물로 미국 정보분석요원 월터 켄들 마이어스 Walter Kendall Myers를 들 수 있다. 그는 아내와 함께 모의하여 30년 동안 미국정부의 중요한 기밀을 쿠바에 넘겨줬다. 2009년 11월 재판 과정에서 그의 변호사는 그가 '양심과 개인적인 헌신'에 따라 행동했을 뿐이라고 변호했다. 하지만 그가 자신의 도덕적 판단에 대해 완벽한 확신을 가지고 30년 동안 기밀을 넘겨주었다는 사실만으로 그를 숭고한 '애국자'라고 할 사람은 없을 것이다. 국가가 정상적으로 운영될 때, 거만한 양심은 무기력한 양심만큼 문제가 될 수 있다.

마이어스는 미국을 저주하고 쿠바를 연민했다. 카스트로가 지배하는 작은 섬에 대한 그의 진심 어린 애정은, 양심만으로 애국심을 정의하기에는 충분하지 않다는 것을 보여준다. 우리는 물어야 한다. 조국에 대한 애정이 마음속에서 우러나는가? 우리의 심장을 뛰게 만드는 것은 무엇인가? 국가에 대한 충성은 국가에 대한 사랑에서 나온다. 가족에 대해 화내고 실망하고 좌절할 수 있는 것처럼, 애국자도 국가에 대해 화내고 실망하고 좌절할 수 있다. 가족의 안녕을 위해 헌신하면서도 불화를 겪고 갈등할 수 있는 것과 마찬가지로, 애국자도 국가의 안녕을 위해 헌신하면서도 불화를 겪고 갈등할 수 있다.

충성이 사랑의 중요한 요소인 것처럼, 사랑은 애국심이라는 충성의 본질적인 요소다(물론 애국심이 요구하는 사랑은 배타적인 사랑이다). 1918년 연설에서 테디 루스벨트 Teddy Roosevelt는 이렇게 말한다. "자신의 조국을 사랑하는 만큼 다른 나라를 사랑하는 사람은, 자신의 아내를 사랑하는 만큼 다른 여자를 사랑하는 남자와 같다. 그런 사람은 있으나 마나 한 무가치한 피조물일 뿐이다."[25]

조국을 사랑하는 것은 애국심의 선행조건이다. 하지만 애국심을 비판하는 자들이 지적하듯이, 그런 사랑에는 늘 위험이 도사린다. 철학자들은 우정이 '인식론적 오류'(우정 때문에 잘못된 판단을 할 수 있는 상황)를 유발할 수 있다고 경고하듯이, 애국 역시 '나쁜 신념'으로 타락할 수 있다고 경고한다. 그들은 국가의 이익에 반한다고 생각되면 어떤 증거나 사실도 왜곡하고 매도하는 경향이 있다.

작가 사이먼 켈러는 이렇게 말한다. "애국적인 태도는 빈약하고 편향된 논리로 뒷받침하는 신념을 안겨줄 확률이 높다. 이로써 사람들은 국가의 가치와 중요성에 대한 과장되고 허황된 인식으로 고통을 받는다."[26] 이러한 태도는 불완전할 뿐만 아니라 부적절하며, 따라서 애국심을 희망 없는 악덕이라고 간주해도 무방하다고 켈러는 확신한다. 애국심은 "백치가 사악한 형태로, 사이코패스적으로 발현된 것"이라고 경멸한 조지 버나드 쇼 역시 퉁명스러운 수사로 같은 주장을 한다. "애국심은 자신이 거기서 태어났다는 이유만으로 다른 나라보다 자기 나라가 우월하다고 확신하는 것이다."

애국적 확신이 편향된 믿음으로 쉽게 이어진다는 것은 경험적으로도 알 수 있다. 코미디언 펜과 텔러Penn & Teller는 〈불싯!Bullshit!〉이라는 TV프로그램에서 국가에 대한 맹목적인 헌신을 재치 있게 풍자한다. 그들은 만화에나 나올 법한 '미국이 최고America Is #1'라는 이름의 가상의 애국단체를 만들고, 거리에 나가 행인들에게 서명해달라고 요청한다. 그들이 서명을 받는 목적은 "미국은 다른 나라들이 범접할 수 없는 세상에서 가장 훌륭한 나라이며, 자연풍광도 다른 어떤 나라보다 훨씬 장엄하며, 미국인은 다른 나라 사람들보다 훨씬 뛰어나다”라는 것을 UN에서 공식결의안으로 통과시켜달라는 탄원을 하기 위해서였다. 카메라를 들고 서명하는 사람들과 직접 인터뷰하기도 했는데(이는 애국자처럼 행동하도록 유도하는 효과적인 도구였다), 기꺼이 서명하겠다는 사람이 끊이지 않고 이어졌다.

레오 톨스토이는 이러한 우려에 대해 가장 강력하면서도 간결한 진술을 했다. 독일이 다른 어느 나라보다도 객관적으로 훨씬 우월하다는 내용을 담은 독일의 국가國歌〈그 무엇보다도 독일Deutschland über alles〉에 대해서 이렇게 말한다. “모든 애국자들이 자기 나라가 최고라고 생각하면 어떤 일이 벌어지겠는가? 멍청하기 이를 데가 없다. 모든 국가가 똑같이 자기가 우월하다고 생각하니 틀릴 수밖에 없지 않은가? 돌대가리들.”[27] (독일 국가만 그럴 거라고 생각하면 오산이다. 〈This is My Country〉라는 노래는 미국이 ‘지구상에서 가장 위대하다’는 용감한 주장을 펼친다. 이런 노래는 어느 나라에나 있을 것이다.)

톨스토이의 논리를 반박하기는 힘들다. 하지만 톨스토이, 켈러, 펜과 텔러가 말하듯 자기 나라가 다른 나라보다 우월하다는 허황된 믿음에서 애국심이 나온다는 비판은 다소 과장된 것으로 여겨진다. 국가에 대한 사랑을 가족에 대한 사랑과 비유해본다면 어떨까? 우리가 가족에 헌신하는 것은 자신의 가족이 세상에서 가장 훌륭하다고 믿기 때문인가? 아니다. 그것은 단지 ‘내’ 가족이기 때문이다. 우리 엄마가 세상에서 가장 훌륭한 엄마이기 때문에 사랑하는 것이 아니다. (엄마에게는 미안하지만……) 단지 ‘나의’ 엄마이기 때문이다. 아빠와 함께 내가 세상에 태어날 수 있게 해주었고, 나에게 힘껏 최선의 기회를 제공해주었고, 힘들 때마다 나를 지원해주었기 때문이다. 내 삶에서 중요한 부분을 차지했던 부모님에 대한 건강한 감사와 애정과 감상적 애착이 모두 가족에 대한 나의 사랑과 헌신의 원천이다. 국가에 대한 마음도 이와 같은 것 아닐까?

체스터턴은 "옳든 그르든 나의 조국"이라는 말은 "술에 취했든 제정신이든 나의 엄마"라는 말과 크게 다르지 않다고 했다. 루이스C. S. Lewis는 체스터턴의 비유가 애국심의 핵심을 포착한 말이라고 생각했다. 어머니를 진정으로 사랑하는 사람이라면 어머니가 무슨 일을 하든 애정을 저버리지 않듯이, "조국을 진정으로 사랑하는 사람이라면 조국이 파산하든 몰락하든 포기하지 않을 것이다".[28]

이것은 사랑하는 대상이 자기파괴적인 행위를 할 때에도 무조건 협조해야 한다는 뜻이 아니다. 어머니가 알코올중독이라면, 어머니에게 헌신하는 것은 술을 사다주는 것이 아니라, 알코올중독치료센터에 데려가는 것이다. 마찬가지로 조국을 위해 헌신하는 것은 외적의 침입에서 나라를 구하는 것뿐만 아니라 나라가 잘못된 길로 가지 않도록 이끌어주는 것이다. 체스터턴은 이렇게 주장한다. "제대로 된 사람이라면 어머니를 알코올중독에서 구하기 위해 끝까지 노력할 것이다. 어머니가 술을 먹든 말든 신경쓰지 않는다면, 어머니를 사랑하는 사람이라고 할 수 없을 것이다."[29]

국가가 공정하게 운영되든 말든 신경쓰지 않는다면 조국을 사랑하는 사람이라고 할 수 없다. 충성이란 국가에 대해 자부심을 갖는 것뿐만 아니라, 국가가 잘못된 길로 나아갈 때 그것을 부끄럽게 여기고 분노하는 것을 의미한다. 내 것이 아닌 것, 나와 아무 관계가 없는 것에 대해서 우리는 전혀 분노하지 않는다.[30] 부끄러움과 분노는 그 자체로 충성의 표현이라 할 수 있다. 가족이든 국가든 그만큼 우리가 헌신하고 있다는 의미다.

조국의 우월성에 대한 확신을 요구하지 않는 애국심이 존재한다는 것을 루이스가 밝혀낸 이유는 또 있다. 자신의 조국이 가장 위대하다는 믿음에서 국가에 대한 헌신이 나온다면, 그러한 비현실적인 신념이 깨지는 순간 애국심도 깨질 것이다. 자신의 나라가 완벽하지 않은 것으로 판명되었을 때, 지구상에서 가장 위대한 나라도 아니고 가장 가치 있는 나라도 아니며 가장 도덕적인 나라도 아닌 것으로 드러났을 때, 조국을 사랑할 이유도 사라질 것이다. 오만한 애국심은 단순히 올바른 인식을 거스르는 공격이 아니며, 흔들거리고 깨지기 쉬운 헌신일 뿐이다.

다른 나라보다 우월하기 때문이 아니라 자신이 속한 공동체의 의미와 정체성을 일깨워주기 때문에 조국을 자랑스럽게 생각하는 애국이라면 훨씬 나을지도 모른다. 다시 가족에 비유하자면, 나는 매주 토요일 저녁 마당에서 가족과 함께 그릴에 스테이크를 구워먹는 시간을 가장 좋아한다. 이것은 내가 토요일 저녁에 그런 음식이 가장 어울린다고 생각하기 때문이 아니라, 우리 가족의 오랜 전통이기 때문이다. 우리 가족의 특성이라고 하기에는 그것은 너무 사소하며, 그다지 독특하지도 않다. 하지만 나는 그런 일에 감정적 애착을 가지고 있다. 그런 전통을 포용하는 것은 곧 가족을 포용하는 방법 중 하나다. 마찬가지로 아무리 사소한 것이라 해도 내가 사는 나라의 어떤 특성에 애정을 느끼는 것이야말로 조국에 대한 나의 사랑을 표현하는 방법이며, 또 조국을 포용하는 방법이다. 그렇지 않은가?

휴고 블랙 판사가 말하듯이, 우리는 국가에 대한 사랑이 마음에서 우러나기를 바란다. 하지만 이것은 가만히 있어도 그런 애정이 저절로 솟아난다는 의미가 아니다. 화목한 부부생활을 유지하기 위해서는 부부가 사랑한다는 말을 자주 주고받아야 한다. 또한 모든 종교는 주기적으로 헌신하는 의례를 행한다.

우리는 신의 사랑이 '사람들 마음속에서 우러나기를' 바란다. 물론 그런 건강하고 직접적인 통찰을 경험한 사람들도 있을 것이다. 많은 사람들이 종교적 예식을 기계적인 반복에 불과하다고 비판한다. 진부한 말로 가득한 신조를 암기하는 일을 조롱한다. 하지만 매주 모여 사람들이 예배를 보는 데에는 그럴 만한 이유가 있다. 우리는 대부분 감사와 존경을 느끼기 위해서는 그것을 표현하는 법을 먼저 배워야 한다. 우리 자신을 표현하는 법을 배워야, 우리 자신을 표현할 수 있는 것이다. 가족들 앞에 서서 '사랑해'라고 말해본 적이 없으면, 그런 말을 하는 것은 매우 어렵다.

우리가 신과 국가를 위해 사랑을 표현하기 위해서는 상징이 필요하다. 손에 잡히지 않는 헌신을 손에 잡히게 만들어주는 것, 눈에 보이지 않는 사랑을 눈에 보이게 만들어주는 것이 필요하다. 국가는 단순히 점유하고 있는 영토만이 아니고, 거기 사는 사람만이 아니며, 그 제도 안에 구현된 원칙(그런 것이 있다면)만이 아니다. 국가는 그 모든 것의 복합체이며, 그런 복합체를 향해 '사랑해'라고 말하기는 어렵다. 그렇기 때문에 국기가 필요한 것이다.

국기는 국가에 대한 사랑을 표현할 수 있는 대상이 되어준다. 국기를 맹목적인 숭배물에 불과하다고 쉽게 치부해버릴 수도 있다. 하지만 작은 천 조각으로 그 복잡한 개념을 상징할 수 있다면 충분히 가치 있는 거래 아닌가? 헨리 스틸 코머저는 진정한 충성은 '국기에 대한 경례, 충성맹세, 맹신을 입증하는 선서와 같은 의례에 있지 않다'고 주장한다. 그의 주장은 옳았다. 의례는 충성을 대체하지 못한다. 하지만 그렇다고 해서 국가에 대한 충성을 확산시키는 일까지 무의미한 것은 아니다. 의례적인 애정은 우리의 애정을 소중하게 유지시켜준다. 사랑한다는 말을 기계적으로 반복하는 일이 결혼생활을 시들지 않게 지키는 것을 돕는 것과 마찬가지다. 물론 아무 의미 없이, 아무 감정 없이 사랑한다고 말하는 사람도 있겠지만, 대다수의 사람에게 그런 표현을 하는 행위는 그런 감정을 자아내는데 중요한 역할을 한다.

물론 이러한 주장은 국가에 대한 헌신이 바람직한 가치라고 생각하는 사람들에게만 의미 있는 것이다. 애국심을 악덕이라고 생각하는 사람들의 마음은 여전히 움직이지 않을 것이다. 애국심을 비난하는 사람들은 오히려 더 열을 올릴 것이다.

애국심 vs 세계시민주의

톨스토이는 애국심이 어리석다고 생각하지 않았다. 다만 터무니없이 비도덕적이라고 생각할 뿐이었다. 톨스토이는 이렇게 쓴다. "애국심은 본질적으로 다른 나라를 희생하여 자신이 속한 나라의 이익을 추구하도록 이끌기 때문에 비도덕적이다. 이러한 경향은 자신이 받고 싶지 않은 대접을 다른 사람이 받게 해서는 안 된다는, 누구나 동의하는 근본적인 도덕법칙과 완전히 모순된다."[31]

그렇다면, 자기 나라를 위해 옳은 일을 하는 것은 다른 나라에 나쁜 일을 한다는 의미일까? 애국자의 충성은 스포츠 팬의 충성에 비유할 수 있다. 이는 많은 통찰을 주는 적절한 비유지만, 끝까지 밀고 나갈 수는 없다. 스포츠 팀을 응원하는 이유는 그것이 자신의 팀이고, 자신이 속한 공동체의 일부이기 때문이다. 진정한 팬은 자신의 팀이 이기든 지든 떠나지 않는다. 진정한 팬은 자신의 팀을 사랑한다.

애국자도 이런 점에서는 거의 마찬가지다. 하지만 애국적 충성이 스포츠의 충성과 같다면 호전성의 문제가 발생한다. 스포츠맨십은 본질적으로 경쟁을 추구한다. 스포츠는 승리와 패배를 가르는 게임이기 때문이다. USA를 응원하는 것이 양키스를 응원하는 것과 같다면(둘 다 경쟁에서 계속 지는 사람들에게 증오의 대상이다) USA를 응원하는 것은 곧 다른 나라가 모두 패하기를 바란다는 의미가 된다. 양키스는 다른 팀이 모두 져야 성공한다. 상대편이 더 확실하고 비참하게 깨질수록 더 좋다.

바로 이것이 정치철학자 마사 누스바움이 'U-S-A!'를 연호하는 사람들에게서 목격한 욕망이다. 9·11 이후 그리 오래되지 않은 시간에 한 구기종목 경기에서 들은 응원소리는 마치 '적을 쳐부수고 쓰러뜨리고 짓밟고 싶다는 소망을 표현하는 것'처럼 느껴졌다.[32] 그녀는 이런 현상이 곧 사회문제가 될 것이라 직감했다.

사회이론가 소스타인 베블런Thorstein Veblen도 비슷한 관찰을 했다. 스포츠의 은유에서 애국심이 어떤 문제를 유발할 수 있는지 발견한 그는 애국심을 '명백한 우둔함'이라고 조롱했다. 애국심은 "적에 대한 증오를 공유하여 어떤 일을 모의할 때를 제외하면, 그 열정적인 열기가 최고조까지” 올라가지 않는다고 베블런은 말한다. 애국심의 “최고의 호소이자 최후의 호소는 어떤 대상을 죽음, 손상, 불편, 파괴로 몰아넣는 것이다”.[33]

이것이 양키스와 레드삭스의 관계를 아주 잘 묘사한 것일 수는 있지만, 애국심의 진정한 본성을 포착한 것이라고 할 수는 없다. 스포츠는 제로섬게임이다. 어떤 사람은 이기고 어떤 사람은 져야 한다. 물론 전쟁을 하는 경우, 국가도 마침내 그렇게 이기고 지는 경쟁을 하게 된다. 안타깝게도 전쟁이 자주 벌어지기는 하지만, 그럼에도 대다수 국가들은 대개 평화를 유지한다. 이러한 국가들은 (적어도 올림픽이나 월드컵대회를 뺀다면) 제로섬게임을 한다고 볼 수 없다.

이런 상황에서 내가 사는 나라의 성공을 증진하는 가장 확실한 방법은, 세상의 번영이 더 널리 퍼지도록 촉진하는 것이다. 나 자신의 자유를 증진하는 가장 좋은 방법은 억압된 사람들이 비슷한 자유를 누릴 수 있도록 북돋는 것이다. 이웃에 고통을 주지 않고도 우리 가족이 행복하기를 바랄 수 있는 것처럼, 프랑스가 잘못되기를 바라지 않고도 우리나라가 잘 살기를 바랄 수 있다.

톨스토이는 애국심에 대해 더 깊고 심오한 불평을 한다. 애국심은 ‘모든 인류의 평등과 형제애’를 존중하라는 근본적인 도덕원리에 반하는데, 그것을 어찌 미덕이라고 할 수 있는가? 애국심은 어쨌든 다른 나라 사람보다 자기 나라 사람을 기본적으로 더 좋아한다는 뜻이다. 톨스토이의 기준에서 보자면 애국은 “미덕이 아닐 뿐만 아니라, 의심할 여지 없이 악덕이다”.[34]

이것은 오랜 시간 이어져 내려온 세계시민적 관점에서 애국심을 비판하는 것이다. 고대 그리스의 견유大儒학파이자 스토아학파였던 디오게네스는 세계시민의 미덕을 찬미했다. 철학자 테오도루스는 "현자의 나라는 세계다"라고 말했다.[35] 아낙사고라스는 조국에 대해 전혀 애정을 가지지 않은 것에 대해 비난받자, 하늘을 가리키며 이렇게 대답했다고 한다. "조용히 해라. 나는 나의 국가에 대해 가장 큰 애정을 가지고 있다."[36]

도덕적 교리에 국경이 의미 없듯이, 세계시민의 대의는 많은 문화와 윤리적 전통에서 공통적으로 발견할 수 있다. 예컨대 힌두의 지혜로운 이야기 모음집 『판차탄트라 Panchatantra』에는 이런 이야기가 나온다. "'이 사람이 우리 중 하나인가 외부인인가' 고민하는 것은 마음이 좁은 사람의 생각이다."[37]

스토아학파 철학자이자 로마의 황제였던 마르쿠스 아우렐리우스는 정치적 공동체의 구성원은 모두 평등하며, 위대한 국가는 합리적으로 사고하는 사람들로 이루어져 있다고 선언했다. 하지만 그는 초기 기독교인들을 로마의 애국적 시민이 아니라는 이유로 압박했다. 반면에 보편적인 형제애를 강조하는 기독교 역시 때때로 애국적인 헌신의 다소 보편적이지 않은 특성과 맞서왔다. 17세기 예수교는 애국심을 '기독교적 사랑의 맹세의 가장 확실한 죽음'이라고 정의함으로써 기독교의 요구와 국가의 주장 사이에 긴장을 조성하기도 했다.[38] (세계시민이라고 해서 다른 사람보다 자신의 원칙을 충실하게 지켰던 것은 아니다.)

세계시민주의는 오늘날 주류 윤리로서의 위치를 차지하고 있다. 칸트주의자든 공리주의자든, 모든 사람을 동등하게 대하라고 요청하는 지난 세기의 주류 세속윤리와 자연스럽게 어울리기 때문이다.

사는 지역과 같은 사소한 문제로 사람들을 차별하는 것은 존중할 만한 가치가 있는 합리적인 존재로서 그들이 가지는 지위와 대립한다. 세계시민은 국경과 같은 임의적인 기준이 우리의 도덕적인 고려에 어떤 원칙적인 역할을 할 수 있느냐고 묻는다. 왜 우리는 외국인에게는 느끼지 않는 책임감을 같은 나라 사람에게는 느끼는 것일까? 지구 반대편에서 일어난 비행기 추락사고를 전하는 뉴스를 떠올려보라. 사상자 수를 기본적으로 보여주기는 하겠지만, 뉴스의 핵심은 그 비행기에 우리나라 사람이 얼마나 타고 있었느냐 하는 것이다. 그 비행기에 사람들이 아무리 많이 타고 있었어도, 우리나라 사람이 한 명도 없다면 그다지 중요한 뉴스로 보도되지 않을 것이다.

국적과 무관하게 우리는 모든 고통에 대해서 똑같은 감정을 느껴야 하지 않을까? 이러한 세계시민의 주장은 쉽게 떨쳐버릴 수 없다. 하지만 그렇다고 하더라도, 국경이 왜 '도덕적으로 임의적인 기준'인지는 분명하게 이해되지 않는다. 적어도 우리는 민주주의에서 대표자를 선택하거나, 국민투표로 어떤 현안을 결정하는 권리와 부담을 같은 나라에 사는 시민들과 공유한다. 내가 살고 있는 세상의 법은 공유된 노력의 결과다.

그렇다면, 내 삶을 빚은 규칙을 만드는 데 아무런 관여도 하지 않은 사람들보다 친애하는 동포들에게 좀더 큰 존경을 베푸는 것은 정당하지 않을까? 그뿐만 아니라, 안전의 측면에서 우리는 서로 도움을 주고받는다. 친애하는 동포들은 나와 가족의 안전을 지켜주는 경찰, 소방관, 군인이 그 역할을 계속하게 하기 위해 세금을 낸다. 도덕적으로 임의적인 기준이 사람들에 대한 헌신의 어떤 척도로서 작용하는 것이다.

복원해야 할 충성의 정당한 가치

일찍이 대륙군에서 영국군으로 넘어간 베네딕트 아널드^{Benedict} ^{Arnold}는 미국인들에게 상당한 불안을 가져왔다. 이후 미국인들은 학교에서 어린아이들에게 그의 배신행위를 가르치고 있으며, 그는 미국인에게 경멸과 지탄을 받는 배신의 대명사가 되었다. 아널드는 미군에 잠입한 영국군 소령 존 안드레와 반역을 공모한다. 아널드는 7,000파운드와 왕국군에서 준장 계급을 받는 조건으로 웨스트포인트 요새를 넘겨주기로 약속한다. 아널드는 또한 미국의 방위와 워싱턴 장군의 전반적 전략을 기록한 자세한 보고서와 함께 국경을 넘어 되돌아갈 수 있는 여권을 안드레에게 마련해주었다.

이틀 동안 사람들의 눈에 띄지 않게 이동한 안드레는 국경을 눈앞에 두고 여유 있게 시골길을 걷고 있었다. 그때 마침 길을 지나던 세 남자가 그에게 다가와 말을 걸었다. 존 폴딩, 데이비드 윌리엄스, 아이작 밴 버트 세 사람은 그의 행동을 수상하게 여겨 몇 가지 질문을 던졌고, 안드레는 그들을 영국군 요원이라고 착각했다. 안드레는 경솔하게 그 자리에서 자신이 영국군 장교라고 신분을 밝혔다. 폴딩이 대답했다. "우리는 미국인입니다. 당신을 체포합니다."

이 남자들은 영국군 소령을 수색했고, 그의 부츠에서 아널드가 연루된 부인할 수 없는 증거를 찾아냈다. 폴딩은 소리쳤다. "오 이런, 그놈도 간첩이야."

아이들이 배우는 이야기에서, 안드레는 이 상황에서도 놀라지 않는다. 어쨌든 그는 미국군에서 이름난 소장을 돈으로 매수했기에 노상강도 같은 초라한 시골뜨기들은 돈 몇 푼만 쥐여주면 눈감아

줄 것이라고 생각했다. "나를 놓아주면, 당신들에게 100기니를 주겠소." 안드레는 자신의 말과 안장과 금시계도 덤으로 주겠다고 말했다. 하지만 남자들은 거절했다. 안드레는 제안 수위를 높였다. "1,000기니를 주겠소, 약속한 돈을 받을 때까지 나를 인질로 잡고 있어도 좋소."

폴딩은 결연하게 대답했다. "싫소, 1만 기니를 준다고 해도 한 발짝도 움직일 수 없소."

아널드는 안드레가 탈출하다 잡혔다는 이야기를 들었고, 곧바로 허드슨 강을 따라 내려가 영국 수송선에 올라 탈출했다. 그는 커미션과 현금을 받고 영국을 위해 일했지만, 영국인들은 그를 멸시했다. (1세기도 훨씬 전에 새뮤얼 피프스^{Samuel Pepys}는, 배신의 도움을 받은 사람들까지도 배신자를 경멸하는 보편적인 감정을 이렇게 포착했다. "나는 반역을 사랑하지만 반역자는 증오한다.")[39]

미군은 안드레가 간첩인지 아닌지는 분명하게 밝히지 못했지만 어쨌든 그를 교수형에 처했다. 하지만 영국인들은 자신을 도와주기로 했던 반역자 아널드를 경멸한 반면, 미국인들은 영국에서 침투한 간첩 안드레를 존경했고, 그를 교수형에 처하고 싶어하지 않았다. 그가 미국에 침투하기는 했지만 어쨌든 자신들의 나라를 위해 충성을 다했기 때문에 악당이라고 여기지 않은 것이다.

폴딩, 윌리엄스, 밴 버트에 대해서는 미국 의회에서 '돈을 뿌리치고 당당하게 조국을 지킨' 그들을 기념하는 결의안을 통과시켰다. 의회는 또한 그들에게 "Amor patriae vincit", 즉 "조국에 대한 사랑이 이긴다"라는 문구를 새긴 메달을 주었다.

이런 문구는 과장된 것일지도 모른다. 하지만 이것을 뒤집은, 즉

"조국에 대한 사랑이 없으면 패배한다"라는 말은 의심할 여지 없이 진실이다. 아이젠하워의 보좌관이 나치에 동조하는 간첩이었다면 노르망디 상륙작전이 성공했을까? 영국의 블레츨리 공원 수학자들이 독일의 암호기계 에니그마를 파괴하지 못했다면 제2차 세계대전은 몇 년 더 지속되었을지도 모른다. 하지만 그런 정보를 누군가 독일군에 넘겨주었다면 모든 작전은 수포로 돌아갔을 것이다. 이것은 반역이 선사하는 거대한 위험이다. 탐욕에서 나온 것이든, 불만이나 원한에서 나온 것이든, 심지어 신성한 자기희생의 신념에서 나온 것이든 반역은 국가 전체를 혼란에 빠뜨릴 수 있다.

에비아 섬에 있던 고대 그리스 도시 에레트리아도 이러한 반역으로 슬픈 운명을 맞이했다. 기원전 490년 강력한 페르시아군이 에레트리아 성벽을 둘러싸고 1주일 동안 계속 무시무시한 공격을 퍼부었다. 곧 아테네인들의 지원이 올 상황이었지만, 7일째 되는 날 에레트리아 관료인 에우포르보스와 필라그로스는 도시민들을 배신하는 대가로 약간의 보상과 개인의 안전보장을 받기로 하고 이른 새벽 침략자들에게 성문을 열어줬다. 물밀듯이 들어온 페르시아군은 도시를 불태우고, 사람들을 노예로 삼고, 그곳을 아테네에 대항하는 전쟁요새로 정비했다.

고대 그리스 작가 파우사니아스는 이 사건을 이렇게 묘사하며 비난했다. "모든 범죄 중에서도 가장 터무니없는 범죄, 그리스 전체 역사에서 절대 되풀이되어서는 안 되는 범죄다. 자신의 개인적 이익을 위해 조국과 국민을 배신한 것이다."[40] 배신으로 무너진 도시는 에레트리아만이 아니다. 한 세대 이후 페르시아는 테살리아를 정복한 뒤 테베를 정복했다. 이 두 도시 모두 그곳에 거주하던 몇몇 시민들에 의해서 쉽게 접수되었다. 파우사니아스는 다양한 반역의 기술과 그러한 반역에 뒤따른 엄중한 결과를 기록으로 남겼다.

베네딕트 아널드가 웨스트포인트를 넘겨주는 데 성공했다면 미국은 어떻게 되었을까? 지금 우리 중에 에우포르보스나 필라그로스가 있을지 모른다는 걱정을 하지 않고 사는 것만 해도 다행이라고 여겨지지 않는가? 셰익스피어의 『헨리 5세』에는 헨리 5세가 프랑스를 향해 출전하기 전, 귀족 세 명이 자신을 팔아넘긴 것을 발견하는 장면이 나온다. 그들은 프랑스에서 금을 받는 조건으로 왕을 살해하기로 약속했다. 헨리 5세는 '주적'에 가담한 죄를 물으며 다음과 같이 맞선다.

자기 왕을 죽인 대가로 너는 떵떵거리고 살겠지만
너로 인해 왕자와 그의 동료들은 노역을 하게 되고
너로 인해 그의 종들은 핍박받고 멸시받으며
그의 전체 국가는 황폐해질 것이다.[41]

황폐화는 배신당한 사람들이 지불하는 값이다. 국가에 대한 충성과 사랑으로 반역의 유혹에 맞설 수 있다면, 우리는 그것을 북돋워야 할 필요가 있다. 우리는 베네딕트 아널드의 이름을 기억하지만 폴딩, 윌리엄스, 밴 버트는 시간이 지나면서 우리 기억에서 사라졌다. 명예보다 불명예가 훨씬 오래 기억에 남지만, 그것은 기억할 만한 가치가 있기 때문이다.

반역을 거부하는 것은 국가에 대해 가장 중요한 충성이다. 그것은 좋은 출발지점이며, 사회가 양성해야 할 최소한의 필수적인 충절이다. 하지만 우리는 과감하게 더 강인하고 애국적인 충성을 받아들일 자세가 되어 있어야 한다. 과도한 충성 요구 때문에 지나치게 의기소침해져 충성을 자유와 자치를 위협하는 것으로 보게 될 수도 있다. 실제로 진실은 정반대다. 자치가 성공하기 위해서는 국민을 믿을 수 있어야 한다. 의견이 달라도 가족 내부의 다툼에 불과하다고 믿어야 한다. 맹렬하게 싸우더라도 국가가 어떤 길로 나아가는 것이 옳은지에 대해 판단의 차이가 있을 뿐이라고 생각해야 한다.

주디스 슈클라는 이렇게 말한다. "공화국과 자유민주주의는 특히 정부와 시민 사이의 강력한 상호 믿음에 의존하여 유지된다. 외국이 전혀 개입하지 않더라도, 구축된 제도에 대한 위협은 결국 구축된 모든 정치적 관계와 모든 사회적 동의에 대한 공격으로 인식되기 때문이다."[42] 자치가 성공하기 위해서는 우리가 서로 의존할 수 있다는 것을 인식해야 한다. 바로 여기에서 애국심이 나온다. 그것은 안팎으로 우리가 중대한 국면에 처했을 때 의지할 수 있는 약속이다.

애국의례를 비웃는 것은 개인의 권리지만, 믿음을 구축하는 데에는 아무런 도움이 되지 않는다. 국가의 신념에 도전하는 사람들은 더 많이 믿을수록, 자신들의 도전이 거친 사랑의 표현이라는 것을 분명히 할수록 더 행운을 얻게 될 것이다. 하지만 이견이 국가나 국민에 대한 증오로 전환되는 순간 민주주의는 훼손된다. 정치철학자 마이클 월처Michael Walzer는 이렇게 말한다. "적은 사회적 비판자로서 인식되지 않는다. 그는 그럴 자격을 갖지 못한다. 우리는 적의 비판을 기대하면서도 동시에 배척한다."[43]

자신의 조국을 사랑하는 사람들은 자신의 국가가 잘못된 길을 가고 있을 때 과감히 나서서 발언할 것이다. 그렇다고 해서 모든 비난이 충성에서 우러나오는 헌신의 표현이라는 의미는 아니다. 조국에 대한 사랑에서 우러나오는 비판은 그만큼 중요한 비판일 것이다. 반대를 무릅써야 할 정도로 긴급하다는 의미이기 때문이다.

자유민주주의를 찬미한다면, 우리는 조국에 대한 애국적 사랑을 포용해야 한다. 하지만 혼란의 시기에 이견을 분쇄하고자 하는 반동주의자들의 행동까지 모두 포용하는 것은 아니다. 또한 자신의 이익을 위해, 다른 나라의 이익을 위해, 어떤 이데올로기의 확산을 위해, 현세의 질서를 부정하는 종교적 요청을 실현하기 위해, 자유의 열매만 빼먹고자 하는 행동까지 모두 포용하는 것도 아니다. 그런 사람들은 주어진 자유를 역이용하는 배신자에 불과하다.

조국에 대한 사랑은 다른 모든 유형의 사랑과 마찬가지로 위험하고 변덕스럽고 자극적일 수 있다. 우리는 반추하지 않고 길들여지지 않은 호전적 애국주의가 발현될 수 있는 천박한 충동이 꿈틀대지 않도록 늘 깨어 있어야 한다. 하지만 우리가 살아가는 공동체가 흩어지지 않도록 붙잡기 위해서는 국가에 대한 충성이 필요하다. 자치를 통해 유지되는 공동체라면 더욱 그렇다. '경향, 열정, 필요에 의한 애국자'가 되도록 사람을 교육해야 한다는 루소의 주장을 다시 한번 곱씹어볼 필요가 있다.[44]

구명보트
윤리

충성하는 사람의 자질

⟨타이태닉호의 비극A Night to Remember⟩과 ⟨타이태닉Titanic⟩은 전혀 다른 영화지만 둘 다 배가 가라앉는 장면에서 헤어지기를 거부하는 나이 많은 부부가 등장한다. 1958년 영화 ⟨타이태닉호의 비극⟩에서는 남편이 아내에게 말한다.

"제발, 배에 타."

사람들은 그녀에게 빨리 구명보트로 내려가라고 재촉한다. 하지만 그녀는 말을 듣지 않고 나지막한 목소리로 사람들에게 말한다.

"전 한 번도 남편 곁을 떠난 적이 없어요. 왜 지금 내가 남편을 두고 떠나야 하나요?"

남편은 아내에게 이성적으로 판단하라고 애원한다. 하지만 아내는 룻기에 나오는 말로 자신의 의지를 확고하게 정리한다.

"우린 오랜 세월 함께 살아왔어요. 당신이 가는 곳으로 나도 가겠어요."

1997년 제임스 캐머런 감독의 〈타이태닉〉에서는 나이든 부부가 배가 가라앉는 와중에도 객실 침대에서 차분하고 단호하게 부둥켜안고 있다. 물이 차오르면서 침대가 출렁인다.

지금까지 누구라도 한 번은 보았을 법한, 충실을 맹세하는 감동적인 장면이긴 하지만 그것이 실제 일어난 일이 아니라면 그저 진부한 이야기에 불과할 것이다.

메이시스 백화점의 공동소유자 이시도어 스트라우스도 타이태닉처럼 가라앉는 배에 아내와 함께 타고 있었다. 수많은 여자들과 아이들이 아직 구조되지 못한 상태였기에, 그는 구명보트에 올라타기를 거부했다. 하지만 자신의 아내 아이다에게는 반드시 살아야 한다고 애원했다. 8번 구명보트에 탔던 여자들은 그들의 모습과 대화를 모두 지켜봤으며, 그들은 뉴욕에 도착한 뒤 그 사실을 상세하게 털어놓았다.

이 이야기는 무수한 신문을 통해 퍼져나갔다. 뉴욕 타임스는 이들 부부를 갑판에서 목격한 어느 생존자의 말을 인용해 이렇게 전했다. "스트라우스 씨는 아내에게 구명보트에 올라타라고 부탁했지만, 아내는 남편 곁을 떠나지 않겠다고 고집했습니다."[1] 노스다코타롤라의 터틀 마운틴 스타는 "승무원이 그녀를 안전한 위치로 인도하기 위해 노력했지만, 그녀는 팔을 뿌리치며 남편에게 매달려 '당신을 두고 갈 수 없어요'라고 말했다"라고 전하며 그 장면을 자세히 묘사했다.

이야기는 반복되며 널리 퍼져나갔지만, 이를 미국인들의 마음속에 각인시켜준 것은 바로 엘버트 허버드Elbert Hubbard였다. 그는 스스로 등장인물을 상상해내지는 못했지만, 대중의 기호를 제대로 포착해 흥행시키는 감각이 있는 작가이자 출판인이었다. 세기의 전환기에 한껏 들뜬 분위기를 선동하던 전도사 역할을 하던 허버드는, 스트라우스 부부의 애절한 충절을 가장 잘 전할 수 있는 가장 적절한 사람으로 자리매김했다.

1856년 태어난 허버드는 신문기자로 일하다 비누회사에 입사하여 마케팅의 달인이 되었다. 하지만 19세기 영국의 위대한 수공예품 부흥운동에 영감을 받은 그는 윌리엄 모리스William Morris, 존 러스킨John Ruskin과 함께 미국에서 이와 비슷한 운동을 주도하기 위해 헌신했다.

가장 먼저 그는 로이크로프트Roycroft라는 이름으로 출판사를 설립하여 영감을 주는 작품을 담은 아름다운 잡지를 출간했다. (이 잡지의 많은 부분을 차지한 것은 유머러스한 그의 훈계조 글이었다. 그는 이러한 글들을 무수히 쏟아냈다.) 이렇게 번 돈으로 그는 숙련된 목수들과 도공의 작은 공동체를 만드는 결실을 맺었다. 이들은 예술적인 가구와 도자기 등 다양한 물건을 만들어냈으며, 이 물건은 로이크로프트라는 라벨을 달고 팔려나갔다. 잡지의 종수도 늘려 월간 문학잡지 『필리스타인The Philistine』과 우아한 삶을 위한 월간 정보잡지 『프라The Fra』를 발행했다. 허버드가 쓴 이시도어와 아이다 이야기는 『프라』에 실렸다. 허버드는 이 글에서 살아서 고통받는 것보다 우아하게 죽는 미덕을 찬미했다.

"스트라우스 부부는 자식들과 손자들에게 사랑과 충성의 유산을 고스란히 남겨주고 떠났다. 그들은 세 가지 위대한 일을 해내는 법을 알았다. 바로 살아가는 법, 사랑하는 법, 죽는 법이다. 늙고 병든 모습은 점잖지 않다. 그 대신 스트라우스 부부는 영광스러운 죽음을 택했다. 그런 특권을 누릴 수 있는 사람은 거의 없다. 두 사람은 모두 행복한 연인이었다. 평생 한 번도 떨어져본 적이 없다. 죽는 순간까지 그들은 헤어지지 않았다."[2]

스트라우스 부부의 이야기는 허버드에게 매우 익숙한 것이었다. 그는 도덕을 중시하고 충성을 열렬히 옹호하던 사람이었다. 당시 영화계의 거물이었던 새뮤얼 골드윈과 협상을 할 때도 충성을 가장 중요한 가치로 내세웠다. "충성 한 되는 지혜 한 말의 가치가 있다." 더욱이 허버드가 충성을 찬미하여 유명해졌다는 사실에 비춰보면, 그가 그렇게 생각하는 것은 당연했다.

1899년 허버드는 「가르시아에게 보내는 편지」라는 글을 발표했다. 이 글은 쿠바에서 반란을 일으킨 칼릭스토 가르시아 장군을 지원하기 위해 파견된 미국 육군 중위 앤드루 로언에 관한 것이다. 이 글은 엄청난 센세이션을 불러왔다. 『필리스타인』을 통해 발표된 이 글은 여러 신문과 소책자에 재인쇄되어 뿌려졌다. 뉴욕 중앙역에서는 직원들에게 영감을 주기 위해 이 글을 인쇄해 배포했다. 미국 육군교본에도 포함되었고, 중학생들이 읽어야 할 글 모음집에서 가장 중요한 자리를 차지했다. 허버드는 약 4,000만 건이 재인쇄되어 배포되었다고 추정했다.[3]

이 글에서 강조하는 충성은 특히 열정적이며, 할 수 있다는 신념을 북돋워주는 것이었다. 별다른 꾸밈 없이(사실적 정확성을 위해 어떤 특별한 내러티브의 형식도 없이) 로언 중위가 가르시아 장군에게 매킨리 대통령이 보내는 편지를 전달하는 과정을 자세히 묘사한다. 며칠 동안 작은 배를 타고 밤에만 이동하여 쿠바 해안에 접근하고, 몰래 육지에 잠입한 과정, 3주 동안 쿠바 정글 속을 가로지르며 겪은 고초, 반대편 해안에 무사히 도착하여 편지를 가르시아에게 전달한 것까지 자세히 서술한다. 하지만 허버드의 주요 관심사는 이러한 군사작전의 세부적인 요소가 아니었다. 그가 로언에 대해 열광적인 존경을 표한 것은 그가 자신의 임무를 수행하면서 보여준 미덕이다.

매킨리는 로언에게 가르시아에게 전달할 편지를 주었다. 로언은 편지를 받았으나 그를 어디서 찾을 수 있느냐고 묻지 않았다. 그때 그의 모습은 그대로 동상으로 만들어 대학마다 세웠어야 했다. 영원히! 그것은 책으로 배울 수 있는 것도, 이렇게 저렇게 하라는 지시만 따라 해서 되는 것도 아니었기 때문이다. 꼿꼿이 선 그의 척추는 믿음에 충실하도록, 즉각적으로 행동하도록, 에너지를 집중하도록 만들었다. 무작정 실행하는 것이었다. "가르시아에게 편지를 전하라."[4]

허버드가 주장한 충성에는, 그 미덕에 대한 경멸은 조금도 들어 있지 않다. 그러한 충성은 종종 경솔함이나 권력에 영합하여 타락하는 비극적인 결말로 이어졌다. 폭군과 마피아와 중간관리자 들이 주로 남용하는 충성이다. "네, 무슨 말씀이든 옳습니다!"

허버드의 에세이는 100년 전 이런저런 성가신 요구를 하는 직원들이 귀찮았던 자본가들에게 열렬한 호응을 받았고, 그래서 자본가들은 그의 책을 사서 직원들에게 아낌없이 나눠준 것이다. 그런 충성은 대중을 멍청하고 쉽게 속는 사람이라고 가정하며, (영리함을 체급별로 구분할 수 있다면) 영리한 사람들이 우매한 대중을 조작하기 위한 초대장과 같은 역할을 했다.

하지만 사실 허버드가 찬미한 충성은 그렇게 우매한 미덕이라기보다는 현명한 미덕에 가까웠다. 허버드가 로언을 존경했던 것은 임무를 어떻게 완수해야 하는지 구체적인 지시를 받지 않았음에도 자신이 할 일을 알아서 했기 때문이다. 로언은 '맹목적으로' 명령을 따른 것이라기보다, 무엇을 어떻게 해야 하는지 스스로 이해할 수 있는 능동적인 지식을 가졌기에 묻지 않은 것이다. 그는 솔선했고, 능력이 있었다. 그리고 주어진 문제를 해결하는 데 능동적 지식을 사용하도록 만든 것은 충성심이다. 그렇다. 충성심은 위대한 영웅의 행동에 영감을 주는 미덕이자, 한 사람의 성품을 만들고 드러내는 사소한 일상의 행동에 상당한 동기를 부여하는 미덕이다.

이것은 충성을 다시 돌아봐야 하는 중요한 특성이다. 충성은 단순히 의무의 규칙이나 목록을 말하는 것이 아니다. 충성은 우리의 욕망과 경향성에 반하는, 억지의 의무감이 아니다. 충성은 행동을 북돋는 힘이다. 믿음을 소중히 여기는 개인적이고 정서적인 이해관계다. 충성은 단순히 믿음을 충족시키기 위해 헌신하는 것이 아니며, 마음에서 우러나오는 힘에 의해 유지되는 것이다. 허버드는 이렇게 말한다. "문명은 그런 개인을 찾기 위해 오랜 시간 갈망했다."

이러한 충성이 100년 전 수백만 독자들에게 영감을 주었다. 하지만 오늘날 현대인들은 진지함을 그다지 좋아하지 않으며, 허버드의 찬미는 로터리클럽의 시시하고 촌스러운 단편이라고 치부한다. 자신을 계발하라는 뻔한 호소는 탐욕스러운 고용주들이 시골뜨기를 채용하여 임금인상을 요구하지 못하도록 가로막는 강탈수단으로 사용된다.

하지만 우쭐대기 전에 허버드가 허풍쟁이가 아니었다는 점을 알아야 할 것이다. 자신이 그토록 찬미하는 미덕을 시험하는 궁극의 순간이 왔을 때, 그는 신념을 지켰다.

타이태닉에 탑승했다 함께 세상을 뜬 스트라우스 부부의 사랑을 찬미하고 나서 3년 뒤, 허버드는 아내 앨리스와 함께 뉴욕에서 리버풀로 가는 배 루시타니아에 올랐다. 아일랜드 해안을 벗어났을 무렵, 루시타니아는 독일 U보트가 발사한 어뢰를 맞고 침몰하기 시작했다. 사람들은 정신없이 구명조끼를 입고 구명보트에 올라타기 위해 안간힘을 썼다. 엘버트와 앨리스는 기우는 갑판에 차분히 껴안은 채 서 있었다. 그들의 마지막 모습을 목격한 한 생존자가 나중에 허버드의 아들에게 이런 편지를 보냈다. "제가 지금까지 보았던 가장 극적인 장면이었습니다. 당신의 아버님은 주저하지 않고 아내와 함께 최상 갑판에 있는 방으로 들어가 문을 닫았습니다. 물속에서 헤어질 위험을 무릅쓰느니 함께 죽겠다고 생각했던 것이 분명합니다."[5]

이시도어와 아이다는 그런 선택을 자랑스럽게 생각했을 것이다.

그래도 우리에겐 믿을 수 있는 무엇이 필요하다

우리는 요즘 그런 충성을 그다지 기대하지 않는다. 아니, 충성 자체를 기대하지 않는다고 말하는 게 맞을 것이다. 충성이라는 미덕은 몇십 년 동안 저물고 있다. 어쩌면 몰락했을지도 모른다. 이는 분명한 진실이다. 세대가 지날수록 많은 사람들이 이러한 세태를 안타까워하며, 황금빛 과거에는 그런 충성이 행동의 기준이었다고 상상한다. 충성이 족벌주의를 비롯하여 다양한 부패를 낳는 행동에 대한 변명에 불과하지 않을까 경계하며 의심의 눈으로 바라본다. 또한 충성심이 천박하고 사소한 계획이나 거대한 음모에 많은 사람들이 참여하도록 묶어주는 역할을 한다는 것을 안다. 우리는 충성을 요구하는 것이 비판을 잠재우고 이견을 짓밟는 방법에 불과한 것은 아닌지 우려한다.

우리는 대개 충성을 무식한 사람의 용기라고 생각한다. 그레이엄 그린은 이렇게 말한다. "불충하라. 그것은 인류에 대한 의무다. 인류는 생존해야 한다. 반면에 충성스러운 사람은 불안, 총알, 과로로 먼저 죽을 것이다."[6] 충성은 멍청이를 위한 것이라고 그는 말한다. 그리고 불충은 단순한 생존의 문제를 넘어, 창조성과 연민의 핵심이라고 조언한다. 창조성과 연민은 모두 "인간의 마음속에 배회하며 모험한다".

이토록 충성의 명예가 추락한 상황은, 충성이 깨지는 상황에 대해서도 전혀 놀라지 않게 만들었다. 내부의 공산주의자들을 잡던 냉전의 사냥꾼들은 소련의 야심을 물리치는 데 기여한 것이 아니라, 충성에 대한 우리 생각을 더럽힌 것이다. 그들 때문에 오늘날 충성은 중세에 범죄자를 체벌하던 곤장과 같은 것으로 각인되었다. 또한 충성맹세가 대대적으로 유행한 것은 결혼서약 같은 소중한 맹세를 가치 없는 농담처럼 만들어버렸다. 이제 우리는 결혼서약을 실제상황에 적용할 수 있는 다짐이라고는 전혀 생각하지 않는다. 그런 다짐을 하고도 배우자가 부정을 저지른 것에 대해서도 전혀 놀라지 않는다. 신 앞에서, 사람들 앞에서 맹세한 충성이 지켜지지 않는다면 수백 번 맹세한들 무슨 소용이 있겠는가?

하지만 충성이 한물간 미덕이라 할지라도, 적어도 소극적인 측면에서 보면 우리는 모두 그것에 끌림을 느낀다. 아무리 냉소주의자라 해도 배신을 당하고도 씁쓸해하지 않을 사람은 없다. 그래서 사랑과 우정을 일부러 회피하는 사람이 아니라면, 우리는 나에게 충실할 사람, 내가 충성할 수 있는 사람을 찾고 싶어한다.

충성은 연인이든 친구든 공동체든 장기적인 관계를 유지하는 데 필수적인 미덕이다. 하지만 사회가 끊임없이 변화하고 파편화되면서, 충성스러운 관계는 컴퓨터 속에 존재하는 소셜네트워크에서의 관계로 대체되고 있다. 이런 하루살이 관계는 매우 현대적이며, 더 나아가 포스트모던하다. 이것이 우리가 추구해온 관계인가? 이것이 우리가 그토록 갈망하던 개인적인 관계인가? 내가 곤경에 처했을 때 페이스북 '친구' 중 몇 명이나 나를 위해 일어서고 곁을 지켜주겠는가? 당신이 악랄한 범죄를 저지른 혐의로 피소되었다고 해보자. 자신의 명예를 위태롭게 하면서까지 당신을 위해 서슴없이 나설 사람은 몇 명이나 있는가?

이 질문은 일상적인 사소한 질문에도 적용할 수 있다. 당신은 함께 일하는 사람을 믿을 수 있는가? 당신을 친구가 아니라 경쟁자라고 생각하는 동료로부터 공격을 받지는 않는가? 당신은 약혼녀를 믿을 수 있는가? 혼전계약서를 작성해야 하지 않는가? 투자하라고 설득하는 친구를 믿을 수 있는가? 그가 당신의 주식 가치를 떨어뜨리기 위해 서류를 조작하지 않을 것이라고 확신할 수 있는가? 이것은 모두 충성에 대한 의심이다. 충성에 대해 어느 정도 합리적인 기대가 없다면 믿음도 우정도 사랑도 가능하지 않다.

충성은 도전과 좌절을 초래한다. 하지만 모든 좌절이 그렇듯, 모순되는 충성의 까다로운 갈등에 걸려 넘어지더라도 우리는 그런 난관을 헤쳐나가기 위해 노력해야 한다. 우리는 또한 어떤 충성이 바람직한 것인지, 누가 진정으로 충성하는지, 누가 충성을 악용하는지 알아내기 위해 노력해야 한다. 충성은 오류를 피할 수 없으며, 또 피해 갈 수도 없다. 충성은 무엇보다도 인간의 나약함에 의해 쉽게 타락할 수 있는 미덕이다. 하지만 우리가 그것을 도덕적으로 아무 의미가 없는 것이라고 폐기해버린다면, 사랑과 믿음과 헌신도 함께 무의미해지고 말 것이다.

모순된 충성의 재앙을 막는 것은 가능할까? 에드먼드 버크는 어릴 적 우리가 자란 가족에 대한 충성에서 출발하여 친구, 공동체, 국가, 인류로 차근차근 유대를 쌓아가면서 하나의 충성 위에 다른 충성을 얹음으로써 충돌하지 않게 할 수 있다고 주장한다. 알렉산더 포프Alexander Pope가 「인간론Essay on Man」에서 인간의 사랑하는 능력이 이와 같은 방식으로 계발된다고 했던 것과 같은 개념이다.

자기애는 고결한 마음을 일깨울 뿐이다.
중심에서 인 물결이 원을 그리며 둥글게 퍼져나가
고요한 호숫가 작은 자갈들이 흔들리는 것처럼
고요한 사랑이 차근차근 퍼져나간다.
친구, 부모, 이웃이 먼저 물결 속에 잠긴다.
그다음엔 국가가, 그다음엔 모든 인류가.

중심의 물결이 퍼져나가듯 사랑이 방사형으로 퍼져나간다는 이미지는 스토아학파의 히에로클레스가 제시한 것과 비슷하다. 그러한 확장이 깔끔하게 정리되기만 한다면, 충성이 도덕적인 문제를 일으킬 확률은 낮다. 아, 하지만 내부의 어느 한곳에 애착을 가지고 있다면 물결의 원은 그렇게 깔끔하게 퍼져나가지 않을 것이다. 충성이 서로 충돌하지 않도록 하려고 아무리 노력한다 해도, 퍼져나가는 충성의 물결은 뒤엉킬 확률이 높다.

도덕성의 현대적 체계 속에서 우리는, 윤리적 난관에 부딪혔을 때 언제나 윈-윈 해법을 찾아야 한다고 기대한다. 이런 기대는 충성을 매력적이지 않게 만드는 가장 두드러진 특징이다. 어떤 선택을 하든 우리는 모두 지는 시나리오를 제시하는 경우가 많기 때문이다.

하지만 그런 까다로운 도덕적 갈등은 이 성가신 미덕의 어두운 측면이 아니다. 사람들은 히틀러나 스탈린 같은 전체주의 학살자들이 조직을 이끌어가기 위한 핵심규율로 충성을 강조하는 것을 미덕이라고 부르지 않는다. 선의의 충성이 작동한다고 하더라도, 그것이 머지않아 치명적인 악덕으로 퇴행할 것이라는 사실을 알기 때문이다.

평범한 일상에서도 그런 의심은 이어진다. 바실 리델 하트는 이렇게 말한다. "맹목적으로 호도되지 않고, 또 진실과 예의바름에 대한 충성을 더 중요하게 여긴다면 충성은 고귀한 자질이다. 하지만 충성이라는 단어는 너무나 남용되고 있다. 분석해보면 '충성'이라는 말은 '상호 비효율성을 위한 음모'를 완곡하게 묘사하기 위해 사용되는 경우가 너무 많다." 하지만 앞에서 보았듯이, '낮은 수준의'

충성을 '높은 수준의' 충성으로 뒤엎어서 문제를 해결하려는 노력은 올바른 길이 아니다. 자신이 인류에 봉사한다고 생각하는 반역자는 아무 걱정 없이 잠을 잘 수 있다. 하트 역시 가치의 수준을 구분한다고 해서 모든 문제를 풀 수 있다고 생각하지 않는다. 그는 이렇게 말한다. "충성은 분리해낼 수 있는 자질이 아니다. 현실적인 범위에서, 그리고 본질적인 가치에서, 충성은 다른 미덕 안에 포함되어 있는 자질이다."[7]

충성은 그 자체로서 유대를 맺는다. 충성은 모든 미덕 속에 속박되어 있다. 너그럽고 용감하고 겸손하고 다정하고 진실한 사람인 것처럼 누구나 연기를 할 수는 있다. 정말 그러한 사람과 연기하는 사람의 차이는 무엇일까? 바로 그런 행동을 '충실하게' 이어나갈 수 있느냐 없느냐 하는 것이다. 그리고 이보다 훨씬 더 중요한 사실은 상당히 많은 미덕이 충성으로부터 동기를 얻는다는 것이다. 충성은 우리가 의무를 완수할 수 있도록 감정적인 동기를 부여한다. 충성은 우리를 행동하게 만든다. 윙윙거리며 늘 괴롭히는 의무를 우리는 쉽게 저버리는 경우가 많다. 반대로 충성은 우리가 할 일을 즐겁게 할 수 있도록 만드는 내적인 요구다. 우리는 왜냐고 묻지 않는다. 변명을 찾지 않는다. 그냥 가르시아에게 전달해줄 편지를 받아들 뿐이다!

경박하고 냉소적인 포스트모던 시대에 이처럼 역설적이지 않은 것을 받아들일 여유가 있을까? 그렇기를 바란다. 충성이 얼마나 쉽게 위험을 초래하든, 함정에 빠지든, 충성 없이 진정한 사랑과 우정은 존재할 수 없기 때문이다. 사람들에 대한 충성이든, 공동체에 대한 충성이든, 신에 대한 충성이든, 우리의 정체성을 빚어내고 규정하는 데 있어 충성은 근본적인 자질이다. 충성이 불명예와 파멸로 빠지게 두고, 그와 함께 성격이 으깨지도록 두어라. 미덕의 표현처럼 성격의 오래된 개념에서, 또 덜 판단적인 오늘날의 감각에서, 우리는 '성격'을 인성의 다른 말로 사용한다. 우리는 곧 우리가 충성하는 대상이다. 충성이 무엇인지 파악하는 것은 우리가 신경쓰는 핵심적인 가치를 체로 거르고 분류하는 작업이다. 충성이 지나치게 부족하면 삶은 경박하고 천박하고 불만족스러워진다. 충성이 지나치면 끝없는 주장의 충돌과 불협화음을 겪게 될 것이다. 우리 삶을 의미 있게 만들어주기는커녕 더 혼란스럽게 만들 것이다. 우리는 적절한 균형을 이루며 충성을 지켜나가야 한다.

친구가 된다는 것의 의미를 깊이 고민해보고, 나 자신과 상대방에게서 무엇을 기대하는지 고민한다면 충성의 유대를 더 강화할 수 있을 것이다. 친구, 가족, 국가를 배신하지 않기 위해 노력할 수 있고, 또 그들의 요구가 충돌하기 전에 미리 잠재적인 갈등을 예상할 수도 있다. 그런 재난을 피하지 못한다면, 우리는 아가멤논처럼 어쩔 수 없이 배신할 수도 있으며, 또 그런 행동으로 인해 두고두고 후회하거나 수렁에 빠질 수도 있다. 그런 일이 벌어졌을 때는 가능하다면 돌이키기 위해 노력해야 하며, 적어도 우리가 저지른 행동으로 일어난 피해를 최소화하기 위해 노력해야 한다.

충성하는 것은 믿는 것이다. 충성하는 것은 자신이 한 말을 지키는 것이다. 그것은 우리 삶의 가장 단순하고 근본적인 덕목이다. 충실하지 않은 사랑이 무슨 소용이 있는가? 진정한 우정, 다시 말해 의리 있는 친구와 맺을 수 있는 안락한 관계를 누리지 못한다면, 풍요로운 삶을 산다고 할 수 있겠는가? 신실하지 않은 믿음이 무슨 소용이 있는가? 배신하거나 배신당하고 나서 망가지지 않는 사람이 어디 있겠는가? 누가 믿음직한 친구와 가족의 그물 없이, 삶이라는 팽팽한 외줄 위에서 걸음을 뗄 수 있겠는가?

충성은 잊히고 버림받은 유물일지 모른다. 그럼에도 여전히 우리 곁에서 성가시게 떠나지 않는 만큼, 다시 한번 충성이라는 유물 위에 쌓인 먼지를 털고 사용해볼 시간이 왔다.

감사의 글

충성에 대해 숙고할 수 있도록 도와준 많은 친구들에게 감사하는 마음을 전한다. 필립 초크, 에릭 아이히만, 앤드루 퍼거슨, 마크 패스틴, 대니얼 액스트, 개릿 그래프, 로웰 에드먼즈, 개리 리넘, 윌리엄 슐츠. 이들은 의리 있는 우정이 주는 끝없는 혜택의 다양한 사례들을 나에게 제공하기도 했다.

나의 에이전트 에스터 뉴버그에게도 깊은 감사를 드린다. 처음부터 이 책을 쓸 수 있도록 응원해주고 주제에 집중할 수 있도록 엄청난 도움을 주었다.

이 책을 편집한 앨리스 메이휴는 이 책이 세상에 나올 수 있도록 해주었다. 대략의 윤곽을 잡아 논증이 흐트러지지 않게 도와주었을 뿐만 아니라, 글이 주저리주저리 늘어지지 않도록 붙잡아주었다. 그녀가 작가들의 가장 소중한 친구가 된 이유를 나는 몸소 알게 되었다. 또 그의 열정과 지원 덕분에 사이먼 앤드 슈스터에 더욱 믿음을 갖게 되었다. 캐런 톰프슨과 발행인 조너선 카프 또한 나에게 큰 도움을 주었다.

월스트리트저널 편집자들의 격려와 날카로운 지적에도 깊은 감사를 표한다. 폴 지고, 에릭 깁슨, 나오미 섀퍼 라일리, 낸시 드울프 스미스, 바버라 필립스에게 감사한다. 월스트리트저널에 썼던 내 칼럼에서 몇 가지 아이디어를 이 책으로 가져왔다.

나는 또한 세상을 뜬 주디스 슈클라에게 많은 빚을 지고 있다. 나는 그녀와 함께 많은 시간 공부할 수 있는 행운을 누렸다. 충성과 배신에 관한 그녀의 책은 꼭 읽어봐야 하는 명저이다.

마지막으로 참을성 있는 사랑과 충성의 모범이 되어준 내 가족에게 감사하고자 한다. 아버지 레스터, 어머니 바버라, 형 데이비드, 나의 아이들 프리실라, 그레타, 새디어스, 무엇보다도 아내 제니퍼에게 깊은 고마움을 전한다.

들어가는 글

1. Justin McCarthy, "Queen Victoria and Her Subjects," *The Galaxy*, February 1869, p. 188.

2. William Shakespeare, *As You Like It*, Act II, scene 3.

3. Mary Lewis Shaw, *The Cambridge Introduction to French Poetry* (Cambridge, U.K.: Cambridge University Press, 2003), p. 122.

4. *A Dictionary of Select and Popular Quotations: Which Are in Daily Use* (Philadelphia: Finley, 1828), p. 27.

5. Josiah Royce, *The Philosophy of Loyalty* (New York: Macmillan, 1908), p. 284.

6. Arthur Koestler, *Janus: a Summing Up* (New York: Random House, 1978), p. 77.

7. Simon Keller, *The Limits of Loyalty* (Cambridge, U.K.: Cambridge University Press, 2007), p. 152.

8. Heinrich Himmler, *Die Schutzstaffel* (1938).

9. Bradley F. Smith, *Heinrich Himmler: A Nazi in the Making* (Stanford: Hoover Institution Press, 1971), p. 171. 또한 다음 역시 참조했다. George C. Browder, *Foundations of the Nazi Police State* (Lexington, Ky.: University Press of Kentucky, 2004), p. 18.

10. Isaiah Berlin, *Letters, 1928–1946* (Cambridge, U.K.: Cambridge University

Press, 2004), p. 170.

11. Cyril Connolly, *Enemies of Promise* (Boston: Little, Brown, 1939), p. 153.

충성심의 힘

1. Frank J. Grady, *Surviving the Day* (Annapolis: Naval Institute Press, 1997), p. 67.

2. Ibid., p. 71.

3. Dora Costa and Matthew Kahn, *Heroes & Cowards: The Social Face of War* (Princeton, N.J.: Princeton University Press, 2008), p. 123.

4. Grady, *Surviving the Day*, p. 67.

5. Ibid., p. 71.

6. Jon Krakauer, *Into Thin Air: A Personal Account of the Mt. Everest Disaster* (New York: Villard Books, 1997), p. 207.

7. Charles Houston and Robert Bates, *K2, the Savage Mountain* (New York: McGraw-Hill, 1954), p. 269.

8. Costa and Kahn, *Heroes & Cowards*, p. 119.

9. Alan Soble, ed. *Sex from Plato to Paglia: A Philosophical Encyclopedia*, 2 vols. (Westport, Conn.: Greenwood Press, 2006), p. 685.

10. Charles Ardant du Picq, *Battle Studies* (*Etudes sur le combat: Combat antique et moderne*) (Paris, 1942), p. 121.

11. Samuel P. Huntington, *The Soldier and The State: The Theory and Politics of Civil-Military Relations* (Cambridge, Mass.: Harvard University Press, 1957), p. 304.

12. Roy R. Grinker and John P. Spiegel, *Men Under Stress* (Philadelphia: Blakiston, 1945), p. 45.

13. S. L. A. Marshall, *Men Against Fire* (New York: William Morrow, 1947), p. 42.

14. Ibid., p. 161.

15. Leonard Wong, "Why Professionals Fight: Combat Motivation in the Iraq War" in *The Future of the Army Profession*, 2nd edition, eds. Don M. Snider and Lloyd J. Matthews (New York: McGraw Hill, 2005), p. 498.

16. Stephen Ambrose, *Band of Brothers: E Company, 506th Regiment, 101st Airborne from Normandy to Hitler's Eagle's Nest* (New York: Touchstone, 1992), p. 122.

17. Ibid.

18. Ibid., p. 156.

19. '문명의 충돌(The Clash of Civilizations)'이라는 개념은 이후, 이슬람세계와 서방세계 사이의 끊임없는 갈등의 원인을 분석한 새뮤얼 헌팅턴의 유명한 베스트셀러의 제목으로 사용되기도 했다.

20. Huntington, *The Soldier and The State*, p. 465.

21. Ibid., pp. 304~5.

22. Alexis de Tocqueville, *Democracy in America*, trans. Gerald Bevan (London: Penguin Classics, 2003), p. 610.

23. Ibid., p. 611.

24. Jean-Jacques Rousseau, *The Social Contract & Discourses*, trans. G.D.H. Cole (New York: Everyman's Library, 1920), p. 210.

25. Robert Axelrod, *The Evolution of Cooperation* (New York: Basic Books, 1984), pp. 27~54.

26. S. M. Amadae, *Rationalizing Capitalist Democracy: The Cold War Origins of Rational Choice Liberalism* (Chicago: University of Chicago Press, 2003), p. 296.

27. Robert W. Rieber, *Manufacturing Social Distress: Pychopathy in Everyday Life* (New York: Plenum Press, 1997), p. 41.

28. Theodore Millon et al., eds., *Psychopathy: Antisocial, Criminal, and Violent Behavior* (New York: Guilford Publications, 1998), p. 162.

29. H. J. Paton, *The Categorical Imperative: A Study in Kant's Moral Philosophy* (Philadelphia: University of Pennsylvania Press, 1971), p. 20.

30. Judith N. Shklar, "Obligation, Loyalty, Exile" in *Political Thought & Political Thinkers* (Chicago: University of Chicago Press, 1998), p. 39.

31. Joseph Alexander Leighton, *Man and the Cosmos: An Introduction to Metaphysics* (New York: D. Appleton and Co., 1922), p. 445.

32. Robert Frank, *Passions Within Reason* (New York: W.W. Norton, 1988), p. 53.

마찰을 빚는 충성

1. Graham Greene, *A Sort of Life* (Harmondsworth: Penguin, 1974), pp. 18~19.

2. Henry J. Donaghy, ed., *Conversations with Graham Greene* (Jackson, Miss.: University Press of Mississippi, 1992), p. 53. (노르웨이 정치인 비드쿤 크비슬링은 진군해오는 나치에 자신의 조국을 내주고 그 대가로 식민정부의 수반이 되었다. 그는 전쟁이 끝난 뒤 총살되었다.)

3. Marie-Françoise Allain, *The Other Man: Conversations with Graham Greene* (New York: Simon and Schuster, 1983), p. 27.

4. Donaghy, ed., *Conversation with Graham Greene*, p. 53.

5. Allain, *The Other Man*, p. 27.

6. Ibid.

7. Shklar, "Obligation, Loyalty, Exile" in *Political Thought & Political Thinkers* (Chicago: University of Chicago Press, 1998), p. 43.

8. Sophocles, *Antigone*, trans. Robert Whitelaw (Oxford: Clarendon Press, 1906), lines 205~6.

9. Ibid., lines 189~90.

10. Martha Nussbaum, *The Fragility of Goodness* (Cambridge, U.K.: Cambridge University Press, 1986), p. 34.

11. Aeschylus, *Agamemnon*, trans. W.W. Goodwin (Cambridge, Mass.: Harvard University Press, 1906), p. 16, lines 208~12.

12. Ibid., p. 14, line 180.

13. Plato, "Euthyphro," *Dialogues of Plato*, vol. I, trans. B. Jowett (New York: Scribner, 1874), p. 292.

14. Willard Sperry, "The Double Loyalty of the Christian Ministry," *Harvard Theological Review*, April 1920.

15. Ambrose Bierce, *The Cynic's Word Book* (New York: Doubleday, Page & Co., 1906), p. 113.

16. Josiah Royce, *The Philosophy of Loyalty* (New York: Macmillan, 1908), p. 63.

17. Todd A. Forney, *The Midshipman Culture and Educational Reform* (Newark, Del.: University of Delaware Press, 2004), p. 105.

18. "Armed Forces: What Price Honor?" *Time*, June 7, 1976.

19. Richard C. U'Ren, "West Point: Cadets, Codes and Careers," *Society*, vol. 12 (May/June 1975), pp. 23~29.

20. "Armed Forces: What Price Honor?"

21. Evan H. Offstein, *Stand Your Ground: Building Honorable Leaders the West Point Way* (Westport, Conn.: Praeger, 2006), p. 84.

22. David Lipsky, *Absolutely American: Four Years at West Point* (Boston: Houghton Mifflin, 2003), p. 224.

23. Mental Health Advisory Team (MHAT) V (Operation Iraqi Freedom 06−08: Iraq, Operation Enduring Freedom 8: Afghanistan), February 14, 2008, pp. 54~55.

24. Ibid., p. 55.

25. Public Law 96-303, 94 Stat. 855 (July 3, 1980).

26. Morton Grodzins, *The Loyal and the Disloyal: Social Boundaries of Patriotism and Treason* (Chicago: University of Chicago Press, 1956), p. 135.

27. Crane Brinton, *The Anatomy of Revolution* (New York: Vintage Books, 1952), pp. 121~22.

28. Mike Pincombe and Cathy Shrank, *The Oxford Handbook of Tudor Literature* (New York: Oxford University Press, 2009), p. 319.

29. John H. Schaar, *Loyalty in America* (Berkeley: University of California Press, 1957), p. 38.

30. Thomas à Kempis, *The Imitation of Christ*, book II, chapter 7.

31. Plutarch, *Plutarch's Themistocles and Aristides*, trans. Bernadotte Perrin (New York: Scribner's, 1901), p. 126.

32. William James, *The Principles of Psychology*, vol. I (New York: Holt & Co., 1890), p. 294.

33. Louis D. Brandeis, "The Jewish Problem" 1915, in *Brandeis on Zionism* (Washington, D.C.: Zionist Organization of America, 1942), pp. 28~29.

34. Marion Elizabeth Rodgers, *Mencken: The American Iconoclast* (New York: Oxford University Press, 2005), p. 176.

35. Immanuel Kant, *Introduction to the Metaphysics of Morals* in *Kant's Critique of Practical Reason and Other Works on the Theory of Ethics*, trans. Thomas Kingsmill Abbott (London: Longmans, Green, and Co., 1909), p. 280.

36. Ibid.

37. Immanuel Kant, "On a Supposed Right to Lie Because of Philanthropic Concerns" (1797), in *Practical Philosophy*, trans. Mary J. Gregor (Cambridge, U.K.: Cambridge University Press, 1996), pp. 605~16.

심판대에 오른 충성

1. Sheri Fink, "Strained by Katrina, a Hospital Faced Deadly Choices," *The New York Times*, August 30, 2009; "Reports Raise concerns About Patient Euthanasia After Hurricane Katrina," *The NewsHour with Jim Lehrer*, August 21, 2006.

2. National Research Council Disaster Research Group, *Disaster Study*, Issue 14, p. 47; W.H. Form and S. Nosow, *Community in Disaster* (New York: Harper, 1958), p. 162.

3. National Research Council Disaster Research Group, *Disaster Study*, Issue 14, p. 46; Lewis Killian, "The Significance of Multiple-Group Membership in Disaster," *American Journal of Sociology* 57 (January 1952), p. 312.

4. David Alexander, *Natural Disasters* (New York: Routledge, 2001), p. 555.

5. 사망을 재촉할 의도로 재니 버지스에게 유잉 쿡이 상당한 양의 모르핀을 투여했다고 하더라도 그것이 죽음의 직접적인 원인이라고 판단할 수 없다는 올리언스 검시관 프랭크 민야드의 소견을 듣고 리언 칸니차로 지방검사는 쿡을 기소하지 않았다. 민야드는 이렇게 말했다. "쿡은 자신이 그녀를 죽였다고 생각하지만 그것을 입증할 방법은 없다. 그가 죽였을 수도 있고 죽이지 않았을 수도 있다. 100퍼센트 입증할 수 없기에 우리는 어떤 판단도 할 수 없다." Sheri Fink, "New Orleans Coroner Rules Post-Katrina Death 'Unclassified.'" *ProPublica*, March 11, 2010.

6. Josiah Royce, *The Philosophy of Loyalty* (New York: The Macmillan Company, 1908), pp. 220~24.

7. I Timothy 5:8.

8. Simon Keller, *The Limits of Loyalty* (Cambridge, U.K.: Cambridge University Press, 2007), pp. ix~x.

9. J. Sabini and M. Silver, *Emotion, Character, and Responsibility* (New York: Oxford University Press, 1998), p. 5.

10. Mario Puzo, *The Godfather* (New York: New American Library, 2002), p. 14.

11. Edward Banfield, *The Moral Basis of a Backward Society* (New York: The Free

Press, 1958), p. 10.

12. Paul Ginsburg, *A History of Contemporary Italy* (New York: Palgrave Macmillan, 2003), p. 2.

13. Plato, *Republic*, Book V, 460b.

14. Edmund Burke, *Reflections on the Revolution in France* (London: J. Dodsley, 1790), p. 57.

15. Max Horkheimer, "Authoritarianism and the Family Today," in *The Family: Its Function and Destiny*, ed. Ruth Nanda Anshen (New York: Harper & Bros., 1949), p. 374.

16. Michael Burleigh, *The Third Reich: A New History* (New York: Macmillan, 2001), p. 237.

17. Earl of Halifax, "The Nature of the Struggle" 1941, in *The American Speeches of the Earl of Halifax* (Oxford, U.K.: Oxford University Press, 1947), p. 48.

18. John James McGregor, *History of the French Revolution, and of the Wars Resulting From That Memorable Event*, vol. III (Waterford: John Bull, 1817), p. 371.

19. John Adolphus, *Biographical Memoirs of the French Revolution*, vol. 2 (London: T. Cadell, 1799), p. 424.

20. 공산당 기관지는 다음과 같이 명령했다. "자신의 가족에 관한 정보를 제공하지 않는 개척단원은 의심해야 한다. 공산주의 이상을 지키기 위한 경계를 한시라도 게을리 하는 개척단원은 자아비판을 해야 한다." Orlando Figes, *The Whisperers: Private Life in Stalin's Russia* (New York: Picador, 2007), p. 129.

21. Wolfram Eberhard, *A History of China* (Berkeley: University of California Press, 1969), p. 333.

22. Isaiah Berlin, "The Pursuit of the Ideal," in *The Proper Study of Mankind* (New York: Farrar, Straus and Giroux, 2000), p. 15.

23. Geoffrey Cocks, *Psychotherapy in the Third Reich: The Göring Institute* (New York: Oxford University Press, 1985), p. 184.

24. *In re A & M*, 61 AD2d 426, 403 NYS2d 375 (1978).

25. *In re Agosto*, 553 F. Supp. 1298 (D. Nev. 1983).

26. Anna Quindlen, *Loud and Clear* (New York: Ballantine, 2005), p. 22.

27. *Trammel v. United States*, 445 U.S. 40.

28. Jeremy Bentham, "Rationale of Judicial Evidence," in *The Works of Jeremy Bentham*, vol. 7 (Edinburgh: Wm. Tait, 1843), p. 483.

29. Ibid., p. 484.

30. David Kaczynski, "Growing Up with the Unabomber," *The Week*, May 8, 2009, p. 45.

정조와 불륜 사이에서

1. George P. Fletcher, *Loyalty: An Essay on the Morality of Relationships* (New York: Oxford University Press, 1993), p. 76.

2. Linda P. Rouse, *Marital and Sexual Lifestyles in the United States* (Binghamton, N.Y.: Haworth Clinical Practice Press, 2002), p. 125.

3. Wilt Chamberlain, *A View From Above* (New York: Penguin, 1992), p. 253.

4. Bertrand Russell, *Marriage and Morals* (London: George Allen & Unwin, 1929), p. 141.

5. Naomi Schaefer Riley, "The Young and the Restless: Why Infidelity Is Rising Among 20-Somethings," *The Wall Street Journal*, November 27, 2008.

6. Arthur Schopenhauer, "Aphorisms on the Wisdom of Life," in *Philosophical Writings*, ed. Wolfgang Schirmacher (New York: Continuum, 2003), p. 282.

7. Cindy Meston and David Buss, *Why Women Have Sex* (New York: Times Books, 2009), p. 109.

8. Katherine Hertlein, Gerald Weeks, and Nancy Gambescia, *Systemic Sex Therapy* (New York: Routledge, 2009), p. 299.

9. John O'Hara, *Appointment in Samarra* (New York: Modern Library, 1953), p. 222.

10. Raphael Lyne, "Love and Exile After Ovid," in *The Cambridge Companion to Ovid*, ed. Philip R. Hardie (Cambridge, U.K.: Cambridge University Press, 2002), p. 292.

11. Jeremy Dimmick, "Ovid in the Middle Ages: Authority and Poetry," in *The Cambridge Companion to Ovid*, p. 264.

12. Ovid, *The Art of Love*, II, 153~55; III, 585~86.

13. C.S. Lewis, *The Allegory of Love* (New York: Galaxy, 1958), pp. 13~18.

14. Andreas Capellanus, *The Art of Courtly Love*.

15. Denis de Rougemont, *Love in the Western World*, trans. Montgomery Belgion (New York: Pantheon, 1956), p. 285.

16. Emily Yoffe, "Dear Prudence," web chat at WashingtonPost.com, January 25, 2010.

17. Ovid, *Metamorphoses*, trans. Arthur Golding (1567), Book IV, lines 189~90.

18. Milan Kundera, *The Unbearable Lightness of Being* (New York: Harper Perennial, 1999), pp. 90~91.

19. Thomas Hardy, *The Return of the Native* (New York: Scribner's, 1917), p. 69.

20. Esther Perel, *Mating in Captivity: Unlocking Erotic Intelligence* (New York: HarperCollins, 2006), p. 128.

21. Oscar Wilde, *The Picture of Dorian Gray* (Oxford, U.K.: Oxford World Classics, 2006), p. 14.

22. Ibid., p. 44.

23. Tom Wolfe, "The Me Decade," in *The Purple Decades* (New York: Farrar, Straus and Giroux, 1982), p. 284.

24. Empedocles, Fragment 17, in *Greek Philosophy: Thales to Aristotle*, ed. Reginald E. Allen (New York: Free Press, 1985), p. 49.

25. Robert Frost, poem fragment. See William Logan, "Frost's Notebooks: A Disaster Revisited," *The New Criterion*, February 2010, p. 25.

26. Hesiod, *Theogony*, trans. Hugh Gerard Evelyn-White, in *Hesiod: the Homeric Hymns and Homerica* (New York: Macmillan, 1914), p. 87.

27. William Blake, "Love to Faults," ca. 1791~92.

28. Edmund Spenser, *The Faerie Queene*, Book III, C. xii, 7~52.

29. Garth Fletcher and Jeffry Simpson, "Ideal Standards in Close Relationships," in *The Social Mind*, eds. Joseph Forgas, Kipling Williams, and Ladd Wheeler (Cambridge, U.K.:Cambridge University Press, 2001), p. 265.

30. Wolfram von Eschenbach, *Parzival*, trans. A.T. Hatto (London: Penguin, 1980), p. 270.

31. Edmund Spenser, *An Hymn in Honour of Love*, lines 250~69.

32. Roger Scruton, *Sexual Desire: A Moral Philosophy of the Erotic* (New York: Free Press, 1986), p. 339.

33. Françios, de La Rochefoucauld, *Sentences et Maximes Morales*, no. 324 [1678]

34. John Updike, *Couples* (New York: Knopf, 1968), p. 456.

35. Russell, *Marriage and Morals*, p. 144.

36. "Five Bullets for Monsieur," *Life*, November 24, 1952, pp. 49~52.

37. G. Johannes Botterweck, Helmer Ringgren, and Heinz-Josef Fabry, *Theological Dictionary of the Old Testament*, trans. David E. Green, vol. 13 (Grand Rapids: Eerdmans, 2004), pp. 53~55.

38. Terry D. Hargrave and Franz Pfitzer, *The New Contextual Therapy: Guiding the Power of Give and Take* (New York: Brunner-Routledge, 2003), p. 81.

39. 마가복음 10장 7~9절.

40. Perel, *Mating in Captivity*, pp. 128~29, 134.

41. O'Hara, *Appointment in Samarra*, p. 256.

42. Leonard Michaels, *Time Out of Mind: The Diaries of Leonard Michaels* (New York: Riverhead Books, 1999), p. 124.

43. Philip Blumstein and Pepper Schwartz, *American Couples* (New York: William Morrow, 1983), p. 298. 다음도 함께 참조하라. Rouse, *Marital and Sexual Life-styles in the United States*, p. 124.

44. Barbara Taylor Bradford, *Barbara Taylor Bradford's Living Romantically Every Day* (Kansas City, Mo.: McMeel, 2002), p. 102.

45. Thomas Schelling, *Choice and Consequence* (Cambridge, Mass.: Harvard University Press, 1984), p. 113.

46. C.S. Lewis, *Mere Christianity* (New York: HarperCollins, 2001), p. 109.

47. De Rougemont, *Love in the Western World*, p. 292.

48. David Popenoe and Barbara Dafoe Whitehead, "The top Ten Myths of Marriage," National Marriage Project, Rutgers University.

49. Plutarch, "On Love".

50. Shakespeare, Sonnet 116.

당신의 친구는 누구인가

1. Jane Austen, *Northanger Abbey* (Boston: Little, Brown & Co., 1903), p. 39.

2. Ovid, *Tristia*, Book 1, trans. S. G. Owen (Oxford: Clarendon Press, 1885), p. 61.

3. Ting-Yi Oei, "My Students. My Cellphone. My Ordeal," *The Washington Post*, April 19, 2009.

4. John Dryden, "The Hind and Panther," lines 46~47.

5. David Konstan, *Friendship in the Classical World* (Cambridge, U.K.: Cambridge University Press, 1997), p. 33.

6. Lucan, *Pharsalia*, trans. Jane Wilson Joyce (Ithaca: Cornell Univeristy Press, 1993), lines 534~35.

7. Marcus Tullius Cicero, *De Senectute; De Amicitia; De Divinatione*, trans. W. A. Falconer (Cambridge, Mass.: Harvard University Press, 1979), p. 135.

8. L.I.C. Pearson, *Popular Ethics in Ancient Greece* (Palo Alto: Stanford University Press, 1962), p. 136.

9. Stephen Baker, "Learning, and Profiting, from Online Friendships," *BusinessWeek*, May 21, 2009.

10. Juvenal, *The Sixteen Satires*, trans. Peter Green (London: Penguin, 1998), p. 92.

11. Henry Fielding, *The History of Amelia* (New York: Harper & Bros., 1837), p. 169.

12. Judith Shklar, *Ordinary Vices* (Cambridge, Mass.: Harvard University Press, 1984), p. 138.

13. Benjamin Franklin, *Poor Richard's Almanac*, 1740, 2.249.

14. 이샤야서 36장 6절.

15. Eliza Cook, "The Life-Boat Is a Gallant Bark," *Eliza Cook's Journal*, vol. 9 (London: Charles Cook, 1853), p. 416.

16. Mark Twain, *Pudd'nhead Wilson*, chapter 8.

17. Aaron Lazare, *On Apology* (New York: Oxford University Press, 2004), p. 3.

18. Dean Cocking and Jeanette Kennette, "Friendship and Moral Danger," *The Journal of Philosophy*, vol. 97, no. 5 (May 2000), p. 278.

19. Sir Walter Scott, *The Letters of Sir Walter Scott* (London: Coinstable & Co., 1938), vol. 7, p. 28.

20. Cocking and Kennett, "Freindship and Moral Danger," p. 289.

21. Mahatma Gandhi, *An Autobiography: The Story of My Experiments with Truth* (Boston: Beacon Press, 1993), p. 19.

22. Ibid., pp. 98~99.

23. George Orwell, "Reflections on Gandhi," *Collected Essays* (London: Mercury, 1961), pp. 455~56.

24. Sarah Stroud, "Epistemic Partiality in Friendship," *Ethics* 116 (April 2006), p. 499.

25. Thomas Paine, *The Age of Reason*, in *Collected Writings* (New York: Library of America, 1955), p. 666.

26. Simon Keller, *The Limits of Loyalty* (Cambridge, U.K.: Cambridge University Press, 2007), p. 41.

27. Ibid., p. 35.

28. Jane Austen, *Pride and Prejudice* (New York: Scribner's, 1918), p. 50.

29. Kingsley Amis, *The Russian Girl* (New York: Viking, 1992), pp. 107, 112, 293.

충성하는 고객

1. Sam Schulman, "Frequent Buyers," *In Character*, Fall 2005.

2. Scott McCartney, "Plunging Value of Fliers' Miles Saps Loyalty," *The Wall Street Journal*, December 8, 2008.

3. Joanne Kaufman, "Buyer Be Wary: My Loyalty Was Betrayed," *The Wall Street Journal*, February 19, 2010.

4. Jeremy Clarkson, "Alfa Romeo MiTo," *The Sunday Times*, March 22, 2009. Timothy Keiningham and Lerzan Aksoy, "When Customer Loyalty Is a Bad Thing," *Harvard Business Online*, May 8, 2009.

5. Timothy Keiningham and Lerzan Aksoy, "When Customer Loyalty Is a Bad Thing," *Harvard Business Online*, May 8, 2009.

6. Scott Knowles DeVeaux, *The Birth of Bebop* (Berkeley: University of California Press, 1997), p. 414.

7. Adrian Furnham, *The Psychology of Behaviour at Work: the Individual in the Organization* (Hove, U.K.: Psychology Press, 2005), p. 111.

8. Albert O. Hirschman, *Exit, Voice, and Loyalty: Responses to Decline in Firms, Organizations, and State* (Cambridge, Mass.: Harvard University Press, 1970), p. 79.

충성을 다루는 리더의 자질

1. Richard Wolffe, *Renegade: The Making of a President* (New York: Crown, 2009), pp. 184~85.

2. Nahum Tate, "The Loyal General," in *The Laureates of England*, ed. Kenyon West (New York: Stokes, 1895), p. 68.

3. W.H. Auden, *Lectures on Shakespeare* (Princeton: Princeton University Press,

2000), p. 110.

4. Shakespeare, *1 Henry IV*, Act IV, scene 1, lines 121~24.

5. Baron John Hervey, *Memoirs of the Reign of George the Second*, vol. I (London: John Murray, 1855), p. 64.

6. Jacob Weisberg, "Loyalty: It's the Most Overrated Virtue in Politics," *Slate*, November 29, 2008.

7. Jacob Weisberg, "Only Connect!" *Slate*, January 23, 2010.

8. Jacob Weisberg, "Notes Toward a Theory of Obama," *Slate*, May 16, 2009.

9. David Halberstam, *The Best and the Brightest* (New York: Random House, 1972), p. 434.

10. Ibid.

11. James Reston, "The Doubts and Regrets of the Johnson Dissenters," *The New York Times*, March 9, 1969.

12. Richard Nixon and H. R. Haldeman, Oval Office Tape 536-016, July 3, 1971.

13. United Press International, "Portrait of Nixon Aides: Misguided 'Loyalty,'" January 12, 1976.

14. Associated Press, "Attorney Claims Mitchell a 'Fall Guy,'" December 24, 1974.

15. Justin Hughes, "Cox Reflects on Watergate Era," *Harvard Law Record*, vol. 77, no. 7, November 18, 1983, p. 12.

16. John Heilemann and Mark Halperin, *Game Change* (New York: Harper, 2010), p. 134.

17. Sir Basil Liddell Hart, *Through the Fog of War* (New York: Random House, 1938), p. 357.

18. Andrew Young, *The Politician* (New York: St. Martin's Press, 2010), p. 293.

19. Colin Powell, *My American Journey* (New York: Ballantine, 1995), p. 309.

20. Arthur Marx, *Golwyn: A Biograhy of the Man Behind the Myth* (New York: Ballantine, 1977), p. 452.

21. George Churchill Kenney, *The MacArthur I Know* (New York: Duell, Sloan and Pearce, 1951), pp. 64, 69.

22. Oscar Wilde, "The Critic as Artist," *The Writings of Oscar Wilde*, vol. 10 (London: Keller-Farmer, 1907), p. 110.

23. Heilemann and Halperin, *Game Change*, p. 290.

24. Christine Rosen, "To Thine Own Self Be True: What Tell-All Memoirs Tell Us About Ourselves," *In Character*, Fall 2005.

25. Bernard Shaw, *The Intelligent Woman's Guide to Socialism and Capitalism* (London: Constable, 1928), p. 382.

26. Judith Shcklar, "Obliagtion, Loyalty, Exile," *Political Thought & Political Thinkers* (Chicago: University of Chicago Press, 1998), p. 42.

반역의 이유

1. Akbar S. Ahmed, *Islam Under Siege* (Cambridge, U.K.: Polity Press, 2003), pp. 149~50.

2. Franklin Roosevelt, *FDR's Fireside Chats*, eds. Russell Buhite and David Levy (Norman: University of Oklahoma Press, 1992), p. 161.

3. Maureen Ogle, *Ambitious Brew: The Story of American Beer* (New York: Harcourt, 2006), p. 173.

4. Ibid., pp. 168~82.

5. Edward Spicer et al., *Impounded People: Japanese-Americans in the Relocation Centers* (Tucson: University of Arizona Press, 1969), p. 34.

6. Ibid., p. 60.

7. Katherine Herbig, "Changes in Espionage by Americans: 1947−2007," Technical Report 08-05, March 2008 (Department of Defense), pp. vii~viii, xi, 19~20.

8. Arthur M. Schlesinger, Jr., "What Is Loyalty? A Difficult Question," *The New York Times Magazine*, November 2, 1947.

9. Fouad Ajami, "Islam's Nowhere Men," *The Wall Street Journal*, May 10, 2010, p. A17.

10. Thomas Carlyle, *The Works of Thomas Carlyle: Critical and Miscellaneous Essays*, vol. 16 (New York: Collier, 1897), p. 208.

11. John Lilburne, *Rash Oaths Unwarrantable: and the Breaking of Them as Inexcusable* (1647).

12. George Washington, *The Writings of George Washington from the Original Manuscript Sources, 1749−1799*, vol. 4 (Washington, D.C.: Government Printing Office, 1944), p. 201.

13. Thomas Paine, "The American Crisis III," in *Collected Writings* (New York: Library of America, 1955), p. 145.

14. H. M. Hyman, *To Try Men's Souls: Loyalty Tests in American History* (Berkeley: University of California Press, 1959), p. 86.

15. Geoffrey R. Stone, *Perilous Times: Free Speech in Wartime from the Sedition Act of 1798 to the War on Terrorism* (New York: W. W. Norton, 2004), p. 351.

16. Hugo L. Black, *Speiser v. Randall*, 357 U.S. 513, 532 (1958).

17. Mark Twain, *The Autobiography of Mark Twain* (New York: Harper Perennial, 2000), p. 127.

18. Nicholas Von Hoffman, *Hoax: Why Americans Are Suckered By White House Lies* (New York: Nation Books, 2004), pp. 36~37.

19. "Obama Dropped Flag Pin in War Statement," ABC News, October 4, 2007.

20. Mark Twain, "As Regards Patriotism," in *The Complete Essays of Mark Twain*, ed. Charles Neider (Cambridge, Mass.: Da Capo Press, 2000), p. 567.

21. Ibid.

22. Ibid.

23. Henry Steele Commager, *Freedom, Loyalty, Dissent* (New York: Oxford University Press, 1954), p. 142.

24. Ibid., p. 155.

25. Theodore Roosevelt, *The Great Adventure* (New York: Charles Scribner's Sons, 1918), p. 193.

26. Simon Keller, *The Limits of Loyalty* (Cambridge, U.K.: Cambridge University Press, 2007) p. 83.

27. Leo Tolstoy, "Christianity and Patriotism," in *The Complete Works of Count Tolstoy*, trans. Leo Wiener (Boston: Dana Estes & Co., 1905), p. 431.

28. C. S. Lewis, *The Four Loves* (New York: Harcourt, Brace, 1960), p. 28.

29. G. K. Chesterton, *The Defendant* (New York: Dodd, Mead & Co., 1902), p. 125.

30. Andrew Oldenquist, "Loyalties," *Journal of Philosophy* 79, no. 4 (1982).

31. Tolstoy, "Christianity and Patriotism," p. 432.

32. Martha Nussbaum, *For Love of Country?* (Boston: Beacon Press, 2002), p. xi.

33. Thorstein Veblen, *An Inquiry into the Nature of Peace and the Terms of Its Perpetuation* (1917), p. 33.

34. Tolstoy, "Christianity and Patriotism," p. 432.

35. Diogenes Laertius, *The Lives and Opinions of Eminent Philosophers*, trans. C.D. Yonge (London: George Bell and Sons, 1901), p. 93.

36. Ibid., p. 59.

37. John Muir, *Religious and Moral Sentiments Metrically Rendered from Sanskrit Writers* (Edinburgh: Williams & Norgate, 1875), p. 109.

38. Edward Westermarck, *The Origin and Development of the Moral Ideas*, vol. 2. (London: Macmillan, 1908), pp. 177~79.

39. Samuel Pepys, *The Diary of Samuel Pepys*, vol. 6 (London: George Bell, 1904), p. 211.

40. Pausanias, *Guide to Greece*, vol. 1, trans. Peter Levi (London: Penguin, 1971), p. 253.

41. Shakespeare, *King Henry V*, Act II, scene 2, lines 170~73.

42. Judith Shklar, *Ordinary Vices* (Cambridge, Mass.: Belknap Press, 1984), p. 145.

43. Michael Walzer, *Interpretation and Social Criticism* (Cambridge, Mass.: Harvard University Press, 1987), p. 59.

44. Jean-Jacques Rousseau, *The Plan for Perpetual Peace, On the Government of Poland, and Other Writings on History and Politics*, trans. Christopher Kelly and Judith Bush (Lebanon, N.H.: Dartmouth College Press, 2005), p. 179.

구명보트 윤리

1. "Made Women Leave Against Their Will," *The New York Times*, April 19, 1912, p. 6.

2. Elbert Hubbard, *Selected Writings of Elbert Hubbard*, ed. Elbert Hubbard II (New York: Wise & Co., 1922), pp. 20~22.

3. Robert McHenry, "About That Message to Garcia..." *The American*, November 26, 2008.

4. Elbert Hubbard, *A Message to Garcia: Being a Preachment* (East Aurora, N.Y.: The Roycroft Press, 1913), p. 8.

5. Ernest C. Cowper, letter to Elbert Hubbard II, March 12, 1916, in *The Book of War Letters: 100 Years of Private Canadian Correspondence*, eds. Audrey Grescoe and Paul Grescoe (Toronto: McClelland & Stewart, 2003), p. 92.

6. Graham Greene, "Under the Garden," in *Collected Short Stories* (New York: Penguin, 1986), p. 202.

7. Sir Basil Liddell Hart, *Through the Fog of War* (New York: Random House, 1938), p. 357.

위험한 충성

초판 인쇄 2013년 8월 12일
초판 발행 2013년 8월 21일

지은이 에릭 펠턴 | 옮긴이 윤영삼 | 펴낸이 강병선

기획·책임편집 강명효 | 편집 오경철 이홍림 | 디자인 김마리 최미영
저작권 한문숙 박혜연 김지영 | 마케팅 우영희 이미진 나해진 김은지
온라인 마케팅 김희숙 김상만 이원주 한수진
제작 서동관 김애진 김동욱 임현식 | 제작처 영신사

펴낸곳 (주)문학동네
출판등록 1993년 10월 22일 제406-2003-000045호
주소 413-120 경기도 파주시 회동길 210
전자우편 editor@munhak.com | 대표전화 031)955-8888 | 팩스 031)955-8855
문의전화 031)955-8889(마케팅) 031)955-2680(편집)
문학동네카페 http://cafe.naver.com/mhdn
문학동네트위터 @munhakdongne

ISBN 978-89-546-2219-6 03910

www.munhak.com